本书为 2011 年度教育部人文社会科学研究西部和边疆地区青年基金项目"宁夏农村中小学教师远程学习适应性研究"（项目批准号：11XJC880003）及宁夏哲学社会科学（教育学）规划一般项目"宁夏中小学教师远程学习实效性研究"——以"国培计划"远程培训为例（项目批准号：14NXJB07）之研究成果

　　2014 年中西部高校提升综合实力教师教育人才培养改革计划项目资助

贾巍 著

学习观视野下的
教师网络学习范式研究

中国社会科学出版社

图书在版编目(CIP)数据

学习观视野下的教师网络学习范式研究 / 贾巍著 . —北京：
中国社会科学出版社，2016.2
ISBN 978 - 7 - 5161 - 8506 - 3

Ⅰ.①学…　Ⅱ.①贾…　Ⅲ.①计算机网络—计算机辅助
教学—中小学—师资培训—研究　Ⅳ.①G434

中国版本图书馆 CIP 数据核字(2016)第 154237 号

出 版 人	赵剑英
责任编辑	冯春凤
责任校对	张爱华
责任印制	张雪娇

出　　版	中国社会科学出版社
社　　址	北京鼓楼西大街甲 158 号
邮　　编	100720
网　　址	http：// www. csspw. cn
发 行 部	010 - 84083685
门 市 部	010 - 84029450
经　　销	新华书店及其他书店

印　　刷	北京君升印刷有限公司
装　　订	廊坊市广阳区广增装订厂
版　　次	2016 年 2 月第 1 版
印　　次	2016 年 2 月第 1 次印刷

开　　本	710×1000　1/16
印　　张	18
插　　页	2
字　　数	295 千字
定　　价	68.00 元

凡购买中国社会科学出版社图书,如有质量问题请与本社营销中心联系调换
电话:010 - 84083683

目　录

摘　　要

　　教师网络学习以其覆盖面广、灵活性大等优势有效地解决了教师学习的工学矛盾、学习规模等问题，目前已成为教师专业发展实践和研究的热点。近年来，我国政府实施了一系列教师网络学习项目，如教师网络联盟、"国培计划"中的教师远程培训项目等。然而教师网络学习还是个新生事物，面临着诸多挑战、存在如教师网络学习效果低下等一些问题，究其原因，本研究认为：其一，教师网络学习缺乏正确的学习观的指导；其二，教师网络学习不同于传统面对面的学习，缺乏适应网络环境下的教师学习范式。因此，本研究将学习观与教师网络学习范式结合起来，专题研究学习观视野下的教师网络学习范式问题，抓住了教师网络学习问题的实质。研究借鉴范式理论的思想，结合教师网络学习的现实情况，综合运用文献法、观察法、行动研究法、问卷调查法、访谈法、个案研究法，对学习观视野下的教师网络学习从理论和实践两大方面进行了系统研究和分析，对开展教师网络学习具有理论和现实意义。

一　理论层面的研究

　　1. 在解读范式理论的基础上，界定了教师网络学习范式、范式转变的基本内涵。(1)教师网络学习范式。即在一定时期内，教师学习共同体在开展教师网络学习活动时所共同遵循的信念以及在此信念指导下的理论、模式等的综合；它的基本结构包括学习观、网络学习理论、网络学习模式三个层面，这三个层面是互为关联、相辅相成的统一体：学习观位于教师网络学习范式的哲学层，是教师网络学习范式的最高层，是其根本信念、指导思想和决定因素，有什么样的学习观就有什么样的教师网络学习范式；教师网络学习理论位于范式的中间层，是联结学习观与学习实践的桥梁，教师网络学习模式位于范式的最底层，是融学习观及其理论的操作模型。(2)学习观决定着教师网络学习的基本取向和行动方式，如果学习观发生了转变，其教师网络学习理论、学习模式、方法、手段等将发生一体化转变，因此，教师网络学习范式的转变本质上是学习观的转变。

2. 从哲学层面对学习观进行了考察，包括什么是学习观？来自哪里？学习观是什么？(1)什么是学习观（即学习观的含义）？学习观是人们对学习全面的、根本的看法和认识。"全面"是指从全局的、整体的、综合的视角出发，对"为什么学习"、"学习什么"、"如何学习"三大问题的系统回答；"根本"是从哲学层面对学习进行形而上的本体论思考。(2)学习观来自哪里？研究认为，应当从哲学层面来界定学习观。这是因为：一方面，学习是人类的一种认识活动，是认识者与认识对象之间的一种活动，学习在深层次上是人类在哲学层面的认识论的体现，人类是如何认识世界的，深刻影响着人类的学习观；另一方面，西方学习理论主要关注学习是如何发生的、学习动机等方面，缺乏对学习的价值、意义以及学习什么的系统思考；同时，学习理论在本质上都有其深刻的哲学认识论基础，是哲学认识论的体现。因此，本研究从哲学层面来考察学习观是对学习全面而深刻的认识，是超越了学习理论的形而上的系统认识。(3)学习观是什么（即学习观的基本内容）？通过对学习观的哲学考察发现，学习观主要有主客二分的学习观（客观主义学习观：强调学习的工具价值，重视科学实用知识的学习，主张呈现接受式学习；主观主义学习观：强调学习的人文价值，重视个体经验知识、本土知识等的学习，主张自主建构）和主客一体学习观（强调学习的工具价值和人文价值的并重，重视科学知识和人文知识的并举，主张互动生成式学习）。主客二分的学习观要么强调学习主体要么强调学习客体，注重一方而忽视另一方，这种学习观未能从根本上解决学习问题，面临着诸多危机；主客一体的学习观是对主客二分学习观的超越，强调主客一体的互动生成，在互动的基础上更强调生成，今天所倡导的学习生态、教育生态、教育信息生态等都是这种学习观的具体体现，它符合信息时代的综合素质、创新人才的培育要求，是我们应该坚持和不断实践的学习观。因而学习观从主客二分走向主客一体成为人类认识和时代发展的必然。

3. 研究了学习观视野下的教师网络学习范式。主客二分学习观视野下，存在专家中心的呈现接受式教师网络学习范式和教师中心的网络学习范式（专家中心的教师网络学习范式注重学习的工具目的、是以专家等知识为主的生产消费模式，以呈现接受为主要学习方式；教师中心的学习范式则注重学习的人文目的，注重教师个体经验，以教师自我导向的学习方式为主）；主客一体学习观视野下，是互动生成的教师网络学习范式，强调工具理性和人文理性的统一，是专家知识和教师知识的整合，强调学习是在专家和教师互动过程中的生成。目前教师网络学习对互动生成关注较少，因此，本研究提出了互动生成式教师网络学习范式，并指出互动生成的教师网络学习范式成为今后教师网络学习的主要发展方向。

4. 研究了教师网络学习范式转变问题。研究认为，主客二分的教师网络学习范式要么是专家独白，要么是教师为主的独自探索，难以解决教师学习问题，只有从主客互动的关系出发，既重视专家的理论引领，也重视教师的经验和实践，注重将二者结合起来，在平等互助的关系中，促使双向建构与互动生成，实现共同发展。因此，走向互动生成的教师网络学习范式是教师学习与发展的必然选择。

二　实践层面的研究

在实践层面以宁夏为个案，研究分析了宁夏"国培"教师网络学习的范式及其范式转变的初步情况，并对研究提出的教师网络学习范式进行了实证分析。首先，依据教师网络学习范式的理论界定，通过调查、行动研究等方法，对宁夏"国培"教师网络学习范式的现状进行调查与分析，指出了该范式是"专家中心"的传统学习范式，是造成学习效果低下的根本原因；其次，在此基础上，提出应当应用"专家与教师互动生成的网络学习范式"，并选取了宁夏本地四个市县区的部分学校作为"互动生成的教师网络学习范式"的创新实验区，对此进行了实践尝试，通过项目结束后的调研得知，该学习范式取得了较好效果：教师对互动生成学习范式给予了较高评价，总体满意度较高；同时，通过此次实践也获得了一定的成绩：构建了区域教师网络学习社区和各学科学习共同体，增强了教师网络学习体验和学习效果，提高了教师网络学习能力，改进了教师教学行为，形成了动态的资源生成机制，生成了大量本土化的学习资源，为教师持续学习提供了支持等等。事实证明"专家与教师互动生成的教师网络学习范式"是适合教师网络学习发展需要的,今后应进一步推进和完善,从而促进教师专业发展。

关键词:学习观;教师网络学习;教师学习;网络研修;范式;远程培训

ABSTRACT

For its range of applicability and flexibility in helping teachers find sufficient time for study, teachers' online study (TOS) has now been a hot topic in the field of inquiry concerning teachers. Of late, a host of programs for TOS such as Teachers' online league and "Project Guopei" teachers' remote training have successively come into operation, yet TOS as a newcomer certainly has its demerits, e. g. inefficiency in study, for reasons as follows: lack of guidance for teachers in developing a right attitude on the one hand and lack of a mode of study designed taking account of the unique features of the Network on the other. In response, the present study is an attempt to address these two tricky issues. Building on Paradigm Theory and drawing on experiences in TOS, the study is undertaken in hopes of making contributions both theoretically and practically by utilizing a variety of methods such as scholarship reviewing, observation, behavior study, questionnaire, interview and case study.

One Theoretical Study

1. The mode of TOS and its transformation are defined in light of Paradigm Theory. (1) the mode of TOS: as the ideals or beliefs the community of studying teachers have in common and their corresponding set of theories and modes at a given time period; composed of three interrelated and mutual supporting key components, respectively, attitude towards study, theory of online study and mode of online study. Attitude towards study constitutes the guiding principle or philosophical underpinning. Theory of online study serves to ensure the application of the attitude to the practice of study. And mode of online study

functions to put into effect both the former two. (2) Attitude toward study plays a decisive role in TOS, necessarily giving rise to changes in theory, mode, method if itself has changed. In this sense, transformation of attitude toward study is substantially transformation of the mode of TOS.

2. An exploration is made philosophically as to what attitude toward study means and where it originates. (1) Attitude toward study refers to the general, basic understanding of study, "general" in the sense of adopting an integrated and comprehensive perspective on the "why", "what" and "how" concerning study, "basic" in the sense of speculating ontologically about study. (2) As to the origin of this attitude, the study proposes defining it philosophically for two reasons. For one thing, study is a human cognizing behavior, more precisely, an interaction between human beings and their object of cognition. Study is an outward manifestation of human philosophical concern, with the former being profoundly influenced and circumscribed by the latter. On the other hand, since theories for study necessarily have their philosophical underpinnings yet western theories are mainly concerned with the origin and motivation of study almost to the exclusion of the consideration of value, significance and object, this study's bold attempt of adopting a philosophical perspective represents a systematic breakthrough compared with the existing ontological perspective. (3) As to attitude toward study, there are two dominant points of view: one of them maintains either an objectivist attitude or a subjective one, the former giving priority to the instrumentality of practical sciences and advocating a passive – reception study mode, the latter giving expression to humanistic values, personal experiences and advocating an active structuring of independently acquired knowledge; the other point of view pays equal attention to the instrumentality and the humanistic value of study and advocates an interactive – generative study mode. The first point of view is faced with quite a few accusations for its inability to guarantee effective study as a consequence of its apparent lop – sidedness. The other came to the fore exactly as its remedy, rendering generativity of knowledge a more conspicuous aspect. What are known as study ecology, education ecology and education – information ecology at present are various realizations of this study

mode, which answers the call for all – round, creative talents by the modern Information Age and therefore undoubtedly deserves our preference. This attitude should more over be seen as an inevitable step that has been made during the accumulating process of human knowledge and social progression.

3. The study explores into the mode of TOS guided by the right theories of study. The first point of view led to two concomitant modes of study: experts – centered passive study and teachers – centered passive study. The former gives priority to the instrumentality of study, while the latter attaches more importance to the humanistic goal and teachers' personal experiences. In contrast, the other point of view advocates an integration of instrumental and humanistic value and the generative process of knowledge as a result of the interaction between experts and teachers. The available mode is less concerned about interaction and generativity. Hence this study's interactive – generative study mode for TOS that is to prevail in the future.

4. The study addresses the issue of the transformation of the mode for TOS. It argues that either experts – centered or teachers – centered study mode is unidirectional and ineffective and that only an equal consideration of experts' theories and teachers' experiences and practices can ensure the construction of a reciprocal relationship for maximum effect. This accounts for the necessity of interactive – generative study mode.

Two Practical Study

As a case study, the mode of TOS for Ningxia "Guopei" and its transformation are investigated. The analysis also offers empirical corroboration for the interactive – generative study mode. Building on relevant theories, utilizing surveys and behavior study, the study arrives at the conclusion that the mode of TOS for Ningxia "Guopei" as an experts – centered one should be held responsible for the ineffectiveness of study. Then, a generative study mode based on the interaction between experts and teachers is proposed and has it verified empirically in several schools of four areas of Ningxia. Teachers involved speak highly of this study mode. Meanwhile, achievements have also been made in the developing of study community for different subjects; teachers are better able to learn and improve their teaching and this helps to create a dynamic generative mechanism of learning sources in support of teachers' sustained study. All these show that the generative study mode based on the interaction between experts and teachers satisfies the present need and is recommendable for future's widespread adoption with necessary modification and perfection.

Keywords: attitude toward study; teachers' online study; teachers' study; online study; mode; distance training

第一章 绪 论

第一节 研究缘起

一 研究背景

教师学习是教师专业发展的主要途径，是教育改革和发展的需要，已成为教师专业发展实践和研究的热点问题。传统面对面的培训学习在解决工学矛盾、培训规模等方面受到诸多限制，随着网络技术的发展和引入，催生了新的教师专业发展方式——教师网络学习。近年来，国家制订和颁布了一系列相关计划和方案，实施了一系列教师网络学习项目，旨在提高教师素质，促进教师专业发展。

2002年，国家先后颁布了《关于推进教师教育信息化建设的意见》和《中小学教师队伍建设"十五"计划》①，明确指出应将教师教育信息化建设工程置于教育信息化的大背景之中，提出"十五"期间要加快以各级各类师范院校为主体的教师教育机构信息基础设施和资源建设，推进现代信息技术和教育技术在教师教育中的普及和应用，促进教师教育方式、手段和体制的创新，初步构建信息化环境下的教师教育有效模式，等等。

2003年，教育部启动了全国教师教育网络联盟（简称"教师网联"）计划②，该计划在政府的支持和推动下，依托远程教育手段，以师范院校和其他举办教师教育的高校为主体，以高水平大学为核心，区域教师学习

---

① 《教育部关于推进教师教育信息化建设的意见》 （http://www.edu.cn/20021119/3072463.shtml）

② 《教育部关于加快推进全国教师教育网络联盟计划组织实施新一轮中小学教师全员培训的意见》 （http://www.moe.edu.cn/publicfiles/business/htmlfiles/moe/moe_366/200410/4335.html）

与资源中心为服务支撑，社会力量积极参与，利用"人网"、"天网"、"地网"相结合的方式，开展大规模、高质量、高效率的全国中小学教师学历提升教育、非学历培训和教师资格认证课程培训；并整合资源，构建职前职后教师教育一体化，形成系统集成、优势互补、优质教育资源共建共享、覆盖全国城乡的教师教育网络体系。

2005 年 4 月，教育部启动了《全国中小学教师教育技术能力建设计划》[①]，该计划提出与区域性"教师网联"计划相结合，通过整合共享优质教师教育资源，充分利用"人网、天网、地网"等多种途径和手段，在 2005—2007 年间，对全国中小学教师开展不低于 50 学时的教育技术培训，包括初级、中级、高级培训等，建立和形成中小学教师教育技术培训和考试认证制度与体系，提高中小学教师教育技术能力。

特别是 2010 年，教育部、财政部开始实施中小学教师国家级培训计划[②]（简称"国培计划"或"国培"），该计划的宗旨是提高中小学教师特别是农村教师队伍整体素质，目标是培训一批"种子"教师，重点支持中西部农村教师的培训，发挥他们在教育教学改革和素质教育方面的骨干示范作用；开发优质的教师学习资源，创新教师学习模式和方法，推动教师学习工作的开展；引导和鼓励地方完善教师培训体系，推动高等师范院校面向基础教育，服务基础教育。"国培计划"包括"中小学教师示范性培训项目"和"中西部农村骨干教师培训项目"两项内容。"中小学教师示范性培训项目"是由教育部、财政部直接组织实施，通过实施中小学骨干教师研修、中小学教师远程培训等示范性项目，为全国教师培训做出示范。"中西部农村骨干教师培训项目"是教育部、财政部统筹规划和指导，中央财政专项支持，由中西部省份组织实施，培训的形式有三种：置换脱产研修、短期集中培训、远程培训。这两项内容中都包括农村中小学教师网络学习项目，这一项目是充分发挥现代远程教育手段的优势，面向全国遴选具备资质的高等学校和远程教育专业机构，以网络为平台，开展教师网上学习的教师培训形式。其目的是通过建立健全高水平的专家团

---

① 《教育部关于启动实施全国中小学教师教育技术能力建设计划的通知》（http：//www. edu. cn/ji_ chu_ 771/20060323/t20060323_ 150612. shtml）

② 《教育部 财政部关于实施"中小学教师国家级培训计划"的通知》（http：//www. gpjh. cn/cms/sfxmbuwen/584. htm）

队及辅导队伍，发挥网络学习的辐射作用，让更多农村地区教师共享优质学习资源，旨在帮助农村教师解决教育教学中的现实问题，培养教师网络学习的习惯和能力，促进中西部农村教师整体素质的全面提升。

二 问题提出

(一) 来自现实的现象与问题

宁夏回族自治区教育厅、财政厅自 2010 年开始实施 "国培计划" ——农村中小学教师网络远程培训项目，截至 2013 年已经组织实施了 3 期，每期项目于每年 8 月开始，于次年元月结束，为期 6 个月的网络学习。笔者作为核心组织成员参与了这 3 期项目的实施。总体来看，项目培训了大量的教师，取得了一定的成绩，但还存在一些问题。

学习设计方面：教师网络学习基本是 "视听＋作业提交＋论坛发帖" 的学习模式，论坛讨论基本没有开展；学习评价方面：注重对作业数量的考核，忽视论坛讨论、学习过程等的评价；学习辅导方面：辅导人员的工作基本是以批改作业为主，缺乏对教师互动研讨等的组织和引导；学习过程方面：学习者 (教师) 提交的作业大多雷同，如提交的研修日志几乎千篇一律，作业拼凑应付、与实际学习内容关联不大；大部分教师在学习期间基本是以 "挂网＋提交作业＋简单发帖" 的形式开展学习，论坛的发帖以完成任务为主；从学习效果来看：教师认为学习效果不好，自己 "疲于应付，为了学习而学习"，大部分教师希望参加外出面对面的培训学习；特别是在我们的实地访谈中了解到，相当部分的教师对于远程学习课程的内容并不熟悉，有的甚至都不知道开设了什么课程，但远程学习的任务却 "圆满" 完成了。

(二) 对问题与现象的进一步思考

对于上述问题，从教师层面看，大部分教师学习疲于应付，甚至对网络平台中的课程都不了解，学习在匆忙应付中结束了，问及原因的时候，大部分教师认为 "没有时间学习"。网络远程培训作为解决教师工学矛盾的有效途径被大力推进，但在教师那里却遭遇 "没有时间" 的尴尬？设计开发的许多优质课程资源却并不为学习者 (教师) 所熟知、学习？问题的根源是什么？

笔者一方面作为宁夏国培教师网络培训项目的积极参与者、实施者；

一方面也以研究者的身份多次深入一线进行实地调研，进行不断观察和思考，笔者认为，出现上述问题的根本原因有：

（1）教师网络学习缺乏正确的学习观的指导。教师网络学习在本质上是学习观的具体体现，只有全面、系统地认识学习问题，坚持正确的学习观，才是解决教师网络学习问题的根本思路。

从教师方面来看，教师对学习没有正确的、理性的认识，对究竟"为什么要学习？学习什么？如何学习？"这几大问题不清楚。学习仅仅是为了职称晋升等外在的目的？学习仅仅是一种工具？学习仅仅是为了获得所谓专业知识和技能？学习仅仅是聆听专家的讲座？等等。教师们过于将学习功利化、工具化，因而无论是面对面的集中学习还是新颖的网络学习，似乎对教师都没有多大的吸引力！

从组织者方面来看，对学习、对教师网络学习缺乏科学正确的认识，对教师"为什么要学习？学习什么？如何学习？"等问题认识不到位。

这就引起我们的深思：仅仅从教育角度、单一层面认识教师学习问题是远远不够的，教师学习问题、发展问题在深层次是社会问题、认识论问题，但归根结底是认识论问题，即我们究竟对学习、教师学习持什么样的观点，根本的认识和看法是什么，这一认识集中体现在学习观上，只有从哲学认识论层面全面、系统地认识学习问题，坚持正确的学习观，应该是解决教师学习问题的根本思路。

（2）教师网络学习不同于传统面对面的学习，缺乏适应网络环境下的教师学习范式，我们应该以何种范式来开展教师网络学习？值得思考和研究。

关于教师网络学习的设计，从思想、理论到具体操作模式基本没有遵循网络学习规律，是造成教师网络学习效果低下的又一重要原因。教师网络学习不仅仅是学习环境从传统到网络的转变，其本质上是观念、理论、操作模式的一体化转变，迫切需要适应网络环境下的教师学习范式。因此，我们应该以何种范式来开展教师网络学习？值得思考和研究。

对于组织者而言，教师网络学习的设计者习惯了传统环境下教师学习的设计和实施，面对网络环境下的教师学习，仍旧是传统的学习设计理念和实施方法，即将传统集中面对面的讲座式培训搬到了网络上，变为"网络视频讲座＋提交作业"的学习形式，虽然使用了网络等现代信息技术手段，但学习方式仍旧是"传递灌输式"，即所谓将"人灌"变成了"网灌"，培训专家与参训教师之间基本没有互动和交流，网络只是实现了课程资源的跨时空传递功能，互动、交流、协作、生成、分享等优势和作用没有得到发挥。这种设计和实施，从思想、理论到具体操作模式都没有遵循网络学习规律，是造成教师网络学习效果低下的重要原因。

教师网络学习，其外在的是操作模式，而内在的、起支撑作用的是理念和思想，设计者对网络学习持什么样的观点、思想、理念、看法，就会设计为与之对应的操作方法、行动模式，于是，思考和研究教师网络学习，不仅仅是关注其外在的操作模式，深层次上是研究其内在的设计思想、理念等。教师网络学习不仅仅是学习环境从传统到网络的转变，其本质上是观念、理论、操作模式的一体化转变。而这正是范式的思想，范式是大家共同接受和认可的信念、理论、操作模式、方法的总和，是一种整体的、一体化的思维方式及其行动框架，教师网络学习的设计和实施采用什么样的思维方式和行动框架，采用什么样的信念、理论和操作模式，正是教师网络学习范式所关注的问题。因此，教师网络学习范式是什么，以及我们应该以何种范式来开展教师网络学习等问题值得思考和研究。

综上所述，将学习观与教师网络学习范式结合起来，专题研究学习观视野下的教师网络学习范式问题，抓住了教师网络学习问题的实质，从一体化的、整体的视角，对教师网络学习进行系统化的分析和研究，对开展教师网络学习具有理论和现实意义。

第二节 研究现状

一 教师学习研究现状

纵观国内外关于教师学习问题的研究，主要有两大视角：教育学视角、教育技术学视角。教育学视角主要是从教育学的理论角度出发重点关注两大方面：教师专业发展、教师学习；教育技术学视角主要从信息技术角度出发，重点关注的是信息化环境下的教师专业发展、教师学习问题，具体体现为技术支持的教师专业发展、教师网络学习等。

（一）教育学视角的研究

1. 教师专业发展研究

纵观国内外研究，教师专业发展成果丰富，集中在两方面：其一，何为教师专业发展，即教师专业发展的本体论研究，主要从理论层面探讨教师专业发展的本质内涵等问题；其二，如何实现教师专业发展，即教师专业发展的方法论研究，主要从实践层面来探讨教师专业发展的方法、策略、途径等。

（1）何为教师专业发展：教师专业发展的本体论研究

教师专业发展概念的理解。国外学者的观点主要有三类[①]：一是专业主义，即教师是一种专业，重点关注如何看待教师专业？由什么要素构成等？坚持这一观点的学者有富兰、利伯曼等人；二是发展主义，即重点关注什么是教师发展以及如何促进教师发展，坚持这一观点的学者有赫什、利特尔等人；三是对上述观点的合二为一的理解，例如威迪恩等学者认为教师专业发展的本质既是专业的也是发展的。国内学者趋向于统一观点的理解[②]："两个概念是相通的，均是指教师专业性的过程……专业主义是主要强调教师群体的、外在的专业性提升，发展主义主要强调作为个体的、内在的专业性提高。"

教师专业发展的构成要素研究。目前研究认为，教师专业发展的构成包括：专业理念（教师对教师与教育的认知及价值取向，是教师观、学生观等教育观的体现，即愿教）、专业知识（科学与人文知识、学科知识、教育性知识等知识量的拓展与质的深化，即能教）和能力结构（教学交往能力、教学设计能力、教育教学组织与管理能力、教育教学研究能力等，即会教）。这些内容最终内化为教师的教育教学观念，外显在其教学行为和教学绩效上。

教师专业发展阶段研究。国外最早始于 20 世纪 60 年代末，代表性的有以下观点：美国得克萨斯大学的富勒提出的四阶段说[③]：教学前关注阶段、关注生存阶段、关注教学情景阶段和关注学生阶段；美国学者卡茨的

---

①　陈新文：《教师专业化及其发展》，硕士学位论文，华中师范大学，2003 年，第 10 页。

②　叶澜等：《教师角色与教师发展新探》，教育科学出版社 2001 年版，第 222—224 页。

③　Fuller, F., "Concerns of teachers: A developmental conceptualization". *American Educational Research Journal*, Vol. 6, No. 2, March 1969, pp. 207—226.

"求生存阶段、巩固阶段、更新阶段和成熟阶段"的四阶段说①；等等。我国对教师专业发展阶段的研究始于 20 世纪八九十年代，主要从认知心理学、教育学、伦理学等视角进行了相关研究。代表性的如：白益民的"自我更新"的五阶段论②，即"非关注、虚拟关注、生存关注、任务关注、自我更新关注"五个阶段；再如，申继亮的"熟悉阶段、经验积累阶段、反思理论认识期、学者期"四阶段论③；等等。

教师专业发展取向研究。纵观教师专业发展历程，其历经了从知识技能取向到实践取向，再到今天的生态取向。知识技能取向即教师专业发展注重知识、技能的获得；实践取向认为教师专业发展取决于教师的实践和反思；生态取向从生态的视角出发，超越教师个体的认识，强调整体性、适应性、多元化、生态化的教师专业发展观，强调教师专业发展与其背景、环境的相互作用及其生态关系。

（2）如何实现教师专业发展：教师专业发展的方法论研究

微观研究：实现教师专业发展的途径与方法研究。主要有三方面：其一，外部促进法。即通过外部的培养与培训的方法，使教师获得相应的知识与技能，这是知识技能取向的教师专业发展观的具体体现。其二，内在实践与反思法。即通过教师在其教育教学的真实场景中的实践、反思来获取教育教学经验、个体实践知识与技能等，这是实践反思取向的教师专业发展观的具体体现。其三，建构合作法。即通过教师群体的合作、自主建构的方法实现专业发展，这是生态取向的教师专业发展观的具体体现。

宏观研究：教师专业发展的范式研究。相比微观层面的途径与方法，范式研究更具宏观性，不仅仅探讨教师专业发展的具体操作途径、模式等，更多的是从哲学、思想、理论层面关注教师专业发展的思想、原理等。代表性的比较系统的研究有：周成海的博士论文"客观主义—主观主义连续统观点下的教师教育范式：理论基础与结构特征"，在该论文

---

① 肖丽萍：《国内外教师专业发展的研究评述》，《中国教育学刊》，2002 年第 5 期。

② 叶澜，白益民，王丹，陶志琼：《教师角色与教师发展新探》，教育科学出版社 2001 年版，第 218 页。

③ 申继亮，费广洪，李黎：《关于中学教师成长阶段的研究》，《天津师范大学学报》（基础教育版），2002 年第 3 期。

中，作者以客观主义教师教育范式、主观主义教师教育范式作为范式连续统的两端，并分别论述其理论基础和结构特征①；何菊玲的博士论文"教师教育范式研究"，从知识观的视角出发，分析了工具理性的教师教育范式的不足和交往理性的教师教育范式的优势，在此基础上指出交往理性的教师教育范式应当成为主流范式②。此外，还有一些比较零散的研究，对教师专业发展范式的研究尚处于提出问题的层面，如操太圣，卢乃桂的"教师专业发展新范式及其在中国的萌生"③，吴永军的"促进教师专业发展：范式、途径、方法"④，周钧的"美国教师专业发展范式的变迁"⑤，等等。

2. 教师学习研究

（1）从专业发展研究走向教师学习研究

教师学习近年来成为教师专业发展的热点问题。从众多期刊发表的论文来看，研究者似乎更倾向于使用"教师学习"这个概念。

一种观点认为，教师学习是教师专业发展的途径和方式，必须予以关注，教师通过学习实现专业发展。一种观点认为，教师学习是教师专业发展的替代性概念⑥，国外有学者甚至将教师专业发展和教师学习对立起来，代表性的观点如：加拿大学者迈克尔·富兰（Michael Fullan）对"专业发展"进行了批判，认为"作为一个术语，专业发展是发展教师学习的主要阻力"，"我们应该放弃专业发展概念"⑦，主张用教师学习替代专业发展。他认为"这种单纯依靠外部知识来影响课堂和学校变革的观念是这种行动理论的根本毛病。……这些活动不是没有作用，而是不够有

---

① 周成海：《客观主义—主观主义连续统观点下的教师教育范式：理论基础与结构特征》，博士学位论文，东北师范大学，2007 年，第 256—264 页。

② 何菊玲：《教师教育范式研究》，博士学位论文，陕西师范大学，2008 年，第 170 页。

③ 操太圣，卢乃桂：《教师专业发展新范式及其在中国的萌生》，《教育发展研究》，2002 年第 11 期。

④ 吴永军：《促进教师专业发展：范式、途径、方法》，《当代教育科学》，2007 年第 12 期。

⑤ 周钧：《美国教师专业发展范式的变迁》，《比较教育研究》，2010 年第 2 期。

⑥ 王凯：《教师学习：专业发展的替代性概念》，《教育发展研究》，2011 年第 2 期。

⑦ Fullan, M., "Change the Terms for Teacher Learning" *National Staff Development Council*, Vol. 28, No. 3, 2007, pp. 35—36.

力，不够具体，不够持久，以至于无法改变课堂和学校的文化①。国内学者近年来也主张采用"教师学习"这一概念，如有学者在分析20世纪90年代西方研究者关于教师专业发展概念批判的基础上，提出教师学习成为教师教育研究中的主导性概念，不仅仅是术语的改变，更是教师专业发展观念的改变，即教师学习是旨在促进学生有效学习、关注教师学习自主导向、强调工作场景中真实探究、是学校变革中的持续更新的倡导和追求②。也有研究者认为，"发展"本身带有被动含义，而"学习"更能够体现教师自身成长的主动性、自觉性、日常性、内生性，因此，"教师学习"成为继"教师专业发展"之后的又一个热点领域③。

对于这两种观点，笔者认为，它们都不同程度地在强调"教师学习"的重要性，后者的主张更强调教师学习，但把教师学习和专业发展对立起来的观点是不妥的，教师学习和教师专业发展具有内在的一致性，二者是统一的，只是"教师学习"更具体地说明了教师成长和发展的途径、方法、基础、前提，"教师专业发展"更强调教师学习和成长的目的、目标、方向、指向。因此，教师学习是教师专业发展的主要途径和方式，只是随着教师专业发展的深化，我们将越来越关注和强调教师学习。

基于此，本研究的观点是，当前和今后我们应当关注教师学习，教师教育的研究和实践将由教师专业发展走向教师学习。关注教师学习，是时代发展、教育变革、教师发展的综合需要。从外在的时代变革和发展来看：首先是构建学习型社会的要求，学习型学校、学习型组织、学习型家庭是学习型社会构建的重要形式，教师作为教育的人力资源，是构建学习型学校的主要力量，是学习型家庭和学习型组织建设的引领者；其次，信息时代知识更新的加剧，教师作为教育者要不断地学习、更新自己的知识，教师职业某种意义上成为一种学习的职业。从教育变革来看：教师学习是教育改革和发展的需要，教师作为教育变革和发展的主体肩负着重要

---

① Fullan, M., *The New Meaning of Educational Change* (4th edition), New York: Teachers College Press, 2007, p. 283.

② 王凯：《教师学习：专业发展的替代性概念》，《教育发展研究》，2011年第2期。

③ 肖正德，张素琪：《近年来国内教师学习研究：盘点与梳理》，《全球教育展望》，2011年第7期。

责任，必须不断学习、提高自身的水平和素质，才能胜任人才培养的重任。从教师发展来看：教师专业发展转向教师学习不仅仅是名词的更换，更是理念的转变，研究重心的转变①，即教师学习相对于专业发展更加强调教师的主动性、学习的日常性、教师知识的内生性。总体看来，教师学习将备受关注，成为新的研究和实践热点。

（2）教师学习研究在理论和实践层面才刚刚起步

国外研究有如下特点：1）国家层面。大多数国家积极支持教师学习，通过立法提供保障教师学习机会。如美国各州都有相应的制度保障，英国在教师学习的时间、资金和方式上都有严格规定，澳大利亚从政策上明确了教师学习运行模式、学习方式、质量保证机制、信息技术支持等②。2）研究层面。学者对教师学习的研究表现出了极大热情，研究大多集中在学习方式层面。例如，美国研究更加关注校本以及基于情境的工作式学习③；加拿大学者迈克尔·富兰提出，教师学习应重视日常学习、重视合作学习等 。3）哲学层面。教师学习研究无论从理论上还是实践层面都受当代哲学思潮的影响。如受当代社会文化、后现代主义、建构主义的影响，教师学习研究和实践力争体现"合作"、"主体"、"互动"等思想。

国内教师研究也是刚刚起步，理论和实践研究较薄弱，处于初步探索阶段。研究主要集中在教师学习的意义、内涵与学习方式、途径层面。1）教师学习的意义研究，代表性的如：教师学习是教师教育发展的逻辑走向④，意味着教师知识的内生性⑤；2）教师学习的内涵研究，代表性的观点如：教师学习是内在努力或外在干预下的个体专业知识、能力的生长⑥，教师学习是专业发展的基础和前提，是专业发展与个人发展

① 毛齐明：《教师有效学习的机制研究》，博士学位论文，华东师范大学，2010 年，第22—25 页。

② 林正范，肖正德等：《教师学习新视野——生态取向的理论与实践》，教育科学出版社2013 年版，第16—24 页。

③ 李志厚：《西方国家教师学习研究动态及其启示》，《外国教育研究》，2005 年第 8 期。

④ 樊香兰等：《逻辑与走向：当代教师教育道路的演变》，《教育研究》，2009 年第 10 期。

⑤ 毛齐明：《教师有效学习的机制研究》，博士学位论文，华东师范大学，2010 年，第135—139 页。

⑥ 刘学惠等：《教师学习的分析维度与研究现状》，《全球教育展望》，2006 年第 8 期。

的统一①，等等；3）教师学习方式、途径研究，代表性的如：教师学习的机制研究、教师学习的生态研究等，教师学习的机制研究主要是从社会文化视角出发，提出了"用中学、合作中学、探中学"的教师学习机制②；教师学习的生态研究主要是从生态的视角出发，提出了教师学习的"生命化、自主化、互动化、适切性、多样化"的教师学习方式和路径③。

（二）教育技术学视角的研究

教育技术学视角的教师学习研究，主要关注信息技术对教师专业学习和发展的作用，纵观当前研究有两大方面：其一，认为技术是信息时代教师的基本素养，将信息技术作为教师学习的重要内容；其二，关注信息技术支持下的教师学习与发展问题。

1. 信息技术作为教师的能力素质结构之一，是教师学习与专业发展的主要内容

（1）国家层面的推动

进入信息社会，世界各国都非常重视面向信息化的教师专业发展，将教师的信息技术应用能力作为新时期教师能力素质结构的重要组成部分，实施了一系列研究和实践项目，取得了相应的成效。下面就其国内外实施的一些代表性的项目做一简要梳理。

国外的基本情况。a. 美国近年来实施了"不让一个孩子掉队"、"第三个国家教育技术发展计划"等一系列政策、项目等，特别是"第三个国家教育技术发展计划"中，将教师的信息技术培训和网络学习作为发展的重点④；同时，美国制定的教师教育技术标准也引起了广泛关注，这一标准的版本不断升级，内容不断丰富，涉及信息技术操作、学习环境建设、课程资源及教学、评估、社会伦理等教师教育技术应用的各个方面⑤。b. 欧盟近年来实施了"数字化学习"计划和"i2010"计划，特别

---

① 孙传远：《教师学习：期望与现实》，博士学位论文，上海师范大学，2010 年，第 22 页。

② 毛齐明：《教师有效学习的机制研究》，博士学位论文，华东师范大学，2010 年，第 135—146 页。

③ 林正范，肖正德等：《教师学习新视野——生态取向的理论与实践》，教育科学出版社 2013 年版，第 38—44 页。

④ 美国教育部：*National Education Technology Plan* 2004（http：//www. ed. gov.）

⑤ *The Evolution of NETS for Teachers*（http：//cents. iste. org/teachers/t_ timeline. html.）

是英国的教师教育信息化在欧盟国家中位于前列，近年来实施了"e 战略"、"增加一倍使用信息技术支持个性化学习的教师人数"等教师教育技术能力发展项目；英国也颁布了教师信息技术能力标准，内容包括有效教学与评分方法，教师的知识、能力与信息技术两大部分①。c. 日本、韩国、印度等国也不同程度地实施了相应的计划和项目，如日本的 U－Japan 计划帮助教师进行信息技术应用；韩国的 U－Korea 政策②，在此基础上建立教师远程培训中心，开展教师信息技术应用等；印度提出将信息技术运用到整个教育体系中③，积极开展各种远程教师教育。

国内的基本情况。我国政府高度重视教育信息化发展，近年来实施了一系列旨在提高教师教育技术应用能力的计划和项目，例如："教育部、李嘉诚基金会西部中小学现代远程教育工程项目"；"英特尔未来教育"、"农村中小学现代远程教育工程"、"微软携手助学"、"乐高技术教育创新人才培养计划"、"中国移动中小学教师信息技术能力培训"等。特别是2013 年 10 月底，教育部启动了"全国中小学教师信息技术应用能力提升工程"，其目标和任务是④：通过全员培训，以农村教师为重点，到 2017年底完成全国 1000 多万名中小学（含幼儿园）教师信息技术应用能力的提升培训，全面提升教师信息技术教学应用能力，使信息技术走进课堂，服务师生，真正提高教学效益。为此，主要从以下几个方面来开展：一是，建立教师信息技术应用能力标准体系（标准包括教师信息技术应用能力标准、培训课程标准，教师信息技术应用能力标准包括两方面，即"应用技术优化课堂教学"、"应用技术转变学习方式"，每个方面包括五个维度：技术素养、计划与准备、组织与管理、评估与诊断、学习与发展；培训课程标准主要是帮助各省区教育管理部门根据当地需要设计培训规划、选择培训内容，指导培训机构开发培训课程、实施教师培训的指导性文件）；二是，在标准的观照下，采用在线和线下混合式培训模式，开

---

① 马立，顾志跃，朱仲敏：《信息技术环境下创建区域性教师学习共同体的理论与实践研究》，高等教育出版社 2012 年版，第 3 页。

② 韩国公共信息通讯事业部：*U－KOREA Master plan*（http：//www. ipc. go. kr）

③ 印度政府计划委员会：*Eleventh Five Year Plan*（http：//www. planningcommission. nic. in）

④ 《教育部关于实施全国中小学教师信息技术应用能力提升工程的意见》（http：//www. moe. edu. cn/publicfiles/business/htmlfiles/moe/s7034/201311/159042. html）

展全员培训；三是，开展教师信息技术应用能力测评，以评促学，激发教师持续学习动力；四是，建立教师主动应用机制，推动每个教师在课堂教学和日常工作中有效应用信息技术，促进信息技术与教育教学融合取得新突破；五是，加强"三通两平台"的信息化硬件环境的建设和完善，"三通两平台"即"宽带网络校校通、优质资源班班通、网络学习空间人人通，建设教育资源公共服务平台和教育管理公共服务平台"；六是，遴选一线教师满意的培训资源，教育部依托现有资源，建设资源共建共享服务平台，汇聚各地培训课程资源和培训服务信息，建立优质资源遴选机制，推动资源交易与交换。

（2）研究者层面的探索

此方面的研究主要集中在两大方面：其一，教师信息素养研究；其二，教师教育技术能力研究。

其一，教师信息素养研究。

关于教师信息素养研究有两个特点：一是，研究主要集中在 2000 年初的几年里；二是，我国学者在此方面的研究比较多，其他国家以教师教育技术能力的研究为主。因此，这里主要简要综述上述时间段内的我国研究情况。首先，研究信息素养有其时代背景，2000 年年初，随着网络信息技术等的大力应用，从国家到个人都对信息社会、信息时代等给予了高度关注，"人类已经进入信息时代"成为共识，有关信息素养的研究也广泛出现，这对教师研究产生了深刻影响，专家学者认为教师也应具备相应的信息素养，对教师信息素养开展了广泛而深入的研究，产生了一些富有价值的成果。其次，教师信息素养的研究主要有以下几方面：教师信息素养的内涵研究，研究者的观点较多，但更多的人认为"教师信息素养包括信息意识、信息知识、信息能力、信息道德"，这种观点基本为大多数人所接受；教师信息素养的培养研究，包括策略、途径、方法等，如目标—实施—评价等策略，校本培训、职前教育、环境支持等培养途径，观摩学习、短期培训、课题研究、网络自主学习等方法。评价研究主要集中在评价方法上，如层次分析法、回归分析法等。

其二，教师教育技术能力研究。

2005 年，我国教育部印发了《关于启动实施全国中小学教师教育技术能力建设计划的通知》，正式启动了"全国中小学教师教育技术能力建设计划"。随着这一计划的全面实施，我国学者对教师教育技术能力展开了大量研究，产生了很多有价值的成果。纵观研究成果主要集中在以下两个方面：

第一，教育技术能力标准的讨论。这方面的研究主要是对教育技术能力标准的解读，包括意义、目标、内涵、结构体系、基本内容、实施建议等，代表性的成果有：何克抗教授的"关于《中小学教师教育技术能力标准》"①，苗逢春的"《中小学教师教育技术能力标准（试行）》：内容解读与实施建议"②，郝丹，曹凤余的"关注中小学教师教育技术能力建设"③，等。

第二，教师教育技术能力培养研究。这方面的研究成果比较丰硕，研究主要以教师职前教育（师范生）技术能力培养和在职教师教育技术能力培训为主，研究的内容有：a. 教师教育技术能力培训的意义与内涵。主要观点认为，教师教育技术能力培训有其自身的目的、意义与内涵，完全不同于信息技术培训，并对教育技术培训和信息技术培训作出了明确区分④。b. 教师教育技术能力培训的系统设计与实施，包括项目系统设计、模式、平台、策略与方法的研究等，代表性的成果如："教师教育技术能培训项目设计研究"，主要对教育技术能力培训项目采用设计的思维和方法，进行了项目的分析、设计与评价研究⑤；c. 教师教育技术能力培训模式方面。研究提出如下培训模式：面向混合学习的培训模式⑥（集中面授、网络自主学习、小组协作学习混合的培训模

---

① 何克抗：《关于〈中小学教师教育技术能力标准〉》，《电化教育研究》，2005 年第 4 期。

② 苗逢春：《〈中小学教师教育技术能力标准（试行）〉：内容解读与实施建议》，《人民教育》，2005 年第 2 期。

③ 郝丹，曹凤余：《关注中小学教师教育技术能力建设》，《中国远程教育》，2006 年第 6 期。

④ 何克抗：《正确理解"中小学教师教育技术能力培训"的目的、意义及内涵》，《中国电化教育》，2006 年第 11 期。

⑤ 沈书生：《教师教育技术能力培训项目设计研究》，博士学位论文，南京师范大学，2008 年，第 3—5 页。

⑥ 柯清超：《面向混合学习的教师教育技术能力培训模式研究》，《电化教育研究》，2008 年第 2 期。

式）、三要素培训模式①（学习任务、条件性知识和后续支持三要素培训模式），基于学习共同体的模式②（提出培训方、参培教师、专家、优秀骨干教师共同体的培训模式），等等；d. 教师教育技术能力培训的评价研究，研究主要是评价方式和指标体系构建等，在评价方式方面，有研究者提出了"基于网络的形成性评价方式"③、"过程性评价"④，"总结性评价指标体系"⑤ 等；在平台方面，如"基于 PBL 的网络培训平台"⑥ 等；策略方面的研究主要是从区域出发，在分析培训的需求、问题等现状基础上提出相应的策略等。e. 教师信息化教学能力发展研究。研究者从技术与教师教学能力融合的角度，借鉴教育技术能力标准等，提出了"面向信息化的教师知能标准与要求"⑦，"教师信息化教学能力框架（包括信息化教学迁移能力、融合能力、交往能力、评价能力、协作教学能力、促进学生信息化学习能力等）"⑧，等等。

2013 年，随着"中小学教师信息技术应用能力提升工程"的启动和实施，我国学者开始开展此方面的研究，总体看来，研究数量较少，处于起步阶段。研究主要有以下几个方面：一是，"中小学教师信息技术应用能力现状与对策研究"，在现状方面，主要是以"中小学教师信息技术应用能力标准"为依据，选取一定区域和一定数量的中小学教师为研究对象进行调查、评价，找出与标准之间的差距，分析其中的原因；在对策方

---

① 缪蓉，施枫：《教师教育技术能力培训的三要素模式》，《现代教育技术》，2010 年第 3 期。

② 山珊：《基于学习共同体的中小学教师教育技术能力培训模式设计与实证研究》，硕士学位论文，东北师范大学，2012 年，第 16—18 页。

③ 张生等：《中小学教师教育技术能力培训过程中的评价方式研究》，《中国电化教育》，2007 年第 4 期。

④ 谈成访：《中小学教师教育技术能力培训中过程性评价研究》，硕士学位论文，南京师范大学，2007 年，第 29—30 页。

⑤ 马玉慧，郭炯：《我国中小学教师教育技术能力培训评价指标体系的构建》，《中国电化教育》，2011 年第 12 期。

⑥ 鲁萍：《基于 PBL 的师范生教育技术能力培训网络平台研究》，硕士学位论文，华中师范大学，2007 年，第 33—44 页。

⑦ 顾小清：《面向信息化教师专业发展研究》，博士学位论文，华东师范大学，2004 年，第 38—60 页。

⑧ 王卫军：《教师信息化教学能力发展研究》，博士学位论文，西北师范大学，2009 年，第 105 页。

面，主要是从培训的角度出发，研究如何提高教师的信息技术应用能力。例如："中小学教师信息技术应用能力现状及培训建议"①，该研究选取了一定数量的中小学教师，以标准为依据对其进行了全面调研，分析了他们的信息技术应用能力现状并提出了培训建议；再如，"中小学教师信息技术应用能力的现状评估——基于《中小学教师信息技术应用能力标准（试行）》的分析"②，该研究在解读《中小学教师信息技术应用能力标准（试行）》的基础上，以此为评价框架，以×省中小学教师信息技术应用能力发展的状况为评价对象进行分析，描述了该省中小学教师信息技术应用能力发展在每一维度上的达标程度，发现其存在的问题并提出了相应的对策与建议；还有研究在分析中小学教师信息技术应用能力现状的基础上，专门研究其培训问题，主要是培训模式、培训课程开发等，例如，农村教师信息技术应用能力"四位一体"培训模式研究③，矩阵培养模式下中学学科教师信息技术应用能力培训研究④，提升中小学教师信息技术应用能力的培训课程开发实践⑤。二是，"中小学教师信息技术应用能力标准研究"，这部分研究非常少，主要是对我国"中小学教师信息技术应用能力标准"的解读，另外有学者对中美教师信息技术应用能力标准进行了比较研究，如"美国《AECT 标准（2012 版）》与我国《中小学教师信息技术应用能力标准（试行）》的比较研究"⑥，在比较两国标准的基础上，分析了标准制定的背景和差异，指出我国标准的不足之处并提出了改进的建议。

国外研究主要集中在：教育技术能力标准的制定、相关培训、评估等

---

① 张屹，马静思，周平红，范福兰，白清玉：《中小学教师信息技术应用能力现状及培训建议》，《中国电化教育》，2015 年第 1 期。

② 张屹，刘美娟，周平红，马静思：《中小学教师信息技术应用能力的现状评估——基于〈中小学教师信息技术应用能力标准（试行）〉的分析》，《中国电化教育》，2014 年第 8 期。

③ 高金枝：《农村教师信息技术应用能力"四位一体"培训模式研究》，硕士学位论文，沈阳师范大学，2014 年，第 20 页。

④ 闫小倩：《矩阵培养模式下中学学科教师信息技术应用能力培训研究》，硕士学位论文，内蒙古师范大学，2013 年，第 16—17 页。

⑤ 单丽：《提升中小学教师信息技术应用能力的培训课程开发实践》，《中国电化教育》，2015 年第 2 期。

⑥ 袁磊，侯晓丹：《美国〈AECT 标准（2012 版）〉与我国〈中小学教师信息技术应用能力标准（试行）〉的比较研究》，《中国电化教育》，2015 年第 5 期。

几方面。关于教育技术能力标准的制定方面，代表性的有美国、英国颁布的教师教育技术能力标准（这在前面"国家层面的推动"中已经予以论述，这里不再赘述），此外，2008 年联合国教科文组织颁布了《教师信息和传播技术能力标准》，该标准制定了教师技术整合教学的能力框架，包括政策框架、能力标准模块结构、实施指南等[1]。关于教师的教育技术能力培训方面，美国实施了"培训未来的教师使用技术"（Preparing Tomorrow's Teachers to Use Technology）的"PT3"项目[2]。英国的 ICI 培训项目，ICT 培训的主要目的是提高教师在学科教学中使用 ICT 的专业知识和基本技能[3]，包括理念培训、行动培训和教学应用法培训。韩国实施了《ICT 应用教学、学习方案》，旨在培养教师使用信息技术进行教学和学习的意识与能力，等等。关于教师教育技术能力评估方面，美国在此方面的研究很有代表性。主要包括评估指标体系、评估过程、评估的有效性研究等[4]：评估指标体系包括 6 个维度（技术操作、环境设计、教与学、评价、实践、伦理法律等）和 23 个一级指标；评估过程包括电子档案袋、评估中心考试；评估的有效性研究主要是从学生成绩、教师实践、学校改进等方面着手。

2. 信息技术支持下的教师学习与发展

教师不仅要利用技术来教学，更要利用信息技术来支持自身的学习与发展。关于技术支持下的教师学习与发展的研究主要有三个方面：其一，技术支持下的教师发展阶段研究；其二，教师学习平台与资源研究；其三，技术支持的教师学习与发展方式研究。

其一，技术支持下的教师发展阶段研究。例如，余胜泉教授提出信息技术环境下教师的发展要经历"学习模仿、尝试使用、怀疑困惑、专

---

① 吴全会：《联合国教科文组织〈教师信息和传播技术能力标准〉解读》，《中国信息技术教育》，2008 年第 4 期。

② 王卫军：《教师信息化教学能力发展研究》，博士学位论文，西北师范大学，2009 年，第 58—60 页。

③ 陈俊珂，等：《中外教育信息化比较研究》，科学出版社 2007 年版，第 117 页。

④ 缪蓉，张晓雷：《从教师教育技术能力评估到高级教师资格认证——美国教师评价体系的启示》，《中国电化教育》，2010 年第 10 期。

业进化融合、创新发展"五个阶段①；王陆教授认为信息化环境下的教师发展则经历"学习体验、实践反思、研究创新"三个阶段②；祝智庭教授和顾小清博士根据他们的研究提出了"了解、应用、整合和创新"的四阶段框架③；郭绍青教授提出了"迷茫、准备、模仿、积累发展、熟练、创新"六个阶段④。这些阶段理论对技术支持下的教师发展具有指导意义。

其二，教师学习平台与资源研究。在平台方面，一方面是我国自主开发的学习平台，如：我国因地制宜，探索出的"天网与地网结合、辅以学习光盘"的形式，农村中小学现代远程教育工程的"三种模式"平台，等等；同时，我国的一些高校或培训机构也开发了相应的网络学习平台，如北京师范大学教育技术学院开发的 v – class 平台，华东师范大学、首都师范大学也都开发了自己的网络学习平台等；再如，普遍使用的 moodle 平台，目前实施的"国培计划"远程培训平台，等等。另一方面，是来自国外高校或研究机构开发的一些网络平台，比较典型的有 Math Teaeher Link、Tapped In、California Virtual Campus 等⑤。在课程资源方面，国家层面的"教师网联"资源、农村中小学现代远程教育工程资源、国家基础教育资源，等等，也有研究者提出"设计和建设专题学习网站"资源，提升教师信息化教学能力的研究⑥。

其三，技术支持的教师学习与发展方式研究。我国在此方面的研究以网络环境下的教师发展策略、模式为主。这类研究主要探讨网络技术、博客等新技术对教师学习与发展的支持，并构建了相应的模式、提出了相应的策略等。例如，基于博客的教育叙事研究、基于 moodle 教师发展模式、

---

① 余胜泉：《教育信息化生态观与新技术教育应用的科学发展》，《基础教育参考》，2006 年第 9 期。

② 魏宁：《让技术有效地支持教学——北京市面向信息化教师专业发展基地综述》，《教育信息技术》，2005 年第 6 期。

③ 顾小清：《面向信息化教师专业发展研究》，博士学位论文，华东师范大学，2004 年，第 62—63 页。

④ 郭绍青，王珠珠，陈美玲：《农村远程教育中教师能力水平与学校应用发展研究》，《电化教育研究》，2007 年第 11 期。

⑤ 郭绍青，金彦红，赵霞霞：《技术支持的教师学习研究综述》，《现代教育技术》，2012 年第 4 期。

⑥ 赵健，郭绍青：《设计专题学习网站提升教师信息化教学能力》，《电化教育研究》，2011 年第 1 期。

策略研究、农村远程教育环境下的教师专业发展模式研究，基于技术的教师反思研究、使用网络技术实现城乡教师互动研究、使用网络技术开展"网络支教"研究，等等。在研究者的努力下产生了很多富有借鉴和指导价值的研究成果。

国外的研究主要是从学习科学的角度出发，将数字技术作为支持教师学习与发展的主要工具，探索数字技术支持下教师学习与发展的活动模型等，例如，研究"数字技术与教师学习活动之间的关系，将数字技术作为教师学习中有目的的一组活动，即将技术融入教师知识建构、分布式学习、社群与沟通以及约定活动的一部分，进行相应的活动模型和案例研究"。①

二 教师网络学习研究现状

(一) 国内研究现状

通过对中国知网、相关文献资料的查阅分析后发现，目前国内关于教师网络学习的研究基本处于初步阶段，研究大多以教师网络或远程培训为主，从研究的内容看，研究者大多将网络与远程作为同一概念对待，因此，下面关于此方面的综述也不做区分。鉴于此，笔者分别以"中小学教师网络培训"、"中小学教师远程培训"、"中小学教师网络学习"、"中小学教师网络研修"、"中小学教师远程学习"为关键词进行检索，对现有教师网络或远程学习的研究进行分析后发现，目前该领域研究主要集中在以下几个方面：

1. 教师远程培训、远程学习的优势与意义研究

这部分研究主要是分析远程网络在教师培训中的优势、功能及其意义。代表性的如："中小学教师远程培训的优势与问题"（何声钟，2007），"加强教师远程培训扎实推进教师教育技术能力建设"（宋永刚，2008），"发展远程培训创新教师继续教育模式"（方中雄，毕超，2010），等等。主要观点认为：教师远程学习具有传统面对面培训学习所不具备的诸多优势，如：教师可以自主、灵活地选择学习时间、学习地点、可以边工作边学习、是解决教师工学矛盾的有效方式，可以实现大规模的教师学

① 焦建利：《数字技术支持的教师学习：研究与项目综述（上）》，《远程教育杂志》，2008 年第 4 期。

习、节约培训成本、提高培训效率效益等；远程学习可以实现资源共享，扩大互动交流范围，可以实现教师个性化自主学习等，如：将优质资源输送到农村、西部，实现优质资源共享，提升农村、西部教师水平和素质，借助远程技术可实现城乡教师、东西部教师、专家和教师、教师和教师之间的交流和互动，提高学习质量；开展教师远程学习是信息时代教师学习和专业发展的新方式，对于教师面向信息化的专业发展、教师教育等具有理论和现实意义，正如有学者所言："网络研修是信息时代背景下教师继续教育发展的新模式，它不只是网络技术的引入，而且是对传统教研与培训的变革与创新。"①

2. 教师远程培训的现状、问题与对策研究

这类研究相对比较多，从研究对象来看，主要以某一区域的参训教师为主，研究区域教师远程学习所面临的主要问题；从研究内容看，主要关注教师远程培训的现状、培训中的一些问题，提出了有针对性的解决对策、建议、策略等。对于教师远程学习中的问题研究，目前主要观点有两个方面，即教师层面，培训设计与实施层面。其一，教师层面的问题：认为"教师参与培训的主体意识不强"②，学习态度不积极，例如："受训教师满足于现状，缺乏危机感和职业发展规划，参加培训的功利性强，受训教师对培训持消极态度，缺乏主动性"③；但也有研究对教师的学习态度、学习行为做了专门研究，认为教师的态度是积极的，但远程学习体验和学习行为不佳，例如：在学习态度上，"教师对培训的目的和意义有积极的认知，不仅是迫于压力为了获得证书，也是认识到培训的重要性，想通过自己的努力在培训中有所提高，但学习主动性、培训中情感体验和抗拒干扰的行为表现不佳，由于各种因素的制约在情感上产生了培训是一种

① 马立，郁晓华，祝智庭：《教师继续教育新模式：网络研修》，《教育研究》，2011 年第11 期。

② 林雄：《农村中小学教师远程培训实施问题研究——以宁德市中学教师远程培训为例》，硕士学位论文，福建师范大学，2008 年，第 18 页。

③ 吴雪敏：《中小学教师远程培训的问题与对策研究——以 2011 年重庆市中小学教师远程培训为例》，硕士学位论文，西南大学，2013 年，第 31—32 页。

负担的体验"①；等等，这种在学习态度上的结论差异可能来自研究对象、研究范围、项目本身等方面的差异所致；在学习行为方面，研究认为，"教师远程学习行为包括个性化交互行为和社会性交互行为，二者互为基础、相互作用"，以此理论为依据调查分析了教师远程学习行为现状，即"教师在平台中的学习行为以个性化的交互行为为主，社会性交互不足，且缺乏引导，交互的总体水平较低，质量不高"②。其二，培训设计与实施层面的问题："培训观念相对滞后、培训质量缺乏有效的管理保障、网络设备配置和维护缺乏稳定的经费支持、网络课程开发缺乏针对性和实效性、缺乏合理的远程培训评估体系"③；"培训课程主线和重点虚化、课程案例陈旧，媒体表现单一，学习时间和进程安排欠合理，学习交互缺乏，培训效果不理想，培训迁移有限、缺乏培训后的实践支持"④；"教学支持服务的延迟感，培训中教师面对问题的无助感，远程培训内容与受训教师的实际需求存在脱节"⑤；"网络研修平台技术薄弱，网络学习共同体交互深度不够，网络研修评价与管理落后"⑥，等等。对于解决对策，研究者从各自的视角出发，针对所存在的具体问题，提出了相应的解决对策与建议，例如：围绕培训课程主线和重点设计作业，重视案例设计与研修，优化课程组织与安排；要加强师生之间深层次的交互，提高学员培训的内驱力；要强化过程性和表现性评价，重视需求分析；跟踪培训后学员的绩效，促使基层共享优质教学资源，组织校本研修，建立长期的后续支持系统，以保证中小学教师远程培训的质量和效果⑦；适当安排视频讲座教师

---

① 焦伟婷：《中小学教师在教师远程培训中的学习态度现状研究——以中小学教师教育技术能力远程培训为例》，硕士学位论文，陕西师范大学，2010年，第72页。

② 贾巍，张天荣：《农村中小学教师远程学习行为的调查与分析——以宁夏"国培计划"远程培训为例》，《继续教育研究》，2013年第4期。

③ 林雄：《农村中小学教师远程培训实施问题研究——以宁德市中学教师远程培训为例》，硕士学位论文，福建师范大学，2008年，第17—19页。

④ 孔维宏：《中小学教师远程培训的问题分析与对策研究》，《中国电化教育》，2011年第5期。

⑤ 吴雪敏：《中小学教师远程培训的问题与对策研究——以2011年重庆市中小学教师远程培训为例》，硕士学位论文，西南大学，2013年，第32—33页。

⑥ 丁月：《中小学教师网络研修存在的问题与对策》，《江苏教育研究》，2014年第13期。

⑦ 孔维宏：《中小学教师远程培训的问题分析与对策研究》，《中国电化教育》，2011年第5期。

与学员互动或交流会提升学员的知识建构和有效学习；设立规范的、严格的助学导师准入制度，降低助学导师的工作量；加大对学员情感激励和负面学习情感的疏导；培训评价应加大对学员应用性层次评价的比重，跟踪学员在培训后改变工作行为的程度与绩效①。构建虚拟班级、增设班务管理人员和在线教学支持的有效策略，强化在线辅导教师准确定位，发挥其组织者、参与者、合作者、引导者的作用②。开发综合性的网络研修技术系统，提供丰富多样的网络研修互动机会，建立多元的网络研修保障机制这三种策略，可以提高中小学教师网络研修的质量③。加强远程学习交互活动的设计和实施，实现从呈现到参与的转变；改革评价导向，关注质量，提高参与性；加强组织和学习支持服务，提升教师远程学习技能；加强学习保障，确保学习顺利进行④。

3. 教师远程培训的平台建设、模式研究

随着对远程培训的意义价值、现状分析的开展，研究者们开始关注教师远程培训本身，主要关注网络学习平台的开发和运行、远程培训的模式等研究，取得了一些有价值的研究成果，对于教师远程培训具有实践价值。在远程平台研究方面，研究者主要做了以下工作：第一，教师远程学习平台发展的总体梳理，代表性的如：有研究者从"理念"和"技术"两个视角出发对近十年来教师远程学习平台的发展进行了纵向梳理，"初步勾勒了从关注'训'到关注'学'，进而关注'教师专业发展'的平台发展历程，并对不同阶段教师远程培训平台的技术手段、平台功能、设计理念、学习理论指导、培训模式、资源类型、考核评价等进行了基于实践的剖析，揭示了不同阶段教师远程培训平台的特征及演替规律"⑤。第二，教师远程学习平台的功能对比研究，代表性的如：研究者选取了全国 4 个较为典型、成熟的远程培训平台（全国中小学教师继续教育网、中国教师研修网、北

---

① 任毅：《中小学教师远程培训的问题与对策探析》，《中国电化教育》，2012 年第 10 期。

② 李凤兰：《远程培训在线教学支持的问题及对策研究》，《中国电化教育》，2011 年第 7 期。

③ 丁月：《中小学教师网络研修存在的问题与对策》，《江苏教育研究》，2014 年第 13 期。

④ 贾巍，张天荣：《农村中小学教师远程学习行为的调查与分析——以宁夏"国培计划"远程培训为例》，《继续教育研究》，2013 年第 4 期。

⑤ 武丽志，李立君：《培训、学习与发展——教师远程培训平台的际代研究》，《中国电化教育》，2014 年第 11 期。

京大学中小学教师远程教育课堂和华南师范大学中小学教师远程培训网）作为研究对象，从培训过程视角和教师专业化发展视角，对其功能进行对比分析，试图揭示当前我国教师远程培训平台的功能建设现状、存在问题，并对教师远程培训平台的建设和发展提出了具有建设性的建议①。第三，教师远程学习平台设计与开发研究，例如，有研究者针对现阶段基于 Internet 的远程培训系统缺乏智能性的问题，提出了以建构主义学习理论为指导，构建一个基于 Agent 的远程智能教学系统平台，主要是采用数据挖掘技术，建立学习质量进行跟踪子系统，对教师远程学习等行为特征进行跟踪、分析处理和反馈，并基于阈值的模糊贴近度算法，加强在线答疑能力；同时，研究了学习平台的动态随机组卷、时间控制、考场管理、自动判分等功能，以及安全防范技术等②。也有研究者提出了教师远程培训平台的模块组成（基本技能训练模块、教学方法训练模块、虚拟探究学习与训练模块、CAI 教学训练模块、职业道德品质教育模块），并提出了教师远程平台的开发与优化策略，论述了新技术在教师远程学习平台中的应用③。对于教师远程学习模式的研究还比较少，目前主要是宏观的理论研究，即从培训的目标、内容、平台、课程资源、培训方案设计、学习形式与方法、培训评价、组织管理等方面进行宏观层面的理论探讨，注重对这些要素的综合分析，例如：有研究者从理论层面论述了"教师网络研修模式的要素框架，包括网络研修平台、学习共同体、混合式学习、资源与互动、评价与管理系统，并展望了教师网络研修的未来发展愿景"④；再如，研究者提出远程培训模式应当是"建立问题解决的培训目标、多层次的课程体系、与教学实践相结合的培训程序与策略、系列化和多样化的培训者组成、实践取向的评

---

① 姚勇娜，武志丽：《教师远程培训平台功能的对比研究》，《广州广播电视大学学报》，2015年第 2 期。

② 宋海沂：《中学教师远程培训平台的分析与设计》，硕士学位论文，华东师范大学，2009年，第 6—7 页。

③ 袁南辉：《教师远程培训平台的开发与应用》，《中国电化教育》，2009 年第 8 期。

④ 马立，郁晓华，祝智庭：《教师继续教育新模式：网络研修》，《教育研究》，2011 年第 11期。

价机制、竞争机制的培训管理"等①；"教师远程培训模式包括组织管理模式和教学模式、教师远程培训参与情况、教师远程培训反思"②；有研究者"从培训的指导思想、目标、内容、技术支持与评价方法等方面论述培训开展的基本理念，并构建远程条件下，基于教师不同发展阶段的农村中小学教师远程培训模式，模式包含新手教师、熟练教师、专家教师三个子模式，每个子模式分别从培训目标、内容、方式方法、评价手段四个方面进行设计"③。综合看来，笔者认为，理论宏观研究是必需的，但远程培训模式更多的是具体操作层面的方式方法，教师远程学习究竟以何种有效的方式方法来开展，应当是远程学习模式思考的问题。

4. 教师远程培训的外部干预、支持服务、实效性的初步研究

这类研究主要是从外部干预的视角为教师远程培训提供外部支持，从而促进教师网络学习的质量。代表性的如："教师远程培训中在线干预设计"（李银玲，2008），"教师远程培训的学习干预研究"（张超，2010），李银玲从环境适应的视角提出了教师远程学习在"认知、情感和行为上"会经历"知觉探索、运用综合、反思评价、意向文化四个适应阶段，"并依据这四个阶段提出了相应的干预策略④。张超借鉴结构功能主义理论思想，"梳理了远程培训中的各类学习干预方法，构建了基于目标群体、形态和时间序列的一维分类样式，同时以结构化程度和干预对象范围作为两个维度，提出了远程学习干预的二维分类框架；提出在宏观层面，远程培训干预系统应根据受众反应，建立三级递进的干预层次。初级干预面向所有参训教师，次级干预面对他们中的特殊群体，三级干预则针对个别参训教师实施高度定制的引导策略"⑤。对于教师远程学习的支持服务研究也

---

① 李辉：《现代中小学教师远程培训模式研究与探索》，《中小学教师培训》，2008 年第 3 期。

② 毕超：《教师远程培训模式及其应用策略》，《北京教育学院学报（自然科学版）》，2013 年第 8 卷第 4 期。

③ 李连峰：《河北省农村中小学教师远程培训模式研究》，硕士学位论文，河北大学，2011 年，第 5—6 页。

④ 李银玲：《教师远程培训中在线干预——环境适应的视角》，博士学位论文，华东师范大学，2008 年，第 6—8 页。

⑤ 张超：《教师远程培训的学习干预研究》，博士学位论文，华东师范大学，2010 年，第 163—165 页。

不多见，目前研究主要也是从宏观层面进行了探讨，提出了支持服务体系的构成要素，例如："教师远程培训中的非学术性学习支持服务"（相广新，2008），"中小学教师远程培训学习支持服务系统的构建探讨"（汤跃明，张锦华，2009），"远程培训的助学策略研究"（刘小霞，2011），"教师远程培训的需求调查及干预设计"（邓慧，2012），"教师网络研修活动设计方法与技术研究"（杨卉，冯涛，2012），等等。研究者认为教师远程学习支持服务应当包括"设施、人员、资源、信息、教学实践与评价"[①]；有研究者从"组织保障、辅导团队、平台建设、资源开发、激励机制、管理评价"等方面构建支持服务体系[②]，等等。另外，目前部分研究者开始关注教师远程学习的实效性，大部分研究也是从培训管理、课程资源、学习支持服务、培训模式、平台建设等方面进行了探讨。这些研究成果对于教师远程学习的开展具有一定的借鉴和指导价值。

5. 教师网络学习的互动关系研究

其一，研究者认为互动关系是教师网络学习的重要内容，代表性的观点有：随着信息技术在教育中的广泛应用，改变了信息的分布形态，带来了信息源的多元化、易得性，教育者不再是唯一的信息源，从而导致了教育关系的改变[③]。这种教育关系的变化首先是师生和生生的人的关系的变化，因而，师生互动关系必然成为信息化教育研究中的新的热点问题[④]。其二，互动关系研究主要包括，互动的类型研究、互动质量研究、互动模式研究、互动结构研究等。随着研究的深入，近年来研究者以教师网络学习社区为研究对象，采用社会网络分析法对教师网络学习社区中的互动关系进行了卓有成效的研究。

从整体来看，目前国内相关学者对这一问题以各自的视角进行了初步研究，研究成果相对比较零散，从研究对象看，研究对象具有地域性，以某区

---

① 汤跃明，张锦华：《中小学教师远程培训学习支持服务系统的构建探讨》，《中国教育信息化》，2009 年第 8 期。

② 陈彤：《基于绩效的中小学教师远程培训支持服务体系研究 ——以"国培计划"江西省农村骨干教师远程培训项目为个案》，硕士学位论文，江西师范大学，2012 年，第 39—49 页。

③ 祝智庭：《教育信息化理论与实践模式》，全国教育科学"十五"规划国家重点课题"教育信息化理论与实践模式"总课题组年度检查及成果展示会，2004 年。

④ 王陆：《信息化教育研究中的新内容：互动关系研究》，《电化教育研究》，2008 年第 1 期。

域的参加远程培训的教师为研究对象，注重区域内问题解决，有现实意义；从研究内容看，主要从"参训教师"和"管理"这两个层面进行了研究，注重区域内教师远程学习的个性问题研究。上述研究对于当前开展的教师远程学习和培训工作具有一定的借鉴价值，对于教师教育信息化的研究和发展有一定参考意义，值得肯定。但综合看来，研究具有一定的局限性，无论是研究对象还是研究内容基本都关注区域问题，缺乏对共性问题、基本原理等的挖掘和研究，因而研究结果难以有普遍指导意义；研究内容虽然从"参训教师"和"管理"这两个层面进行了研究，但没有对这两个层面及其要素关系做系统分析，特别是对教师远程学习缺乏内涵上的整体认识，其视角单一，缺乏系统研究；教师远程学习是一项系统工程，从教师或组织者层面认识问题都比较单一，应当综合、系统地去看待、去认识，有来自教师、课程资源、学习设计、平台建设、组织管理、支持保障等多因素、多方面的互动和协作，不但是这些要素的综合作用，更要探讨其背后的理论支持和基本原理，因而今后需要理论和实践的系统综合研究。

（二）国外研究简述

随着信息技术的日新月异，国外研究者对于信息技术支持下的教师学习与专业发展给予了高度关注，产生了较丰富的研究成果，纵观国外相关研究，以下三个方面值得关注。

1. 认识

信息技术支撑下，教师学习与专业发展从封闭走向开放和终身体系的构建。随着信息技术的发展和信息社会的到来，信息技术在教师专业发展中的作用越来越重要，利用信息技术的发展成果促进教师学习和专业发展，构建教师终身学习体系，已成为大家的共识。例如：研究者认为，21世纪和终身学习对教师培训或教育提出了新的挑战，传统的课堂培训或学习已经不能满足教师的发展需求[①]；随着网络或远程学习的迅速发展，其不受地域限制的灵活学习方式，为教师的学习和专业发展带来了新的发展机遇，在网上开展教学法、知识和技能素养的教师培训

---

① 转引自：Zhang, D. & Nunamaker, J. F., "Powering E - Learning in the New Millennium: An Overview of E - Learning and Enabling Technology", *Information Systems Frontiers*, Vol. 5, No. 2, 2003, pp. 207—218。

将成为教师专业发展的新模式①。哈佛大学教育研究生院的 Dvaid Zowin 提出，要利用技术支持来创建互动、创新及终身型教师专业发展模式②。

2. 行动

自 20 世纪 90 年代以来，世界各国都不同程度地开展教师教育信息化行动，实施了教师教育信息化相关项目，一方面，努力提高教师信息技术应用能力；另一方面，利用信息技术推进教师专业发展。特别是利用网络等现代信息技术开展教师培训和学习，实现教师专业发展成为各国探索的主要任务。例如：欧洲国家积极实施"农村翼"（Rural Wings）计划，该项目主要是利用卫星宽带技术和 Wi－Fi 技术为偏远乡村和山区或岛屿提供宽带互联网接入服务，在村小学校、文化活动中心和村中心的咖啡馆建设了开放 Wi－Fi 接入，提供卫生急救培训、为农民进行个性化的通信教育培训和远程教师培训，为农村提供信息化服务，支持农村教师专业发展，最终目标是实现在不同的知识空间（在学校，在工作中，在家里）知识的转移；该项目 2003 年以来在 18 个国家进行试点，计划扩大执行范围到数十个国家，通过提供创造性的学习环境，为欧洲和欧洲以外的国家和地区的农村提供信息化服务③。同时，欧洲国家针对一些偏远地区的学校，实施了多级教育欧洲网络（European Network of Multigrade Education, ENMED）项目，由于这些学校地处偏远、规模小、教师少，通常一个教师教多个年级的学生，基于此，该项目通过网络对这些教师进行培训和提供长期帮助，教师可注册虚拟学习空间、学习管理系统等，下载利用教学资源，可利用博客等工具开展讨论和分享教学经验④。美国哈佛大学教育研究生院实施的创新职业发展项目——WIDE World 计划（全称 Wide－scale Interactive Development for Educators），即教育者的大规模合作发展。WIDE World 计划作为一项教育工作者的大型互动发展计划，通过与学校

---

① 转引自：Dawley, L., Rice, K. & Hinck, G., "The Status of Professional Development and Unique Needs of K—12 Online Teachers"（http：//www. inacol. org/research/docs/goingvirtual3. pdf. ）。

② 熊建辉，赵丽：《全球视野中的教师专业发展与能力建设》，《开放教育研究》，2007 年第 13 卷第 1 期。

③ 赵健：《网络环境下城乡互动教师学习共同体构建与运行研究》，博士学位论文，西北师范大学，2011 年，第 20 页。

④ 转引自：基于卫星的多级教育网络（http：//nemed－network. org/）。

各个体系的合作，以便支持教师和雇佣教师，为他们提供专业发展的机会。而这些发展机会和经历都是高度个性化的、互动的、在线的和内在的，在该计划的网络互动平台上，许多教育工作者能够通过教师领衔和教练辅导的在线项目促进专业发展①。瑞典在近年来通过其国家教育局为教师提供了一个新的网站——教师 ICT（ICT for teachers），通过这个新网站，教师们可以获取若干资源，而其中意在增强教师在学校使用 IT 的技能的专业发展工具 PIM（实用 ICT 和媒体技能）值得关注。2007 年秋，PIM 汇聚了大约 30000 名教师。另外，通过这个网站，还引导教师建立了电子结对（e-Twinning）关系，以通过互联网与 27 个欧洲国家的伙伴学校进行协作②。Educator Development Network（EDN）是南非教育部门利用信息技术进行教师培训的一个典范，也是南非教师教育信息化的一个缩影，EDN 是由非政府组织 SchoolNet 于 2000 年开发的一个全国性的信息化教师专业发展项目。EDN 旨在创建一个教师专业发展在线社区，以提高教师的教学和学习能力。EDN 项目已经开发出 20 个教师信息技术培训大模块，涵盖课堂管理应用、互联网的使用、教学策略、具体学科、信息技术领导与规划等内容③。

3. 研究

国外研究在研究对象上有职前教师，也有在职教师，研究内容主要以教师教育技术能力培训、培训模式研究、个案研究等为主。代表的性的如：美国研究者在 20 世纪 90 年代中期发表了一些与教师远程培训相关的文章，如《采用交互式的远程教育技术来培训理科教师》④、《采用远程教育对小学教师营养课程进行培训》⑤ 等；比利时学者对佛兰德斯地区教师

---

① 熊建辉，赵丽：《全球视野中的教师专业发展与能力建设》，《开放教育研究》，2007 年第 13 卷第 1 期。

② ［瑞典］Limin Gu Ola Lindberg：《技术支持的教师专业发展——瑞典的政策、文献和近期行动》，《远程教育杂志》，2009 年第 4 期。

③ 章苏静，肖飞生：《南非教师教育信息化进展研究》，《中国电化教育》，2009 年第 2 期。

④ William J. Boone and Hans O. Andersen， "Training science teachers with fully - interactive, distance education technology"， *Journal of Science Teacher Education*， Vol. 6， No. 3， 1995.

⑤ K. K. Ebel， E. T. McDonnell， C. K. Probart， "Use of Distance Education to conduct Nutrition Curriculum Training for Elementary Classroom Teachers"， *Journal of the American Dietetic Association*， Volume 96， Issue 9， Supplement 1， September 1996.

ICT 培训中对课程和培训方法的评价问题进行了讨论①，再有文章《韩国在职教师教育技术能力培训内容的设计》②，《土耳其与其他国家教师教育技术培训的比较》③；《乡村小学教师对三种远程培训模式的态度比较研究》④；《成功网络学习的个案研究：高中教师对基于网络的远程医学物理课程的学习》⑤；等等。综合看来，研究者的主要关注点在以下三个方面：一是，远程学习的优势与功能研究，这类研究是基于教师远程培训和学习的实践基础上对现实情况进行归纳或者是理论探讨，如：Zygouris – Coe 和 Swan（2009）认为，高质量的培训或研修计划、学习弹性、学习资源的可访问性是教师专业发展的三个重要议题，教师远程专业发展形式能够跨越地理、文化和社会障碍，帮助参与其中的教师达成高质量的学习，为这三个议题的实施带来了正面效应，教师远程在线专业发展模式可以支撑专业学习共同体的长时间运作，教师远程学习环境不仅仅是一个灵活便利的课程内容递送的虚拟中介物，更多的是一个支持专业对话、专业探索、自主学习和合作学习的媒介⑥。二是，培训策略研究，代表性的研究如：Whitehouse，McCloskey 和 Ketelhut（2009）在大规模文献调研的基础上，指出教师远程培训的设计策略主要有三类，即新传统主义、建构主义、远程授导型⑦，新传统主义的设计策略的特征是：以传统教为主，以获取知

① Martin Valcke, Isabel Rots, Marjolein Verbeke, Johan van Braak, "ICT teacher training: Evaluation of the curriculum and training approach in Flanders", *Teaching and Teacher Education*, Volume 23, Issue 6, August 2007.

② Jong Hye Kim, Soon Young Jung, Won Gyu Lee, "Design of contents for ICT literacy in – service training of teachers in Korea", *Computers & Education*, Volume 51, Issue 4, December 2008.

③ Salih Usun, "Information and communications technologies (ICT) in teacher education (ITE) in the world and Turkey: (a comparative review)", *Procedia – Social and Behavioral Sciences*, Volume 1, Issue 1, 2009.

④ Leonard Annetta James A. Shymansky, "A Comparison of Rural Elementary School Teacher Attitudes Toward Three Modes OF Distance Education for Science Professional Development", *Journal of Science Teacher Education*, Volume 19, Number 3, June 2008.

⑤ Bo – Anders Jonsson, "A case study of successful e – learning: A web – based distance course in medical physics held for school teachers of the upper secondary level", *Medical Engineering & Physics*, Volume 27, Issue 7, September 2005.

⑥ 张超：《教师远程培训的学习干预研究》，博士学位论文，华东师范大学，2010 年，第 28 页。

⑦ 同上书，第30—31 页。

识为主，教学者是知识的传授者，学习者是知识的接受者；建构主义的设计策略特征是：学习者独自或在群体中完成对学习内容的意义建构，对知识的共同建构并不局限于课程内容方面；远程授导型是学习者在专家的指导下学习，是教学者主导学习者主体的学习模式。三是，比较研究，如前面所述的《土耳其与其他国家教师教育技术培训的比较》《乡村小学教师对三种远程培训模式的态度比较研究》等，研究者通过文献或现实调查研究，比较不同国家的教师远程培训学习情况，或者以参加培训的小学教师为研究对象，对他们参加"实时交互式电视、有讨论功能的录影带（视频）和基于网络的异步会议"三种远程培训的态度进行比较研究，等等。

三　研究简评

（一）综合上述研究：目前关于教师学习问题的研究有两个特征

1. 教育学视角的教师专业发展研究、教师学习研究中缺乏技术的关注

一方面，由于研究者的知识背景中缺少关于技术的认识和理解，在一定程度上缺乏对技术的关注兴趣和热情；另一方面，研究者大多在态度层面对技术是排斥的，对技术的积极作用认识不到位，大多认为教育或学习还是要靠人面对面的工作中完成，技术的作用非常有限甚至可以不用。另外，有学者虽然关注技术的教育教学应用，但他们通常认为技术是手段和工具，属于操作层面的问题，理论含量较低，故而进不了教育学理论领域。这样一来，教育学视野中基本没有技术环境下的教师发展或学习问题研究。特别是随着网络信息技术的发展，教育技术领域关于网络学习的研究越来越丰富，但教育学领域关于教师的网络学习或网络环境下的教师专业发展问题的研究非常少，大多都是从教育学等理论层面对教师专业发展、教师学习问题进行探讨。

2. 教育技术视角的教师学习研究缺乏理论的提升，缺乏哲学、理论、操作层面的一体化系统研究

教师发展领域中与技术相关的研究基本都集中在教育技术学领域。教育技术研究者从技术与教育、技术与学习的关系出发，对技术的积极作用予以高度关注，并努力探索技术对教师发展、对教师学习等的作用和贡

献，产生了许多富有指导价值的成果。但总体来看，目前关于技术支持下的教师发展的研究主要集中在微观层面，即关注技术的应用模式、策略等"处方"性的操作问题，而对于其背后的基本原理、基本信念等关注较少，正如学者赵勇曾在多个场合强调技术的"非中立性"，并指出"传统教育技术所研究的范围大多局限于技术对教学的促进与提高，而忽略了技术对教育本身的深层次影响以及教育对技术的反作用"[①]。特别是在教师网络学习方面，国内研究注重教师远程培训的现状分析，部分研究开始关注远程培训的模式与体系等建设；国外研究主要集中在教师教育技术能力培训研究上，但对于教师网络学习缺乏系统研究；总体来看，教育技术视角的教师网络学习研究缺乏理论的提升，特别是缺乏哲学、理论、操作层面的一体化系统研究。

（二）总体看来：无论是教育学视角还是教育技术学视角，都缺乏关于教师网络学习范式的研究

综合上述，不难看出，通过这些仁人志士的研究和探索，产生了一些富有指导价值的理论和实践成果：教育学视角的研究，为我们提供了理论上的启发，教育技术视角的研究体现了时代特色，对技术环境下的教师学习进行了开创性的有价值的探索，研究者们的这些有益探索，为我们开展教师学习的研究和实施提供了借鉴和指导，特别是对本研究提供了有益的基础和参考。

但总体看来：无论是教育学视角，还是教育技术视角，对于教师学习问题的研究中，基本没有关于教师网络学习范式的研究。

虽然教育学领域有学者对教师教育范式进行了相关研究，但对于信息技术特别是网络等现代信息技术环境下的教师教育问题几乎没有涉及，这一点值得引起教育学界的思考和重视，因为在信息时代，教师学习和发展是离不开信息技术的，谈及教师教育不能不关注信息技术，任何拒绝技术的研究或实践都是不全面的，也是不符合时代发展实际的；在信息时代，教育离不开技术，也不可能绕开技术去实现所谓单独发展，从目前国际及国内教师培训与专业发展来看，信息技术支持下的教师学习、教师发展、

---

① 李美凤：《广义技术视野下的教师发展研究》，博士学位论文，南京师范大学，2008 年，第 4 页。

教师网络研修等已从"自选动作"走向了"规定动作",技术与教育的融合成为时代与教育发展的必然。

教育技术学领域,对教师网络研修、教师远程培训等进行了相关层面的研究,但总体看来,缺乏从范式理论的视角对教师网络学习进行哲学层面、理论层面、操作模式层面的一体化的系统分析,特别是缺乏对教师网络学习范式的研究。

基于此,本研究以教师网络学习范式问题为研究课题,以宁夏"国培计划"教师网络学习为例,专题开展教师网络学习范式研究,对教师网络学习进行一体化的系统研究,无论在研究视角还是研究内容上都是一个全新的课题。

第三节　研究定位与意义

一　研究定位

教师网络学习应该关注三个方面的问题:为何?是何?如何?

对于第一个问题,一言以蔽之,教师网络学习形式对于教师意义重大,是解决教师学习特别是农村教师学习资源匮乏、促进优质资源共享,解决工学矛盾,保障学习机会,提高教师素质的现实选择和有力途径。

对于第二个问题,教师网络学习是什么,它不同于传统环境下的教师学习,它有着自己的特殊性和运行规律,开展教师网络学习,必须在一定的指导思想下进行,在一定的理论的指导下运行;探明这些独特性、确立其指导思想、明确其背后的基本原理与运行规律是开展好教师网络学习的首要条件。因此,这一问题成为本研究的内容之一。

对于第三个问题,如何开展教师网络学习,也是我们重点关注的问题,包括教师网络学习的操作模式、方法等,研究此问题能够为教师网络学习提供实践指导。

关于这三个问题,正是范式理论所关注的,范式理论从整体的视角出发,对事物运行的基本思想、理论取向、操作模式等进行一体化的思考,为我们分析和认识事物提供了一种很好的思维方式和行动框架。教师网络学习的开展和运行需要一定的指导思想、理论依据、可操作的模式等,借鉴范式理论的思想,开展教师网络学习范式研究,能够为教师网络学习的开展提供可参考的样式、可依赖的路径、可操作的模式，基于此，本研究将教师网络学习范式作为研究的主要内容。

综上，本研究的问题是：

（一）理论层面

1. 借鉴范式理论，从理论层面回答教师网络学习范式是什么？着重解决三个问题

（1）教师网络学习范式的基本结构

借鉴范式理论的关于范式结构的三个层面来界定教师网络学习范式的基本结构，即从哲学层面探讨：开展教师网络学习的指导思想是什么？以什么样的理论思想来开展教师网络学习？从社会学层面探讨：在理论思想的指导下，教师网络学习范式的理论取向是什么？从人工层面探讨：其具体操作的模式是什么？

（2）学习观与教师网络学习范式

主要从理论上分析学习观，界定学习观；并分析和界定学习观与教师网络学习范式的关系。

（3）学习观视野下的教师网络学习范式的基本形态

依据上述关于教师网络学习范式结构及其决定因素（学习观）的分析，从理论上探讨学习观视野下的教师网络学习范式的基本形态是哪些？对这些基本形态的优势与不足作出分析，从而为范式转变的论述提供理论依据。

2. 如何实现教师网络学习范式转变？

结合教师网络学习范式的内涵与基本形态的分析，探讨教师网络学习范式转变的一般机理、范式转变的本质；指出教师网络学习范式转变的方向；提出促进教师网络学习范式转变的基本路径。

（二）实践层面

以宁夏"国培计划"教师网络学习为例，结合宁夏地区"国培计划"的实施情况，对提出的相关结论进行应用实证分析。特别是对本研究提出的教师网络学习新范式进行实证研究，从实践层面对其范式的实施效果、实践价值进行实证分析，对提出的理论观点与主张进行实证检验。以期对我国中小学教师网络培训等提供借鉴和启示。

二 研究意义

本研究的选题来源于笔者主持的 2011 年度教育部人文社会科学研究西部和边疆地区青年基金项目"宁夏农村中小学教师远程学习适应性研究"（课题编号：11XJC880003），以及对宁夏"国培"实践的思考，开展该研究具有一定的理论和现实意义。

从理论层面看，一方面本研究成果将对正在开展的"国培计划"项目提供理论参考，同时，该研究是对中小学教师远程培训理论的丰富和总结，其研究成果将有利于成人继续教育特别是中小学教师的专业发展；另一方面本研究能够丰富远程教育理论体系，为网络学习的深入开展提供理论借鉴。

从实践层面看，其一，"国培计划"正在全面推进，本课题通过调研对教师网络学习范式进行分析，产生的研究成果必将有利于该项目的深入开展，对各级教育行政部门相关政策的制定和实施能提供现实依据和指导。其二，利用网络开展教师培训，促进教师专业发展，已成为信息时代教师发展的重要方式，以范式的视角，研究教师网络学习的理论和实践问题，对于当前和今后教师信息化专业发展、网络研修、网络学习等都具有现实指导和借鉴意义。

第四节　研究思路与方法

一 研究思路

任何研究都是在一定的理论框架下，循着前人和时贤的研究方向不断深入，本研究也不例外。本研究的思路是：首先，解读和分析范式理论的核心思想，在此基础上，对教师网络学习范式的基本内涵进行理论界定；其次，依据教师网络学习范式的内涵界定，采用理论演绎的方法从理论上提出教师网络学习的范式的基本形态，并对其范式形态进行优势与不足等分析，指出网络环境下应该采用和坚持的教师学习范式，并探讨教师网络学习范式转变的内涵与基本路径；再次，以此为依据，以宁夏"国培计划"教师网络学习为例，对本研究提出的教师网络学习范式进行实证研究，进一步深化理论研究，为进一步完善该学习范式提供实践依据。最后，对研究进行总结和展望。

二 研究方法

在研究中我们将综合运用文献法、观察法、行动研究法、问卷调查法、访谈法、个案研究法开展研究。

文献研究法。尽可能搜集和占有与本研究相关的研究成果，通过文献分析和学习：一方面，了解我国目前教师学习、教师网络学习的研究现状，使本研究建立在扎实的理论基础之上；另一方面，通过文献搜集和分析，对范式理论研究的相关成果进行总结和分析，从而为本研究提供坚实的理论依据。

观察法。研究者作为宁夏"国培"教师网络学习的主要参与者，参与了项目的部分设计和整个项目的实施工作，特别是作为教师网络学习的辅导人员、远程总监等角色参与了整个教师远程培训工作，在此期间，笔者采用观察的方法，对教师网络学习过程进行跟踪观察，收集了与本研究有关的大量第一手资料。

行动研究法。笔者既是宁夏"国培"教师网络培训项目的主要工作者，也是教师网络学习的研究者、观察者，通过实际行动，在行动中实践、在行动中反思，全身心投入了整个项目的工作和研究，对教师网络学习范式的理论和实践问题进行了深入思考。

问卷调查、访谈、实地考察等方法。一方面，依据相关理论分析，科学制定相应的问卷，选取宁夏地区一定数量的参与"国培"教师网络学习项目的中小学教师，对其网络学习情况进行问卷调查、访谈和实地考察，依据教师网络学习范式的理论界定，分析学习范式的基本特征，评定其属于哪种范式，从而为范式转变的研究和实践提供现实依据；另一方面，通过问卷调查、访谈、实地考察的方法，获取相应的第一手资料和数据，对提出的教师网络学习新范式的实践情况进行实证分析。

个案研究法。以宁夏"国培"教师网络学习为个案，依据教师网络学习范式的理论界定，对宁夏"国培"教师网络学习情况进行个案研究，对本研究提出的理论观点、应用范式等进行实证分析。

第五节　相关概念界定

一　教师学习

教师学习是通过多种途径、手段、方法获取知识并内化为自身素质和能力的自我改造、发展提高和完善的过程。教师学习是教师专业发展的重要途径和形式。

从教师学习的时间维度看，主要包括职前学习、在职学习。教师职前学习指的是参加师范院校正式的专业学习，以学习从事教师专业为目的的学习；教师在职学习指的是教师在教育教学工作岗位中参加的各种非正式的学习，以提高教育教学专业能力等为目的。

从教师学习的空间维度看，无论是职前学习还是职后学习，都存在他组织（群体或个体的形式）或自组织（一般包括：自组织的群体学习、自我导向的个体学习）的学习以及在场或在线的学习形式。于是，本研究依据时空维度对教师学习进行了分类，如图 1.1 所示。

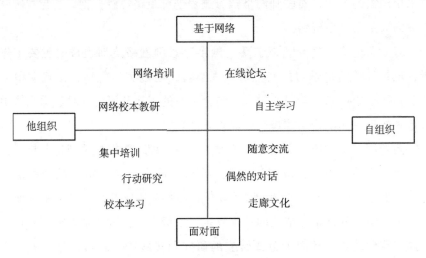

图 1.1　教师学习分类

基于网络——他组织学习形式。即教师的学习是有组织的行为，是在教育部门、学校等的组织计划下，在网络等信息技术环境下开展的教师学习形式。例如，有组织的群体性的网络学习、基于信息化资源的学习、基于信息资源的校本教研、基于网络技术的城乡教师互动学习，等。

基于网络——自组织学习形式。即教师利用网络等现代信息技术，进行自发的、自我导向的学习形式。例如，网络讨论交流学习，自我导向的网络个体学习、网络自主学习等。

面对面——他组织学习形式。即在教育行政部门、学校等的组织下，开展的教师面对面在场的教师学习形式。例如，短期集中培训，实践、反思学习，校本学习等。

面对面——自组织学习形式。是指由教师自发进行的面对面的在场学习形式，例如，随意交流、在教师休息室等场所偶然的对话、走廊文化等。

二 本研究中教师学习的界定

本研究中的教师指的是中小学教师，学习指的是中小学教师的在职学习，因而，本研究的教师网络学习指的是：他组织的、基于网络的中小学教师在职学习。

第二章　教师网络学习范式的基本内涵

第一节　范式理论

教师网络学习范式研究不是空中楼阁、空穴来风，是建立在范式理论基础之上的，范式理论是教师网络学习研究的理论基础，是其研究的逻辑起点，因此，研究教师网络学习范式，首先是从范式理论的解读开始。

一　范式理论的构成：范式基本结构与范式转变

（一）范式理论的来源：来自于对自然科学发展史的解释

《辞海》里关于范式是这样注释的：将范和式分开来对待，范：①模子。如钱范、铜范，也指用模子浇筑；②指榜样，如范文、示范。式：①样式，格式；②仪式；③榜样、模范；④自然科学中表现规律的一组符号。总结起来，范式一词就是模范、规范、范例。据 1999 年出版的《梅里亚姆—韦伯斯特新学院词典》第九版中解释：paradigm（范式）一词来自希腊文 paradeik – nunai，是指"共同显示"的意思。西方学者也较早使用这一词语，如 19 世纪末，英国著名学者卡尔·皮尔逊在其著作《科学的规范》中对科学的范式或规范问题进行了深入的研究。这些研究里，都是将范式作为一般意义的概念来理解使用的。

真正将范式作为一种理论和分析方法的是美国著名科学哲学家托马斯·库恩，他赋予了范式新的内涵，将范式从一般意义的概念上升到一种分析框架，用来解释自然科学革命和发展。库恩起初是做物理学研究的，在其读物理博士研究生期间，参与了一项实验性的大学课程，第一次接触到科学史，他通过对科学史的研究惊奇地发现，科学的发展不是累积式的线性发展模式，而是历经思维方式的革命性转换①。例如，他发现：亚里士多德的力学与伽利略、牛顿的近代力学概念几乎没有相关性，曾经一度流行的燃素说和热质等也没有为后来的自然观提供理论基础；然而当时主流的科学发展观点是：科学的发展是渐进的、累积的，前后理论存在内在的一致性，认为亚里士多德的物理学是为后来的物理学提供理论基础的，事实并非如此；那么按照主流的观点是无法对这一现象进行解释的，于是必须找到一种新的解释，经过思考之后，库恩借用语言学中的"范式"一词，并赋予了新的内涵，用来解释科学发展的内在规律。1962 年，库恩完成了一部划时代的巨著——《科学革命的结构》，在该著作中，库恩提出了范式理论，对其概念、内涵与结构进行了系统阐述。至此，范式的概念和分析方法被广泛应用于科学哲学、自然科学、社会科学等领域，范式研究引起了越来越多的关注和重视。

（二）范式理论的构成

库恩将范式引入科学发展领域，借助于"范式"一词对科学发展模式进行解释。在其著作《科学革命的结构》中，系统阐述了他关于科学发展的认识。库恩认为，科学研究是范式指引下的活动，科学革命的实质是其范式的转换；因而库恩的范式理论又称范式转换理论或规范理论。其理论的核心思想归结起来有两点：一是，范式是什么？即范式的结构、构成要素等。二是，范式转换或变革是什么？包括范式转换的本质、条件、过程等。

二　范式基本结构：信念、理论与操作模式构成的一体化结构

（一）库恩关于范式的界定

库恩虽然没有对范式进行确切的定义，在他看来范式是一个难以下定义的概念，在其《科学革命的结构》著作的论述中，关于范式的定义有很多种，例如："范式是长期以来形成的科学成就，是从事某一特殊领域研究者所持有的共同的信念、传统、理论和方法"、"是一个科学共同体

---

① ［美］托马斯·库恩：《科学革命的结构》，金吾伦、胡新和译，北京大学出版社 2003 年版，第 26—27 页。

的成员所共有的东西"、"范式是团体承诺的集合"、"范式是共有的范例"。①

在库恩看来，"一个范式就是一个科学共同体的成员所共有的东西，而反过来，一个科学共同体由共有一个范式的人组成"②。没有共同体就没有范式，范式是建立在多数、趋同的基础之上的，范式是共同体的范式。他们有共同的信念，并在这一信念的指引下，按照共同的理论和方法开展研究，使一个团体聚集在一起成为团体，是范式在发挥着作用。

由此，范式可以理解为：科学共同体成员所共同接受和认可的观念、理论、准则和方法的总和。

（二）范式的结构：哲学层面、社会学层面、操作层面

后来，英国学者玛格丽特·玛斯特曼对库恩使用的 21 种范式概念作了系统考察，将其概括为三个层面：哲学层面的范式（形而上学范式或元范式）、社会学层面的范式、人工操作层面的范式或构造范式。这三个层面的总结被认为是对范式结构的较为经典的概括性表述，如图 2.1 所示。

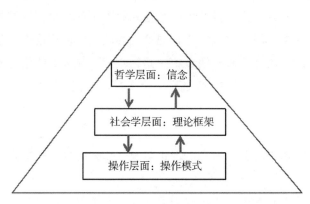

图 2.1　范式的基本结构

1. 范式结构的三个层面

第一，哲学层面。也称为元层面，是关于本体论层面的问题，是共同

---

① ［美］托马斯·库恩：《科学革命的结构》，金吾伦、胡新和译，北京大学出版社 2003 年版，第 175—187 页。

② 同上书，第 175 页。

体的共同信念、共同遵循的基本思想、基本理念或坚持的主流观点等，它是范式的精神理念和价值观，是范式运行的基本指导思想，是范式的灵魂和共同信念，是范式的根本和深层次的导向因素。按照库恩的解释，范式的哲学层面是指科学家所共同接受的信念，反映的是科学共同体在哲学认识论的高度上对科学研究的共同信念与认识，这一共同信念与认识影响着科学共同体在进行科学研究时的价值取向和方法论取向①。

第二，社会学层面。是指共同体共同遵循的理论框架、理论取向等，因而也称理论层面，是关于认识论层面的问题，是指科学共同体在其信念、基本观念的指导下，所坚持的理论取向，即开展科学研究所遵循的要求和路向，由此构成共同的理论模型和解决问题的框架②；是科学研究所遵循的行为规范、理论选择、概念系统；这一层面的范式概念是将范式作为一种科学习惯、一种学术传统、一个具体的科学成就，对科学共同体的研究具有规范性，是科学共同体一致接受的本学科的基本理论和取得的重大科学成就，包括构成学术研究基础的概念系统、基石范畴和核心理论在内的理论框架③。

第三，人工操作层面。也称具体实践层面，是关于方法论层面的问题，是关于如何操作的问题，如具体的操作模式、操作方法或成功的案例、范例等，正如库恩所言，"这一层面的范式概念将范式作为一种依靠本身成功示范的工具、一个解决疑难的方法、一个用来类比的图像或者范例，它可以是实际的教科书、经典著作、仪器设备等"，"范例就是根据公认的科学成就作出的典型的具体的'题解'，科学共同体通过范例的学习掌握范式，学会解决同类问题的方法"④。

2. 三个层面的关系：互为关联、层层递进的一体化关系

以上关于范式的三个层面是相互联系的一个整体，它们之间是互为关联、层层递进的关系，它们共同构成了范式理论的核心内容。其中，哲学层面是范式的最高层，是一个范式的灵魂和信念，是指导和统领一个共同

① 何菊玲：《教师教育范式研究》，教育科学出版社 2009 年版，第 16 页。
② 丁华东：《范式转型与社会变迁——关于档案学理论发展的科学社会学分析》，博士学位论文，上海大学，2008 年，第 25 页。
③ 蔡守秋：《法学研究范式的革新》，《法商研究》，2003 年第 3 期。
④ 何菊玲：《教师教育范式研究》，教育科学出版社 2009 年版，第 16 页。

体的思想和理念，是共同体关于对事物本体的认识，一个共同体的行为和运行都在这一基本信念的指导下进行的；社会学层面是范式的中间层，是将这一基本信念转化为理论认识，转化为解决问题的理论取向，是在共同体信念指导下的理性认识；最底层的是操作层面，是如何具体实现和实施理论的问题，即将基本信念、理论认识转化为实践操作的模式、方法、案例等，这些具体实施的模式、方法是对范式哲学信念的体现及其理论的具体实践和反映。综上来说，范式的信念是魂、是根，社会层面是关系梳理和理论认识，人工操作是具体实施和实现，三者相辅相成、紧密联系，互为关联，有哲学、有理论，但无操作，不构成范式；同样，有操作，无理论和哲学认识也不构成范式。

综上，本研究对范式的理解是：范式就是一个群体（科学共同体）在一定历史时期内所坚持的主流观念（或世界观、信念、理念等）并在其指引下的理论取向与实践模式（行事方式、行为模式、操作方法等）。简而言之，范式就是一个团体看待世界的一种方式，不同的范式会导致不同的理论和实践。信念、理论、操作模式三个层面是范式的基本结构。

三 范式转变的本质：信念转变及其指引下的理论与模式的一体化革新

（一）范式转换的条件

外部条件。社会发展与变革与既有范式之间产生了矛盾，既有范式不能适应新的发展需要，产生了一系列危机，旧有范式的危机成为范式转换的基本条件。由于旧有范式的危机，迫切需要新的范式产生以指导和适应新的发展需要。正如库恩所言"危机时期就来到了，唯一可以解决的办法是寻求一个新的范式来代替旧的范式，即科学革命开始了"。"危机的意义就在于，它可以指示更换工具的时机已经到来"。

内部条件。①新旧范式之间存在质的差异。这种质的差异，库恩用"不可通约性"来表示，即新旧范式之间具有不可调和性，旧范式的思维不能完全移植到新范式中来，主要表现在三个方面：一是范式之间的标准不一致造成的不可比性；二是新旧范式的术语可能有部分的重叠，但是内涵却完全不同了，由此造成了范式之间的无法沟通；三是新旧范式之争可能是在不同层面上进行的，所以科学家在同一点、同一方向所看到的可能是不同的东西。这也就是为什么一些科学家会终身抗拒新的科学真理的原因①。②信念的改变。新旧范式之间的差异成为范式转换的基本条件之一，为了适应新的发展需要，必须实现旧范式向新范式的转换，而这种转换是革命性的，革命的本质是范式信念网络的彻底变革。

（二）范式转换的机理

科学的发展是革命性的，通过革命而进步，这一革命性的根本是科学范式的转换，即旧的范式产生了危机，新的范式随之产生并代替了旧范式；新旧范式之间具有质的差别。库恩认为科学发展图式是：前科学（范式形成阶段）→常规科学（建立范式）→反常与危机（范式的危机、范式动摇）→科学革命、新常规科学（建立新范式）②，如图2.2所示。从建立范式到范式的危机再到新的范式的诞生，成为科学发展的基本路径，范式的形成与转换关乎着整个科学史的发展进程。

图2.2　库恩范式理论中的范式转换过程

前科学阶段。在此阶段，范式没有形成，或者正在形成。没有形成共同的信念、理论体系、可操作的模式、方法等，没有形成科学共同体，研究者们开展的研究都是零散的活动，讨论原理、各种观点进行争论，在此

---

① 何菊玲：《教师教育范式研究》，教育科学出版社2009年版，第19页。

② ［美］托马斯·库恩：《科学革命的结构》，金吾伦、胡新和译，北京大学出版社2003年版，第9—27页。

过程中，逐步形成共同认识和共同信念、形成有方向、有纲领、有组织的事业，这样就建立起一种范式，进入常规科学阶段。

常规科学阶段。库恩认为这个时期的标志是形成了科学共同体，形成共同范式，科学团体在共有的范式开展科学研究，但这时期的科学研究是在严格范式的既定标准和规则下进行知识累积活动，即这个时期不再思考和考察范式背后的基本原理，而是强调范式的指导作用，重在对范式的严格和忠实履行，是对范式的信念和提供的一套理论体系的忠实实施，注重在这一理论框架下的某一方面的精细化研究。

反常与危机。在常规科学时期，科学团体深信范式的权威性，在其指导下进行研究活动，对于其中出现的反常则尽力去调整使之更加适合现有范式，然而任何一种范式不可能穷尽真理，随着研究的深入则会遇到一些反常现象，当科学家无法用现有范式调整反常，而且反常出现的频率增高时，科学家会敏感地意识到这类反常构成了对范式的根本威胁，现有范式开始动摇，产生了新的危机。

科学革命。新范式能解决旧范式难以解决的危机，以竞争形式取代了旧范式，在信念、理论框架、操作模式等层面都发生了变化，从而实现了科学革命。这种范式的转换需要一个过程，新范式在起初的时候可能只有少数的支持者，随着研究的进一步深入，越来越多的有利于新范式的证据会产生，更多的科学家会对新范式予以关注、理解和接纳，于是基于新范式的研究逐步增加，新范式逐步取得主流地位，新的常规科学随之诞生，进入新的常规科学时期，在此时期，新范式成为科学共同体的行动框架，在其指引下，科学共同体采用新的工具、关注新的领域，开展相应的研究，随着时间的推移和研究的深入，又出现新的反常，陷入新的科学危机，迫切需要范式转换，从而新的科学革命又相继发生，继而进入更新的常规科学时期，于是科学发展在这样的螺旋式上升和不断循环往复中实现进步与发展。

（三）范式转换的本质是信念的转变

范式转换的本质是信念的改变。每一次科学革命是其范式结构的三个层面的内容都发生了改变（即信念、基本观念、理论、操作都已改变），但核心的决定因素是信念的改变，信念是范式结构的灵魂和根本所在，范式转换的本质是世界观、思维方式和基本信念的转变，即对事物的根本看法和观点发生了改变。库恩认为："接受一个新的范式的科学家会以与以前不一样的方式来看这个世界"①、"很难想象如果对自然界的信念没有破坏性的转变，新理论怎么能崛起并为大家所接受"②，等等；由此可见，科学范式的转换根本上是整个认识活动的形而上学基础的转换，是整个信念的改变。

四　范式理论的认识论意义

库恩范式理论来源于对自然科学发展的解释，库恩本人也是从事自然科学出身的，因而库恩范式理论深深地打上了自然科学特征的烙印，那么，对于自然科学发展具有极强解释力的范式理论是否适用于人文社会科学？本研究认为，我们有必要弄清楚下面两类问题：

其一，基于自然科学的库恩范式理论是否适用于人文社会科学？人文社会科学是否存在范式，能否应用范式理论解释人文社会科学发展中特别是教育领域中的一些现象？人文社会科学的范式该如何理解？其二，它对我们开展人文社科特别是教育、学习等研究和实践工作有何启示与意义？下面予以具体分析。

（一）人文社会科学对范式及其范式转换的理解

纵观相关研究，人文社会科学关于范式的理解有两种对立的观点：一种认为，人文社会科学不存在范式，库恩的范式理论不适合这一领域；与之相反，另一种观点认为，人文社会科学同样存在范式，库恩范式理论对于人文社会科学也具有解释力，借鉴和应用库恩范式理论的思想可以解释人文社会科学发展中的现象，它具有普遍的指导意义。关于人文社会科学中的范式转换，同样也存在两种对立的观点，一种认为存在范式转换；一种观点认为，不存在范式转换。

1. 人文社会科学对范式的理解

人文社会科学不存在范式，范式理论不适合人文社会科学。纵观相关的论述，大多认为人文社会科学与自然科学不同，认为人文社会学还算不

① ［美］T. S. 库恩：《科学革命的结构》，李宝恒、纪树立译，上海科学技术出版社 1980 年版，第 43 页。

② 同上书，第 104 页。

上真正意义上的科学，或者是"准科学"，严格说来，学科的范式问题，目前还仅仅是自然科学的事情。坚持这种认识的学者一般是依据美国社会学家乔纳森·特纳关于科学的观点：科学是建立在这样的假设之上的，它相信知识能够摆脱价值判断，它能解释经验世界的现实活动，并且能够根据仔细观察到的经验事件来修正自己①。科学具有以下特征：可检验性、精确性、具有解释力和预测力，按照科学标准，社会学、法学、经济学、管理学等还不是严格意义上的科学，在整个社会科学的范围内还没有过哪一门科学（包括在学科体系上最成熟的经济学在内）有类似于物理学那样的范式②。例如：在社会学领域，有学者认为，社会学理论、学说、观点很多，很难说存在范式③；在法学领域，有学者认为关于法学是否作为一门科学也有很大的争议，因而是否存在范式还值得商榷；在经济学领域，英国经济学家布劳格认为，库恩的范式理论不符合社会科学史的特征④；在管理学领域，有学者认为，管理学从产生、发展至今天，一直是众说纷纭，莫衷一是，研究方法各异的，它与哲学、社会科学、艺术和人文科学一样，都是属于前科学而非常规科学⑤。

人文社会科学存在范式，范式理论同样适用人文社会科学。在社会科学领域有很多的研究引进了范式理论的思想，以试图对社会科学领域的各种现象在"元认知"层面进行反省和审视。其中代表性的有：在社会学领域，美国社会学家 D. P. 约翰逊指出，"社会学理论如其他科学的理论一样，它的巨大基础是未明说的假定，……这些假定包含社会学家对他们主题的基本意向，他们用以描述和分析这一主题的概念选择、为调查而对具体问题的挑选以及在分析过程中所运用的策略……也可包括理论家的基本价值前提"⑥；再如，弗瑞德里希的《社会学的社会学》和肯尼斯·贝利的《现代社会研究方法》等，肯尼斯·贝利在其《现代社会研究方法》

① 林闽钢：《论社会学危机的内涵：社会学中的库恩主义思潮评述》，《学海》，2002 年第 2 期。

② 同上。

③ 同上。

④ Mark Blaug, Eeonomic History and History of Eeonomic, Sussex：Wheatsheaf Books, 1986.

⑤ 罗眠：《管理学范式理论的发展》，西南财经大学出版社 2005 年版，第 23 页。

⑥ ［美］D. P. 约翰逊：《社会学理论》，国际文化出版公司 1988 年版，第 61 页。

中指出："'范式'这个词用在社会科学中，就是观察社会世界的一种视野和参照框架"①。我国学者也对社会科学的范式问题进行过论述，代表性的如：欧阳康的《人文社会科学哲学》，欧阳康教授认为："人文社会科学范式，是某一科学共同体成员围绕某一人文社会科学或专业所共有的信念、价值观、技术手段等的总和。"② 近年来，有许多学者将范式理论创造性地应用到法学、经济学、管理学、教育学等社会科学领域，对本学科理论演变和发展作出了有力的解释。代表性的如：在法学领域，张文显提出阶段斗争范式——权利本位范式③；在经济学领域，有古典经济学范式、现代经济学范式等；在教育领域有，瑞典教育学家胡森认为："范式可以看作是文化的人工制品，它反映了在特定时期内特定科学团体——全国性的或国际性的团体的科学行为方面占主导地位的观点。"④ 我国教育学者叶澜教授认为，"范式的基本含义，即为学科的科学群体所认同，学科的内容和研究要素、过程、方法等形成的基本规范和结构式的框架"⑤。叶澜教授进一步提出了教育研究范式的基本结构。

2. 人文社会科学对范式转换的理解

如前所述，人文社科中若不存在范式，显然也不存在所谓范式转换。坚持人文社科中存在范式的学者们也基本都论述了各自领域的范式转换问题，代表性的如：在法学领域，张文显认为，"当代中国法哲学正在经历范式的转换或变革，提出了从阶级斗争范式向权利本位范式转换，并对其转换的过程、必然性等进行了系统论证"⑥；在经济学领域，如有学者将范式理论应用到中国当代经济研究之中，提出了在我国经济领域范式的转换是从苏联经济范式的危机到西方经济范式对中国的借鉴、再到邓小平经济理论成为当代中国经济学范式的过程⑦。在教育领域，如周成海博士、

---

① ［美］肯尼斯·贝利：《现代社会研究方法》，许真译，上海人民出版社 1986 年版，第 31—32 页。

② 欧阳康：《人文社会科学哲学》，武汉大学出版社 2001 年版，第 456—457 页。

③ 张文显，于宁：《当代中国法哲学研究范式的转换》，《中国法学》，2001 年第 1 期。

④ 胡森：《教育研究的范式》，人民教育出版社 1998 年版，第 178 页。

⑤ 叶澜：《教育研究方法论初探》，上海教育出版社 1999 年版，第 254 页。

⑥ 张文显，于宁：《当代中国法哲学研究范式的转换》，《中国法学》，2001 年第 1 期。

⑦ 姚慧琴：《经济学领域的范式与范式危机——兼论中国经济学的范式形成》，《统计与信息论坛》，1998 年第 3 期。

何菊玲博士对教师教育范式进行了系统研究。周成海博士系统论述了"客观主义—主观主义连续统观点下的教师教育范式的理论基础与结构特征"[①]；何菊玲博士将库恩的范式理论应用到教师教育研究中来，以范式理论的独特视角分析了教师教育的范式及其转换问题[②]；这些研究成果对于教师教育的研究和实践都富有理论价值和指导意义。

（二）本研究关于范式理论在人文社会科学中应用的理解

1. 范式结构与范式转换同样适用人文社会科学

本研究认为，范式理论同样适用人文社会科学，人文社会科学同样存在范式。对于人文社科中范式的理解上的分歧，其根本原因是他们对范式理论的应用视角不同，支持者是从范式理论本身出发，挖掘和迁移的是其核心思想，强调范式理论思想的应用，将其思考和分析的方法应用到人文社会科学领域；而反对者是从自然科学与人文科学本身出发，过于强调他们的差异性，而不关注范式理论的思想价值：一方面，过于关注对"科学"的界定，认为库恩范式理论是针对自然科学的，必须以科学的名义来理解，社会科学是"准科学"，难以用范式理论来解释；另一方面，过于强调自然科学和人文社会科学之间的差异，这种机械的思维将人文和自然对立起来，注重它们的"异"而忽视了它们的"同"；这种求异去同的思维致使它们过于纠缠在"科学"、"差异"上，而弱化了范式理论的思想价值，实不可取！如果我们跳出对于其细微层面的纠缠而以更加广阔的视野去认识范式理论，其思想的光辉依然存在，有众多的人采用范式的理论思想来解释和分析事物，是有其可取之处的！那就是，范式理论是一种思想，一种认识事物的思想，为我们提供了一种认识事物和分析事物的视角和思维框架，无论对于自然科学还是社会科学，都具有重要的认识论和实践意义。

本研究认为，范式转换在人文社会科学中同样适用，人文社会科学中同样存在范式转换。范式转换是库恩范式理论的核心思想之一，对于自然科学领域的范式转换，库恩的论述值得尊敬和借鉴。本研究认为，人文社

---

① 周成海：《客观主义—主观主义连续统观点下的教师教育范式：理论基础与结构特征》，博士学位论文，东北师范大学，2007 年，第 258—262 页。

② 何菊玲：《教师教育范式研究》，教育科学出版社 2009 年版，第 13—14 页。

会科学也存在范式转换，只不过其含义和形式有所变化，但其本质上还是属于范式转换的范畴。为什么这么说，是基于以下考虑：

第一，范式理论的思想本质上是一种思维方法，特别是为我们分析事物提供了一种分析方法和思考的视角，这种思维方法值得借鉴。因此，我们不应当纠缠于自然科学和人文社会科学的不同而忽视了范式理论的思想价值，而应当跨越自然与人文社会的差异，从范式理论本身出发，挖掘和迁移其核心思想，强调范式理论思想的应用，将其思考和分析的方法应用到人文社会科学领域。

第二，人文社会科学的范式转换有其自身的特点。毕竟社会科学与自然科学不同，人文社会科学有其自身的特点，不像自然科学那样存在严格的"科学革命"，但是人文社会科学存在着主流范式的现象，即在某一历史时期，人们的认识存在主流观点和核心价值观，这种主流观点和核心价值观代表着这一时期人们对某一事物的认识和理解，它规约着人们的思维方式，使得人们在研究和实践方面往往会遵循这一范式，而其他范式也存在，但其影响力较弱，不是主流的范式，或者所谓"被压迫"的范式，直到主流范式不能很好地解释现实世界时，即遇到了"危机"，迫切需要新的范式来适应新的发展需要的时候，新的范式随之诞生，这种新的范式有可能是之前"被压迫"的范式或者是新产生的范式等。由此看来，人文社会科学不是不存在范式转换，而是其范式转换相对于自然科学的范式转换有其自身的含义，是在某一历史时期强调某种范式而淡化其他范式的转换方式。正确理解这一含义对于我们应用库恩范式理论解决社会科学发展具有重要意义。

2. 范式理论的认识论与实践意义

（1）范式结构的认识论与实践意义

从认识论角度讲，范式理论是一种既全面又深刻的思维方式和分析框架。全面：即范式的结构理论为我们提供了一种认识事物的全局视角和方式，认识和分析一种事物可以从其结构的三个层面进行，不仅分析其外在的操作层面，也分析其坚持的理论基础，更重要的是分析其哲学认识，概况来讲，这三个层面的分析是关于事物的本体论、认识论、方法论的全面认识；深刻：是指认识事物不仅仅停留在其外在的操作层面和理论认识层面，对于其背后的深层次的哲学原理、世界观、价值观等进行分析，即将对事物的认识上升到哲学层面，不仅仅关注其方法论、认识论层面的问题，更要关注和分析其本体层面，对事物进行本体层面的深层次思考，才能达到对事物深入透彻的认识。因此，借鉴范式理论分析事物是一种较为全面和深入的认识方法，不仅分析事物的实际模型，也关注其理论基础，特别是形而上的哲学认识，从而得到对事物更全面、更深刻的认识。

从实践层面讲，范式为我们提供了一种方法，即分析一个共同体的行为就可以知道他们所坚持的范式，分析其范式可以预测他们的行为模式。应用范式结构理论进行分析的时候，可以有这样两种思路：一种是自上而下的分析方法，即从基本信念、信仰、世界观等哲学层面出发，去分析其理论取向，再分析基于其信念和理论下的具体操作模式、方法等，即所谓既有信念与理论也有方法，是从思想到方法的分析思维；一种思路是自下而上的分析，即从具体的人工操作层面出发，考察其背后的理论取向，挖掘其深层次的信念、价值观等哲学意蕴，即所谓既有方法也有理论和信念，是从方法到思想的分析思维。

（2）范式转换的认识论与实践意义

从认识论层面看，范式转换理论反映了人们对科学发展模式的认识，借鉴这一思想，将其拓展至对事物发展的一种认识，即事物发展是范式的变革，旧有范式不适应发展需要，面临着危机，解决危机的重要途径是需要有新的范式出现即所谓范式革新；范式转换反映了人们对客观零乱的自然现象或社会现象的一种系统的解释和把握，人们以一种范式为指导改造客观世界，同时也在不断地接受客观世界的反作用，当这种范式不能很好地解释现实和指引人们行为时，人们就会重新构建新的理论，在新的理论基础上修正或抛弃原来的思维框架，构成新的认识和行动框架，从而实现范式的转换，推动了事物的发展。

从实践层面看，范式转换是一种循环往复的螺旋式上升过程，但决定范式转换的根本因素是信念的转变，只有人们信念得到了改变，其理论取向和实施方式等都发生了改变，或者说人们行为方式、操作模式方法等的改变取决于其背后的理论取向的改变，深层次是其信念的改变。正如库恩所言，"科学是一种累积知识的活动这种观点，与一种占主流地位的认识论关系密切，这种认识论认为知识是由人的心灵直接赋予原始感觉材料的结构"①。范式转换不是个别要素的重新认识，而是整个视角和认识框架的转换，而这种转换的根本是其信念体系的改变。因此，在方法论层面，抓住信念这个核心要素，是分析一个共同体范式的关键，只有对共同体的信念进行深入研究，才能深刻理解其范式转换的本质，才能更好地分析其发展中的深层次问题和原因，从整体上理解其规律、把握其趋势。

（3）范式理论对学习及其教师网络学习的应用价值和指导意义

学习属于人文社科范畴，学习的主体是人，研究的对象是仍然是人，是人的认识与实践活动，因而具有人文社会科学的属性，范式理论同样适合学习研究。在一定时期内，人们的学习具有一定的范式，是在共同遵循的范式下开展学习，因而存在学习范式的问题。综上看来，教师网络学习是信息时代教师教育研究和实施的重要领域，我们在实施这一领域工作的同时，自然而然地在遵循着一种范式，这种范式是大家在一定时期内共同坚持的信念、理论、传统、方法，因此，范式理论同样对于教师网络学习研究和实践具有应用价值和指导意义，对于我们认识和实施信息技术环境下的教师学习问题同样具有认识论、方法论的重大意义，范式理论的思想及其分析方法同样适用这一领域。应用这一理论思想，分析教师学习特别是教师网络学习问题，是一种全新的视角，对于我们开展此项工作具有指导意义。

第二节　教师学习范式

一　教师学习范式结构：学习观、教师学习理论与学习模式的一体化

与范式的结构相同，教师学习范式也同样包括哲学层面、社会学层面、操作层面，如图2.3所示。

（一）哲学层面：学习观

哲学层面是指教师学习共同体的基本信念，解决的是教师学习的形而上的本质认识问题。这种信念体现为教师学习共同体在哲学认识论高度上对教师学习基本问题的认识，是对其终极关怀和根本认识，是共同体开展

---

① ［美］托马斯·库恩：《科学革命的结构》，金吾伦、胡新和译，北京大学出版社2003年版，第88页。

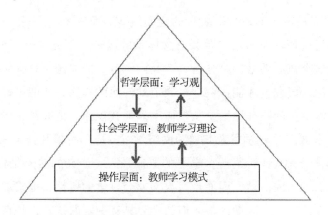

图2.3 教师学习范式的基本结构

这一重要工作的根本思维方式、指导思想、出发点和落脚点，是统领这一领域的"魂"和"根"所在，是解决其他一切问题的逻辑起点。这种信念是什么呢？

其一，教师学习属于成人学习领域，但不管是成人学习还是未成年人学习，其在本质上都类属于人类学习，因此，从哲学层面来看教师学习问题，就必须关注人类学习的根本看法和基本观点是什么，这种根本看法就是学习观，它是教师学习的基本信念或信仰，教师学习在根本上是受制于这一信念，教师学习是在学习观的支撑和指引下进行的。

其二，研究和实施教师学习问题，在深层次结构层面必须关注学习信念即学习观，抓住这一灵魂所在就是抓住了教师学习问题的关键，那么，研究教师学习范式问题在本质上研究其学习观的这一基本问题，它决定了教师学习范式的基本内涵和基本形态等。

因此，教师学习范式的哲学层面是关于教师学习的信念，这一信念就是学习观。

（二）社会学层面：教师学习理论

社会学层面是指教师学习共同体在其学习观的基本信念指引下所形成和坚持的理论框架、理论取向等，解决的是教师学习理论问题，用于指导教师学习。具体包括两大方面：①理论基础。这一层面是对学习观的进一步体现，是对哲学层面的学习观的反映，有什么样的学习观就会有什么样的理论取向，不同的学习观决定了教师学习理论与制度等的不同形态，也决定了教师学习的角色定位与功能作用。进一步讲，可以将这种理论取向理解为开展教师学习时所坚持的学习理论，如在行为主义学习理论、认知主义学习理论的指导下，教师学习成为一种接受外部知识和技能的过程，是一种知识、技能本位的学习取向；在建构主义学习理论的指导下，把教师学习看作是一种自主建构的过程，是一种反思、实践、合作互动、会话协商等的学习取向。②基础理论。这是关于如何设计和实践教师学习的基本原理，主要包括：关于教师应该具备什么样的知识和能力的理论，即教师知识理论、教师能力理论等；教师信念理论，即关于教师坚持的教育教学等信念的理论；关于教师如何学习的和发展的理论，如知识掌握与技能训练理论、案例支撑的情境学习理论、基于群体的合作学习理论、教师实践反思学习理论、行动研究理论，等等。

（三）人工操作层面：教师学习模式

人工操作层面是指教师学习的实践操作层面，解决的是如何具体实施教师学习问题。具体体现为教师学习模式，教师学习模式是在教师学习理念的指导下，对教师学习的相关要素进行综合安排的过程。它主要提供一种具体化的操作流程，提供给人们一种照着做的样式。这一层面是关于哲学层面、理论层面的具体落地，是在教师学习的实践实施过程中，将基本信念、基本理论等转化为具体的操作模式、方法等，重在解决实践操作层面的问题，是对基本信念和理论的具体反映，离开了这一层面的具体操作模型的运行，教师学习就成为无源之水、无本之木。教师学习人工操作层面的学习模式应该包括：学习动机、学习内容、学习方式、方法等；学习动机是教师学习的内在和外在的动力、目的所在，是引发和维持教师的学习行为并使之指向学习目标的一种动力倾向；学习内容是教师学习的主要对象，是学习赖以发生的基础，一般是课程内容、学习资源等；学习方式是教师在具体的学习活动中采用的学习形式及其方法等，一般包括接受式学习、自主学习、探究式学习、协作学习、问题解决式学习等；这几个要素相辅相成，共同构成教师学习模式的基本内容。

在教师学习范式框架中，上述各个层面也是互为关联，相辅相成，是不可分割的有机整体。教师学习共同体所具有的共同信念、理论以及实践操作模型的总和，构成了一个完整的教师学习范式。当旧的范式出现危机时，只有改变共同体的学习信念才能解决危机，实现教师学习范式的转型。

二 教师学习范式转变的本质：学习观的改变

从教师学习范式的结构来看，学习观是人们对学习规律的根本认识，它是属于教师学习范式的哲学层面的基本问题，依据之前关于范式的论述可知，哲学层面是范式的根本所在，决定着社会学层面和技术操作层面，因此，学习观决定着教师学习的基本取向和行动方式，如果学习观发生了改变，其教师学习理论、学习模式、方法、手段等将发生一体化改变，因此，教师学习范式的转变本质上是学习观的转变。

不同的学习观产生不同的教师学习范式形态。学习观是教师学习工作开展的思维方式，是人们对教师学习的根本观点，每一种学习观对应一种学习范式，如果学习观转变了则学习范式也发生了转变。随着时代的发展、社会的进步，以及人们认识能力的发展，人们对学习的认识也在不断地变化和发展，这种认识的变化深深地影响着人们的学习特别是教师学习的研究和实践，也相应地引起了教师学习范式的变迁，人们接受新的学习范式就是与以前不一样的方式来看学习，新旧范式之间的本质差异是人们对学习的认识和理解之间的差异，如果学习观没有改变，学习范式就不会改变。

教师学习范式转换是教师学习发展的基本路径。学习观指引下的教师学习范式有其适应的历史时期，旧的教师学习范式产生了危机，不能解释和指导教师学习实践，旧有范式开始动摇、逐步淡出人们的视野，新的范式产生并成为主流范式，人们在这一范式的指引下开展新的教师学习实践；总之，随着人们对学习的认识的发展，从建立范式到范式的危机再到新范式的诞生，循环往复，螺旋式发展，成为教师学习发展的基本路径。

第三节　教师网络学习范式

一 网络信息技术对教师学习范式的影响

教师学习范式中引入网络信息技术因素，使学习范式结构的构成内容发生了变化，使其成为技术化的学习范式。

（一）哲学层面：网络信息技术与学习观

要探明这一问题还得从技术的本质说起。纵观人们关于技术的本质的认识，有较多的观点，其中代表性的有：德国哲学家、社会学家哈贝马斯在《作为"意识形态"的技术与科学》一书中写道："技术是对象化过程的科学上合理的支配"，他强调合理的支配是人的支配，合理即合目的，是人有目的的支配①。这里的对象化指的是主体向客体的转化，非对象化是客体向主体的转化。从哈贝马斯的观点看来，技术是作为主体的人的对象化的过程，即人将自己的目的、思想等转化为客体的技术中，使得技术体现人的观念、目的、思想等，在这一过程中，人是支配者的角色。同样，德国哲学家马尔库塞认为，"技术始终是一种历史和社会设计，是技术理性的概念，也许本身就是意识形态"。让—伊夫·戈菲也指出，"技术从来就不是中性的，而总是一种个性的投射"。日本学者认为技术是主观的存在方式——观念的技术（技能、职能）和客观的存在方式——物质的技术（工具、机器）的统一体②。马克思认为技术是人和自然的中介，他一方面将技术归为劳动资料，一方面又指出技术内涵中含有理性因素，技术的本质是"怎样生产"，至于用什么劳动资料生产，则是技术活动方式本身外在的表现形态③。由此看来，马克思所理解的技术本质是观念的技术与物化的技术的统一，工具、设备只是技术的外壳，而内核则是作为技术的灵魂的精神或理性因素。在《自然辩证法百科全书》中把技术定义为"人类为了满足社会需要，依靠自然规律和自然界的物质、能量和信息来创造、控制、应用和改进人工自然系统的手段和方法"。这个定义也充分反映出了技术实际上包括有形的物质和无形的精神活动和方法。技术的精神性是技术的本质属性，是技术内涵的核心，用这个观点看待信息技术的教学应用，我们会发现隐藏在实体技术背后的"光环"便是人的思想、人的精神和人的观念④。

综合上述观点，技术具有双重性，不仅具有自然性，也具有社会性，即技术从外在形态上看是工具、设备等物化存在，具有工具、手段等自然属性，但内在本质上是人的思想、目的、价值的存在，具有人文社会属

---

① ［德］哈贝马斯：《作为"意识形态"的技术与科学》，学林出版社1999年版，第91页。

② 李芒：《技术与学习——论信息化学习方式》，科学出版社2007年版，第125页。

③ 《马克思恩格斯全集》第23卷，人民出版社1972年版，第203—207页。

④ 李芒：《技术与学习——论信息化学习方式》，科学出版社2007年版，第126页。

性。技术是自然性和社会性的统一。技术的自然性指的是技术作为工具、手段的物化特征，技术的社会性指的是作为技术在本质上是人的思想的外在展现，是"理性的工具化"，"技术并不是一种中立的手段或工具，而是特定社会中人的价值的一种载体，因而其在内容和形式上都体现着政治、文化和伦理的丰富内涵，体现当时社会的价值观"①。由此看来，技术是由人创造的，是人的思想的外化，人的价值观、思想、信仰等融入到了技术设计和应用之中，人是技术的设计者和缔造者，是技术的利用者和控制者，人们有什么样的思想就有什么样的技术应用观，技术是为人们的思想而服务的，由此看来，人对技术的应用具有决定作用，其人的思想和价值观等决定了技术的应用。

同理，学习观是人们对学习的理性认识、是关于学习的基本观念，依据技术的本质的论述，技术在学习中的应用必然是学习观的外在体现，是学习观的外化，在设计和应用上都体现着学习观，融入了人们关于学习的设计思想。因而，学习观决定了技术及应用。有什么样的学习观就有什么样的技术应用，有什么样的技术应用必然有什么样的学习观的支撑。正如我国学者李芒教授所言，"在观念和思想为先的理论假设之下，我们认为影响学习方式变化的第一要素是人的思想或精神，当然，也应该承认，……新技术对人类的思想观念起作用，也一定会产生新的想法和观念。但是，归根到底，没有人的思想和观念，就没有信息技术的作用，工具的有效使用必须接受上位理念的指导，信息技术是为内容和观念服务的……是人的认识和思想能力的不断提高，最终决定了信息技术的命运"②。南国农先生认为，信息化教育是在现代教育思想和理论的指导下的现代信息技术的教育应用③。先进的教育技术为实现学习方式的转变提供了现实可能，这不仅是在硬件和软件的意义上而言的，更重要的是取决于我们对学习过程和学习活动本身有全新的认识。工具固然重要，掌握工具的人更重要④。

综上所述，技术与学习观对于学习范式的变革都具有相应的作用，但总体看来，学习观是决定因素，技术是为人们学习观服务的，正如祝智庭

---

① 许良：《技术哲学》，复旦大学出版社 2004 年版，第 136 页。
② 李芒：《信息化学习方式的历史审视》，《电化教育研究》，2006 年第 5 期。
③ 南国农：《信息化教育概论》第二版，高等教育出版社 2011 年版，第 9 页。
④ 盛群力，胡平洲：《技术进步与学习方式的转变》，《远程教育杂志》，2003 年第 5 期。

教授所言，"技术是偏方，人本是正道"①。"技术引发学习方式变革的关键因素不在于技术，而在于把技术应用于学习的人……人是技术发明、改进、提高和应用的主体"②，人对学习的认识和思想以及对技术的理解决定着技术的应用形式和应用程度，因而学习观决定着人们关于技术的学习应用的思维和方式，有什么样的学习观就有什么样的技术的学习应用，因此，教师网络学习范式转变的核心是学习观的变革，考察教师网络学习范式变革其核心是考察其学习观的变革。

（二）理论层面：网络信息技术对教师学习理论的影响

网络信息技术的引入，对既有教师学习理论提出了挑战，如何变革既有教师学习理论以适应网络环境下的学习，成为教师网络学习范式要解决的重要问题：一方面，基于网络的教师学习应当是在学习理论、教师学习理论的指导下进行，这些理论为教师网络学习设计和实践提供了坚实的理论基础；另一方面，随着网络技术在教师学习中的应用推进，又不断产生了教师网络学习理论等，随着网络等信息技术的不断发展，这些理论也不断完善和发展，从而更好地指导教师网络学习。

（三）操作层面：网络信息技术对教师学习模式的影响

教师学习范式中引入网络信息技术，在其操作层面，网络信息技术带来了教师学习模式的两方面的改变，即构成要素的改变及其关系的改变。

构成要素的改变。如前所述，教师学习范式的构成要素包括学习动机、学习内容、学习方式，网络信息技术的介入，使得教师学习范式由三要素变成了四要素，即学习动机、学习内容、学习方式、学习平台，这四要素成为教师网络学习的构成成分。一方面，分析和研究教师网络学习范式应当从这四个要素出发，将其视为一个有机整体；另一方面，要关注和研究网络信息技术环境下教师学习动机、学习内容、学习方式、学习平台等的建设与运行的特点和方式，教师网络学习范式不同于传统教师学习范式，网络信息技术的介入，使得学习动机激发与维持、学习内容的建设和实施、学习方式的采用、学习平台的构建等都必须遵循新的思维、按照信

---

① 祝智庭：《教育技术的研究场分析》，北京师范大学教育技术学院学术报告，2005 年 6 月。

② 高丹丹，张际平：《技术给学习带来什么》，《电化教育研究》，2008 年第 7 期。

息化原理和运行机制来实施，最大限度地发挥教师网络学习的优势，实现高质量的教师学习。

关系的改变。网络信息技术进入教师学习领域，不仅仅是教师学习范式要素的改变，更是教师的学习目标、学习方式、学习资源、学习模式的改变，深层次是改变了教师学习关系。随着网络技术的发展，改变了信息资源的获取渠道，从传播学的角度看，一方面，信息源发生了改变，由传统的单一的信息源变为多元化的信息源，在网络环境下，教师面对的是多渠道、丰富的信息源，教育专家不再是唯一的、权威的信息提供者，因而网络改变了教师与专家的关系，由原来的信息不对称变为信息对称，在信息对称的条件下，教师与专家的关系不再是被培训与培训的关系，而是一种互动、对话和信息生成的关系，即从主体性关系到主体间性的关系；另一方面，在网络环境下，教师不仅仅是信息的接受者，更是信息资源的生产者、传播者，因而学习资源的生产不再是单一的由资源生产商或教育部门等提供，教师也成为学习资源的生成者。总之，网络技术环境下产生了新的教师学习模型，完全不同于传统环境下的教师学习，它有自己的特殊之处和运行规律，必须在学习观、网络学习理论的指导下开展教师网络学习。

二 教师网络学习范式结构：学习观、教师网络学习理论和网络学习模式的一体化

教师网络学习范式就是：教师学习共同体在开展教师网络学习活动的时候，所共同遵循的信念和在此信念指导下的理论、模式、行为、方法体系，是教师学习共同体从事这一领域活动所持有的共同信念、传统、理论和方法，是教师学习共同体行事的思维方式、所坚持的基本观点及其行为方式等，它不仅仅是一个概念，更重要的是一个系统的理论体系。

（一）共同体是教师网络学习范式存在和运行基础

概念。教师网络学习范式的共同体是指开展这一活动的所有相关者，他们在一定信念的指引下，依据一定的理论，依托一定的操作模式开展教师网络学习活动。

构成。教师网络学习属于教师教育范畴，从宏观层面讲，离不开政府的引领和支持；从微观层面讲，离不开教育主管部门、教育行政部门、学

校的管理和支持，离不开教育技术专家、教育专家、教研员等引领；同时它是网络环境的教师学习形式，是面向信息化的教师专业发展方式，因而离不开信息技术产业部门、各级电教系统或信息中心的参与和支持，因此，教师网络学习共同体的构成应该是：教师、政府、各级教育主管行政部门、教育专家、教育技术专家、各级电教系统或信息中心、学校、教研室（教研员）、教师教育研究者等。

　　运行。是什么使得一个团体聚集在一起，成为团体？是什么导致了一个团体的分裂，或干脆导致了其瓦解？库恩用"范式"做出了解答①。'依据库恩范式理论，共同体的形成或解散，是范式在起作用，即一组共同范式的人聚集在一起，在共同信念的指引下，有其认同的理论体系和操作模式，范式规约着他们的行为和实施路径。教师网络学习需要共同体的通力协作，共同推进，而将他们紧密联系在一起的是共同遵循的范式。他们是在一定范式的指引下开展此项活动，他们有着对网络信息技术环境下的教师学习的共同信念、基本看法，有着对教师学习特别是教师网络学习的共同理解和实践基础，有着彼此认同的理论取向和操作模式、方法。

　　（二）教师网络学习范式的基本结构

　　如图 2.4 所示，哲学层面、社会学层面、操作层面构成了教师网络学习范式的基本结构。

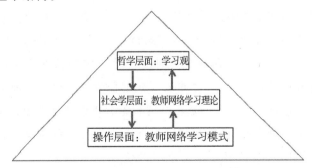

图 2.4　教师网络学习范式的基本结构

　　①　[美] 托马斯·库恩：《科学革命的结构》第四版，金吾伦、胡新和译，北京大学出版社 2003 年版，导读。

1. 哲学层面：学习观

哲学层面是指教师网络学习共同体的基本信念，解决的是教师网络学习的形而上的本质认识问题。这种信念体现为教师学习共同体在哲学认识论的高度上对教师网络学习基本问题的认识，是对其终极关怀和根本认识，是共同体开展这一重要工作的根本思维方式、指导思想、出发点和落脚点，是统领这一领域的"魂"和"根"所在，是解决其他一切问题的逻辑起点。主要体现在：①人类学习的基本观点。由于教师的学习属于成人学习领域，在本质上类属于人类学习，因此，从哲学层面来看教师网络学习问题，就必须关注人类学习的基本观点是什么，这种学习观是教师网络学习的基本信念或信仰，教师网络学习在根本上受制于这一信念，是在学习观信念的支撑和指引下进行的，因此，研究和实施教师网络学习问题，在深层次结构层面必须关注学习信念即学习观，抓住这一灵魂所在就是抓住了教师网络学习问题的关键，那么，研究教师网络学习问题在本质上是研究其学习观的这一基本问题，它决定了教师网络学习的基本内涵和基本形态等。②网络信息技术进入教师学习领域，对教师网络学习的哲学问题提出了新的要求，应在哲学层面回答网络信息技术与教师学习的关系，即在本体、价值、方法等方面给予哲学思考和认识。

2. 社会学层面：教师网络学习理论

社会学层面是指教师网络学习共同体在其学习观的基本信念的指引下所形成和坚持的理论框架、理论取向等，解决的是教师网络学习基本理论问题，用于指导教师网络学习。也包括两个方面：①理论基础。主要有：教师学习理论（即上节所阐述的教师学习范式中的教师知识、能力理论及教师学习理论等）；远程教育理论（如远程教育课程开发理论、学习支持服务理论、以学生为中心的远程学习理论、再度整合理论、双向通信理论、虚拟教学理论等）；网络教育理论（网络教育平台建设、课程资源设计与开发、网络学习模式、网络学习评价和质量保证等）②基础理论。技术支持的教师专业发展理论，教师信息化教学能力发展理论，教师教育技术能力发展理论，以及教师网络学习平台建设、网络学习内容、学习活动设计等基本理论问题。

这一层面是对学习观的进一步体现，是对哲学层面的学习观的反映，有什么样的学习观就会有什么样的理论取向，不同的学习观决定了教师网络学习理论与制度等的不同形态，也决定了网络技术在教师学习中的角色定位与功能作用。这些理论对教师网络学习具有重要的指导和规范意义，教师学习共同体在组织和实施基于网络环境下教师学习的时候，往往依据各自的信念指引下的理论体系去行事，有什么样的理论取向就有什么样的实施行为，因此，分析其信念指引下的理论取向，梳理和评析其理论体系，对于教师网络学习具有重要价值。

3. 人工操作层面：操作模式

人工操作层面解决的是如何具体实施教师网络学习问题，具体体现为教师网络学习模式。具体地说，是将学习观、教师网络学习理论等具体化，一般表现为教师网络学习模式，即在学习观、网络学习理论的指引下，将教师网络学习的各个要素的系统安排具体化，形成特定的、可供实际操作的模式，一种学习信念、学习理论对应其学习模式，反过来，一种学习模式必然遵循其相应的学习信念和学习理论。综合前面论述，教师网络学习模式应该包括：学习动机、学习内容、学习方式、学习平台。学习动机是基于网络环境下如何引发和维持教师的学习行为并使之指向学习目标的一种动力倾向；学习内容是教师学习的主要对象，一般包括网络课程、信息化资源以及专家、学习同伴等人力和智力资源等；学习方式是开展网络学习活动中所采用的学习形式及其方法等；学习平台是教师开展网络学习活动的信息化物质环境，一般包括信息化学习终端、网络学习系统、学习管理系统等。这几个要素相辅相成，共同构成教师网络学习模式的基本内容，学习动机是维持教师学习的持久动力，学习平台是学习者开展学习的基础环境，课程资源等是学习的对象和内容，有了平台和资源，关键是开展什么学习活动，以什么样的学习方式开展网络学习，学习方式是网络学习质量保证的充分条件，这四个方面相互作用、相辅相成，共同支撑远程学习模式的运行。

4. 三个层面的关系：互为关联的有机整体

教师网络学习范式结构的三个层面是相辅相成、互为一体的关系：一种教师网络学习范式是由学习信念、网络学习理论、网络学习模式这三个层面构成，是这三个层面的统一体。其中，学习观是教师网络学习范式的最高层，是教师网络学习范式的指导思想，在其指引和统领下有与之对应的教师网络学习理论、学习模式，一定的教师网络学习模式是对一定的教师网络学习理论和学习观的集中体现；教师网络学习理论是联结学习观与教师学习实践的桥梁，它将抽象的学习观外化为教师网络学习指导理论，具体体现在对教师网络学习构成要素的综合安排上，以便将学习观的基本思想更好地落地而指导实践；教师网络学习模式是位于底层的执行操作层面，具体负责学习观及其学习理论的落地实践，它集中体现学习观及教师网络学习理论的基本思想，是融学习观及其理论的操作模型，给网络学习的实践提供最直接的指导。因而三者是一种相互联系的有机体系，因此，分析教师网络学习范式也有两种思路：自上而下的分析和自下而上的分析，自上而下的分析是指从学习观入手，进行教师网络学习的理论界定，演绎其学习的基本模式；自下而上的分析是指从学习的具体操作模式入手，分析其背后坚持的学习的基本原理、学习观。

三　教师网络学习范式的决定因素：学习观

（一）范式转变的本质：学习观是决定因素

1. 有什么样的学习观就有什么样的教师网络学习范式形态

依据上述关于教师学习范式的内涵、教师网络学习范式的基本结构界定来看，学习观是关于学习的根本看法和基本信念，位于教师学习范式的哲学层面，是教师学习范式、教师网络学习范式的根本指导思想，它统领和指导教师网络学习的理论和实践，是教师网络学习范式的灵魂和根本所在，因此，有什么样的学习观就有什么样的学习范式形态，每一种教师网络学习范式形态就是其相应的学习观的具体体现，学习观是教师网络学习范式形态的决定因素。

2. 学习观的改变是实现教师网络学习范式转变的决定因素

从前面关于技术与学习观的分析中可知，学习观是决定因素，决定着技术的设计和应用，技术是学习观的外化，有什么样的学习观就有什么样的技术设计和应用。正如马克思认为，一方面，人制造技术和利用技术改造自然、变革社会，承认技术的巨大作用和潜在力量；但另一方面，技术也会引起自然对人的负面效应，也会引起一系列社会异化问题。但同时马克思指出，技术对人类呈现的正负价值并不是技术自主决定的，而是在于技术在不同社会情境下人对技术的应用。资本主义社会产生的异化现象其根源不在于技术本身，而在于生产资料的私有制，在于技术在生产资料私有制条件下的资本主义运用①。马克思进一步说"要学会把机器和机器的资本主义应用区别开来，从而学会把自己的攻击从物质资料本身转向物质生产资料的社会使用形式"②。由此看来，技术是人的思想的体现，是"一本打开了的关于人的本质力量的书"，技术是人的本质属性的外化，是人的思想、人性的存在，人是技术的本质，技术是人的技术。看来，马克思关于技术应用的观点是以人为本的。

由此我们可以认为，教师网络学习中，网络如何应用教师学习，不取决于网络技术本身，而取决于学习观的主导，网络技术为学习观服务，有什么样的学习观就有什么样的网络技术的学习应用。例如，同样是网络技术，如果坚持的是传递接受的学习观，则网络技术是为传递接受服务的，设计的学习是网络支持下的传递接受式学习；如果坚持的是互动参与的学习观，则网络技术是为互动参与而服务的，设计的学习是网络信息技术支持下的互动参与式的学习。这符合时下人们广为接受的"技术是一把双刃剑"的说法，也符合马克思的以人为本的技术应用观点：一方面，人们在学习观的指引下设计和实践网络学习，网络学习的运行是学习观的具体体现；另一方面，网络技术对教师的学习呈现的正负价值并不是网络技术自主决定的，而是在于网络技术在不同学习观、不同情境下人对它的应用。

因此，人的学习观始终是决定因素，技术是学习观的技术，是学习观的外化，是人关于学习的思想的体现。基于此，教师网络学习范式的决定因素仍然是学习观，有什么样的学习观就有什么样的教师网络学习范式，教师网络学习范式转变的本质仍然是学习观的转变。

（二）范式转变的条件

外部条件。既有的教师网络学习范式存在危机，为新范式的产生创造了条件。百年大计，教育为本，教育大计，教师为本。教师肩负着教育变革与发展的重任，社会发展对教师提出了越来越高的要求，教师必须通过不断学习，提高自身的素质以适应社会发展的需求。于是，如何提高学习质量成为教师学习的重要问题，如果现有网络学习范式效率、学习质量低下，不适应

---

① 陈维维：《技术生存视域中的学习力》，教育科学出版社2010年版，第64页。

② 马克思：《资本论》第1卷，人民出版社1975年版，第469页。

新的发展需要，必须寻求新的学习范式。特别是随着网络信息技术的发展和教师学习理论的发展，教师网络学习范式也会发生改变，以适应新的发展需要。

内部条件。旧有的学习观的动摇与新的学习观的诞生。旧有学习范式不利于社会发展需要，不利于教师的发展，人们开始反思、质疑这种学习范式，随着人们对学习认识和实践的不断推进，新的学习信念开始诞生，在新学习信念的指引下，人们对学习有了新的理论认识，在这种新的学习理念的指引下，教师积极采纳信息技术，解决现实中的学习问题，促进学习质量的提升，促进学习范式的变革。

（三）范式转变的机理

教师网络学习范式转换遵循网络学习范式转换的一般机理，即也存在时间和空间维度的一体化的转变过程，如图 2.5 所示。

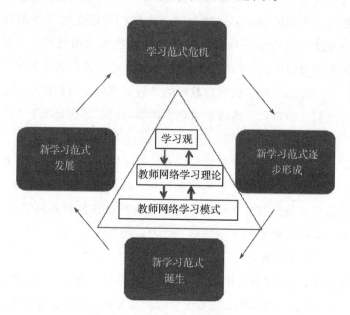

图 2.5　教师网络学习范式转换的一般机理

在时间维度上表现为教师网络学习范式的外在变迁：一方面，随着网络信息技术日新月异的发展，越来越多地影响着人们的学习，改变着人们学习的理念、学习方式等；另一方面，随着学习科学的发展，人们对学习的认识越来越深入和广泛，更多新的、科学的学习观产生并作用于人们的学习；在网络信息技术与学习观的双向融合和双重推动下，使得人们的学习更加有效和科学。教师网络学习，其研究与实践的发展在根本上是学习范式的变革，即旧的范式产生了危机，不能解释和指导学习实践，旧有范式开始动摇、逐步淡出人们的视野，新的范式产生并成为主流范式，人们在这一范式的指引下开展新的学习实践；总之，随着人们对学习的认识和网络信息技术的发展，从建立范式到范式的危机再到新范式的诞生，循环往复，螺旋式发展，成为教师网络学习发展的基本路径。

在结构维度上，是教师网络学习范式的内在结构的丰富和发展。一方面，自上而下的理念到实践：第一，教师识别学习系统对网络信息技术的需求，将网络技术作为学习或解决问题的重要工具，将网络信息技术与学习或问题解决发生联系；第二，教师结合自身的学习观对网络技术进行设计和应用，为网络技术创造教育教学的生存空间，开展基于网络的学习。另一方面，自下而上的实践到理念：在开展教师网络学习过程中，产生了对网络信息技术进一步的重新认识，产生了教师网络学习理论，并进一步丰富和发展了位于顶层的学习观。在这样内外结合、循环往复的过程中实现了教师网络学习范式的时空发展，直到其赖以存在的条件发生改变时，又促使其发生新的范式变革。

第三章　教师网络学习范式之决定因素：学习观的哲学考察

第一节　学习观

一　学习观的内涵

学习观是人们对学习的根本看法、信念、基本观点，这一根本看法和基本观点意味着是从全局的、整体的、综合的视角出发，是对学习的价值问题、取向问题、方法论问题等基本问题的总看法。因而学习观主要由以下基本要素构成：为什么学习？学习什么？如何学习？

为什么学习？是关于学习的价值与意义问题，即学习对学习者而言有何价值取向，是为了解决生存问题的工具取向，还是为了人性和生命的真善美之人文取向，还是二者兼而有之。对学习价值与意义的认识是解决学习者学习动力的重要问题，研究学习或是开展学习首要问题是学习动力、价值问题，学习者究竟为什么而学习，学习的目的是什么，要达到什么样的目标，坚持什么样的价值取向等。特别是进入信息社会，学习的价值体现得更加重要，学习不仅仅是为了认知方面的发展，即学习和掌握科学、文化知识和技能；更是为了在情感、态度、价值观方面得到发展，学会生活、学会与他人相处等；同时，学习最终是为了促进智慧的生成与发展。"智慧是文化、认知、体验、行为的圆融统整……21世纪的世界是平的、小的、开放的、智慧的，物联网技术将人与人、人与物、物与物之间联系在一起……让整个地球变成最大的学会'思考'的'全球大脑'"①，因此，发展学习者的智慧是21世纪学习以及人才培养和发展的迫切要求。

---

① 祝智庭，贺斌：《智慧教育：教育信息化的新境界》，《电化教育研究》，2012年第12期。

学习什么？从学习的内容角度认识学习，即什么样的知识是有效的，知识的标准是什么，我们该学习什么知识。特别是随着信息时代的到来，一方面，知识以几何级数增加，知识的生产和更新速度是史无前例的，"知识爆炸"成为信息时代的写真，那么学习什么的问题重新摆在学习者的面前；另一方面，科学技术的飞速发展和日新月异，正在改变着人们的生活，但也带来许多困扰人们的问题，人们在利用科学、技术改造自然、社会的同时也实现了对自己的统治和奴役，也带来了科学知识对人文知识、个体知识、本土知识等的殖民。因而，学习科学知识、掌握技术是不是学习的全部内容？人文知识、个体知识、本土知识与经验是不是值得学习、传播和发展？人的生命意义与价值、生活幸福等知识是不是也有价值？是不是值得今天的人们更加重视和学习？"当前，中国社会人文精神的缺失或萎靡已经在社会生活和工作的各个领域表现出来：家庭、学校、医院、企业、商业、机关等领域，信念遭到嘲讽、理想受到冷落、道德濒临危机、情操退化为欲望，责任与金钱绑在一起。所有这些已经严重影响到个体幸福和社会发展"①。因此，我们不得不思考我们应该学习什么？单一的科学与技术知识的学习和掌握显然已经不能适应新的发展需要了，需要我们重新思考学习什么这一重要问题。

如何学习？是从学习方式的视角认识学习，即人们是如何学习的？学习是如何发生的？人类学习方式的不断丰富和发展，离不开人类整体文明或文化的进步，它与人类社会的发展息息相关②。人类社会的发展可划分为三个阶段：农业时代（1880年以前），其核心资源是自然资源；工业时代（1880—1985年），核心资源是生产资料；信息时代（20世纪50年代萌发，90年代进入实质性阶段），核心资源是技术和智力资本③。农业时代，由于信息不发达，起初人们的学习主要以口耳相传为主，后来文字的出现改变了人们的学习方式，"人类的经验借助于文字得到保存和传播……由此突破了文化传播的时空障碍，使得人类的学习活动从社会生活中分化出来，逐渐发展成为相对独立的领域和活动方式，大大提高了学习

---

① 石中英：《知识转型与教育改革》，教育科学出版社2001年版，第261页。

② 李芒：《技术与学习——论信息化学习方式》，科学出版社2007年版，第17页。

③ 南国农，李运林，祝智庭：《信息化教育概论》，高等教育出版社2011年版，第2页。

效率;印刷技术的发明,突破了文字书写速度慢、效率低等不可逾越的障碍,使得印刷体的书籍、课本成为文化的主要载体,由此大大加速了文化的传播和近、现代教育的普及"①;工业时代,广播、电影、电视等电子媒体在学习中的应用,使得学习传播媒体得到了丰富,学习在文字印刷材料支持的基础上增加了视听学习,实现了跨时空的传播;进入信息时代,以多媒体和网络技术为核心的现代信息技术带来了信息源的多元化,信息的获取渠道多样而便捷,使得信息由农业时代、工业时代的不对称变为信息时代的信息对称,学习者和教育者占有等量的信息,在这种信息对称的情况下,教育者不再是唯一的信息源,学习不再是信息的传递接受,而是如何分析信息、处理信息、评价信息和输出信息,学习由接受消化转变为信息分析、评判、生成等高阶思维与能力的发展,学习是在学习者与教育者的会话协商、交流分享中发生,在共同的互动中完成新知识、新思想的生成,从而促进信息的生成,促进学习者思维的发展,学习者既是信息的接受者也是信息的生产者、传播者。因此,互动生成式学习成为信息时代主要的学习方式。综上来看,随着社会的发展特别是信息技术的革新,人们的学习方式也发生着变革,对于如何学习,人们不断赋予其新的内涵,从而不断丰富和发展了学习观。

上述三个维度是学习观的综合体现,它们是一个互为联系的有机整体。"为什么学习"是关于学习的首要问题,是学习发生的基本条件,是学习的动力来源和价值所在,解决了学习的价值和动力问题有助于正确、合理地确立学习目标,确定"学习什么"和"如何学习";"学习什么"着重是解决学习的内容问题,它是在"为什么学习"的基础上对学习内容的选择,学习价值观影响着学习内容的选择取向,是对学习价值观的一种反映;"如何学习"是关于学习观的方法论层面的问题,是将学习价值、学习内容的习得落实到实处的具体方法,即如何更好地实现学习价值、更好地习得学习内容,不同的学习方式体现着不同的学习价值观,不同的学习内容有不同的学习方式,例如:如果是坚持为了发展学习者的高阶思维和人际协作能力、创新精神的学习价值观,则会采用自主、探究、

---

① 桑新民:《学习科学与技术——信息时代大学生学习能力培养》,高等教育出版社 2012年版,第25—26页。

合作的学习方式；再如，事实性的学习内容可以采用自主学习的方式，开放性学习内容可以采用对话协商的方式，等等。综上所述，关于学习观的三个维度是互为关联、相辅相成的有机整体，共同构成了学习观。

二　学习观的来源

（一）为何从哲学层面来考察学习观

通常，关于人们对学习的基本看法，主要来源于三大方面：其一，西方心理学领域，西方心理学主要是从学习的发生视角研究学习的，即学习是如何发生的，另外，有部分研究是关于学习动机的研究；其二，我国传统文化对学习的理解，即学习包括"学"与"习"两个环节，"学"是指人的认识活动，而"习"则是指人的实践活动，将二者统一起来构成完整的学习概念[①]；其三，日常生活领域的学习观。在当今公众的头脑中，谈到学习，人们首先想到的就是在教室里上课，或是看书识字学文化。很显然，日常生活中的学习概念是狭义的学习概念，主要指文化科学知识的学习[②]。这些研究和认识极其可贵，为我们提供了认识学习的多种视角，经过这些仁人志士的不懈努力，产生了许多富有见地和极具指导价值的关于学习的认识成果，但研究着眼于学习的某一层面，因而对学习的认识不够全面，为了对学习本质进行系统全面的认识，本研究认为，应该从哲学的角度探讨学习观。主要基于以下原因：

1. 从哲学的视角思考学习观是全面深刻认识学习本质的需要

从西方学习心理学来看，学习心理学都有其深刻的哲学认识论基础，在本质上是哲学认识论的体现，如行为主义、认知主义、建构主义，都是对其所在社会与时代的哲学认识论的反映。例如，布洛克（Bullock，1982）认为，行为主义的基本主张是：客观主义——分析人类行为的关键是对外部事件的考察[③]。它强调外在的客观刺激，认为学习是对客观刺激的一种反应，这符合客观主义认识论坚持的主体对客体的被动反映的基

---

① 桑新民：《学习科学与技术——信息时代大学生学习能力培养》，高等教育出版社 2004 年版，第 49 页。

② 同上书，第 48 页。

③ 张建伟，陈琦：《从认知主义到建构主义》，《北京师范大学学报》（社会科学版），1996 年第 4 期。

本观点，因而，从认识论的角度看，行为主义是一种典型的客观主义认识论①。这种客观主义认识论反映在教学上，认为学习是一种刺激与反应的联结，传递和接受客观知识成为学习的基本含义。认知主义者中有一部分人诸如信息加工的理论家，基本上还是采取客观主义的哲学认识论，他们认为世界是由客观实体及其特征和客观事物之间的关系所构成②。学习在于获得客观知识并内化为其内部的认知结构，因而在本质上还是客观主义的哲学认识论。建构主义的很多观点具有明显的主观唯心主义和相对主义的色彩，建构主义（特别是激进的部分）走向了与客观主义相对立的另一个极端：相对主义与主观主义……不再问知识与客观世界是否一致，是否"真"，而是把知识看成是经验世界而非本体论世界的体现③。因此，从哲学层面分析学习，探讨学习观，是对学习理论的深层次、本体论、哲学认识论的追问，是对其背后的思维方式的哲学追问和刨根问底的本质式探讨，因而抓住了学习理论的深层次认识论就是抓住了学习的本质。

同时，学习心理学对学习的研究内容主要集中在学习是如何发生的、学习动机的研究方面，缺乏对学习的价值、意义，以及学习什么的系统思考。由此看来，学习理论对学习的研究有两大特点：一方面不全面，一方面不深刻。因而从哲学认识论的高度认识学习、界定学习观，既符合学习心理学的认识论基础，也是较为系统全面和深刻认识学习本质的需要。

从我国传统文化的研究中看，对学习的认识主要集中在如何学习的层面，强调"习"的一面，即从学习是从生产或生活经验中获取直接经验的过程。

从日常生活的学习观来看，通常认为学习就是学校的正式学习，体现在：一方面，学习主要在学校中发生，学习是正式的、是一劳永逸的，在学校完成学业就可以终身受用；另一方面，对学习的理解是掌握科学文化知识，是一种书本知识的学习、符号学习、间接经验的学习。显然，这是一种狭隘的学习观，这种学习观已经不适应信息时代的发展需要了，信息

---

① 谭敬德，陈清：《建构主义学习理论的认识论特征分析》，《现代教育技术》，2005 年第 6 期。

② 张建伟，陈琦：《从认知主义到建构主义》，《北京师范大学学报》（社会科学版），1996 年第 4 期。

③ 陈琦，张建伟：《建构主义学习观要义评析》，《华东师范大学学报》（教育科学版），1998 年第 1 期。

时代知识的更新进一步加快，除了学校教育、继续教育等正式学习外，更重要的是在工作、生活、社交等非正式学习时间和地点学习，学习不再是阶段性活动，而是伴随人的一生。学习成为无处不在、时时处处的学习，泛在学习、终身学习成为新的学习观。

　　由此看来，无论是心理学、还是传统文化、日常生活的学习观基本都是反映学习的某一侧面，都未能解决学习的全面深刻认识，只有从哲学角度，才能达到对学习深刻全面的认识。正如爱因斯坦曾感慨："科学和知识的专门化使每一个学科都变得非常深奥……研究者被局限在相互隔绝的狭小知识圈子内，丧失了广阔的视野，沦为匠人的水平。"① 时下学习研究的一些发展倾向成了这段话的生动注脚，心理学、人类学、社会学和文化学的学习研究，都是从自己所选定的立足点出发，囿于自己的"坑道视界"进行研究。这些支离破碎的研究，缺乏对学习的总体把握②。从哲学的思维方式看，"哲学的优势就在于贯通一体的理性思考"③，"贯通一体"的哲学致思方式，就是在梳理日常认识与科学认识所揭示的学习的众多侧面、众多层面和众多意涵的基础上，探寻与形成对学习的整体性认识…… 整合已有学习理论，旨在超越认识学习的"坑道视界"，寻求关于学习的"普遍概观"④。

　　2. 学习异化的现实需要从哲学层面来反思学习观

　　近年来有关厌学、逃学的报道屡见不鲜，学习似乎成为学生的负担，将学习异化为一种工具。正如我国有学者所言，"我国基础教育的问题不是学业失败，而是学习的异化：学得越多，越被动；知识技能越多，创新精神与实践能力越少；满腹经纶，却迷失了自我。我们不禁要问：在我国，学习何以成为异化人的力量?"⑤ 学习异化的根源在于：其一，是源自于学习心理关于学习的本质观，即学习心理将学习视为受客观规律支配的心理现象，强调只要遵循心理学及其心智技能规则或技术操作程序，就可实现任何学习目的；其二，源自于为考试、为社会升迁而学的功利主义

---

①　Einstein, A. , *The World I See It*, New York：Philosophical library, 1949, p. 15.

②　曾文婕：《学习哲学：学习研究的新走向》，《全球教育展望》，2008 年第 6 期。

③　王文兵等：《构建一种新的哲学文化观》，《天府新论》，2005 年第 4 期。

④　曾文婕：《学习哲学：学习研究的新走向》，《全球教育展望》，2008 年第 6 期。

⑤　张华：《学习哲学论》，《全球教育展望》，2010 年第 6 期。

学习价值观，至于学习的内在价值则无足轻重①。

这种学习异化的问题难以从学习心理那里寻求解释、解决之道，正如桑新民教授所言："现实中学习的复杂性和异化问题也只有通过在哲学层面上厘清和解决才能恢复学习原有的生命意义和价值追求，当前迫切需要倡导和创建一套能够从历史哲学的广阔视野来透视、解读和预测人类复杂学习活动及其矛盾运动的理论，从总体上认识和把握人类学习活动的特点和发展规律②"。时代召唤我们必须超越心理学对学习的客观规律的寻找，转向对学习的意义的诉求——走向学习哲学③。

3. 从哲学角度思考学习，形成学习观，是祛除人们对学习"刻板印象"的需要

刻板印象是关于事物的片面认识。人们关于学习认识的刻板印象通常表现为将学习研究和认识定位于心理学领域，当然学习心理学为我们提供了丰富的有指导价值的学习研究成果，但囿于心理学领域的学习观往往难以反映学习的全貌，其根源是缺乏哲学的观照。随着认知主义与建构主义在学习心理学中的盛行与繁荣，"学习即知识的习得"和"学习即知识的建构"这两大隐喻就成了关于学习的经典性解读。这样，"求知"，不知不觉之间就代替了学习的"本真"含义；学习被扭曲式地理解为"求知"。诸如此类的情形，就导致以对学习的刻板印象"遮蔽"与"僭越"学习本身的"错位"，造成对学习本身的"误读"④。基于此，厘清学习的本质，建立全面系统的学习观，就成为学习研究的重要任务，将这一重要任务的开启和实施就落在了哲学研究层面。

（二）如何从哲学层面来考察学习观

从哲学层面探讨学习观，可以从以下几方面来理解。

1. 学习观的定位：是位于学习理论之上，哲学认识论之下

（1）学习观是对学习理论的综合和形而上的认识

西方心理学关于学习的理论在根本上都有其深刻的哲学认识论基础，是

---

① 张华：《学习哲学论》，《全球教育展望》，2010 年第 6 期。

② 桑新民：《学习究竟是什么：多学科视野中的学习研究论纲》，《开放教育研究》，2005年第 1 期。

③ 张华：《学习哲学论》，《全球教育展望》，2010 年第 6 期。

④ 曾文婕：《学习哲学：学习研究的新走向》，《全球教育展望》，2008 年第 6 期。

哲学认识论的具体反映和投射，因而从哲学层面探讨学习观，是对学习理论的深层次认识和刨根问底的本体论思考，学习观与学习理论关于学习的认识在本质上是一致的但却高于学习理论，是对学习理论的综合与形而上的认识。因而，从哲学层面认识学习、界定学习观，也是对学习理论的提升，有助于从更加综合、抽象的高度对学习开展研究，有助于学习理论的发展。

（2）学习观位于哲学认识论之下，是以哲学的思维方式进行形而上的界定，是关于学习的元认知

学习观是解决关于学习的认识论问题，不是解决认识论问题的，但是它来源于哲学认识论。从哲学层面来界定学习观，是以哲学的思维方式和抽象高度来探讨学习存在，是对学习的哲学观照和本体论思考，是从世界观、价值观的认识论高度对学习活动本质及其发展规律的概括和把握，使得学习观更具有广阔的视野和包容性，成为指导学习研究和实践的高层次、本质性的理论思考，从而更好地指导学习实践。同时，以哲学的高度探讨学习观，也是对哲学研究和哲学思想的丰富和发展，正如我国学者郝贵生所言①："学习是关系到人类命运和发展的一个极其重要的社会问题，是关系到每个人自身发展的普遍性问题，是哲学认识论的重要内容"，"哲学要介入对'学习'问题的研究，一方面它有助于发挥哲学的功能和对人们生活工作学习的指导意义；另一方面也有助于丰富和发展马克思主义哲学，特别是唯物史观和马克思主义认识论的具体内容"。

2. 学习观本质上是哲学认识论中主客体关系在学习中的反映

学习是人类的一种认识活动，是认识者与认识对象之间的一种活动，"学习的过程也就是人的认识的形成和发展的过程，学习的基本规律也就是认识的基本规律"②。那么认识对象究竟是独立于认识者之外的客观实在？还是认识者在与认识对象的相互作用中构建了认识对象？他们之间是反映与被反映的关系还是相互构建的关系？等等，对这一问题的认识最终还是要诉诸于认识者与认识对象之间的关系问题上，这恰恰是哲学上关于人类认识论所关注的话题，因此，学习在深层次上是人类在哲学层面的认

---

① 郝贵生：《哲学也要研究"学习"》，《天津师范大学学报》（哲学社会科学版），1994 年第 4 期。

② 同上。

识论的体现，人类是如何认识世界的，深刻影响着人类的学习观，而认识与认识对象之间的关系在哲学层面集中体现在主体与客体之间的关系上，因此，从哲学层面来界定学习，就是从主体与客体的关系之认识论层面去审视学习，理解学习的本质。

从主客体关系理解学习，即学习在本质上是学习主体和学习客体的关系，这一关系统一于学习活动中，正如哲学层面的主客体关系是统一在人类认识活动或实践活动中。学习在哲学层面是人的认识活动，而人的认识活动集中体现在主体对客体的关系认识上，这种认识论深刻地影响着人们关于学习的理解和基本信念即学习观。

3. 主体、客体的界定及其哲学认识论中的主客体关系

（1）主体与客体的界定

主体与客体有广义和狭义的理解。广义上的理解：主体与客体是用以说明人的实践活动和认识活动的一对哲学范畴，主体指实践活动和认识活动的承担者，客体指主体实践活动和认识活动的对象①。由此看来，在哲学视野中，主体与客体是一个相对的概念，处于客体的事物，当作为某一具体事物本身的时候，就成了事物主体，其他与之处于关系的物，就变成了客体；处于主体的事物，作为其他事物的关系面出现的时候，就成了客体②。狭义的理解：主体一般指"人"，在马克思哲学中，"主体是人"③，是指具有自然力、生命力的现实的历史人；对于客体，狭义的理解是自然、社会等周围事物和现象，马克思认为，"客体是自然"，客体是同主体一起构成认识和实践系统并彼此发生相互作用的事物和现象，客体按自身本体的不同可以分为自然客体、社会客体、精神客体（如精神产品等）④。本研究主要取广义的理解。

（2）主客体关系的几种认识

在人类历史的长河中，对于主体与客体的关系的认识经历了：从基于主客二分的客观主义、主观主义认识论，到基于主客一体认识论的发展历程。

---

① 石向实：《论发生认识论的主体与客体关系的理论》，《内蒙古社会科学》（文史版），1995 年第 5 期。

② 《客体》（http://baike.baidu.com/view/562873.htm）

③ 《马克思恩格斯全集》第 12 卷，人民出版社 1962 年版，第 735 页。

④ 潘知水：《马克思对象化理论概念辨析》，《甘肃社会科学》，1994 年第 1 期。

1）主客二分的认识论

主客二分认识论中认为主体与客体是对立的，主客是相互独立的，于是在认识论上产生了两种主义：要么就是主体符合客体，形成以实证检验的客观性为判断标准的客观主义；要么客体符合主体，形成了以理性、解释性为主的主观主义。这种主客关系的认识始终是中心取向的，即以客体为中心或以主体为中心。对于客观主义、主观主义一直是西方哲学探讨的重要课题，总体而言，实证主义、结构主义等哲学派别倾向于客观主义，强调社会以及个体由客观的结构所决定；而现象学、存在主义、分析哲学、哲学解释学、后结构主义、后现代主义等哲学思潮则相信人的主体性及自由意志的作用，倾向于主观主义①。

2）主客一体的互动生成认识论

主客一体的认识论认为主体与客体的关系不是二元对立的，而是相互联系、相互建构、互动生成的关系，这种观点是对主客二分的超越，强调主体与客体既不是以主体为中心也不是以客体为中心，而是主体与客体是平等、互动、对话、相互建构与生成、共生的关系，是在关系中找到彼此的存在和价值，是在互动中实现彼此的生成与发展。主客一体的互动生成观是一种哲学认识论，一种理论思想，更是一种行动纲领，特别是对于今天生态环境、人与自然、人与社会和谐相处、人的学习与持续发展等具有重要的指导价值。代表性的论述如，马克思主义主客一体哲学观以及20世纪以来出现的对话、交往主义哲学思潮等。

对于上述认识论及其学习观，下文中将予以详细阐述。

第二节 学习观的哲学考察

一 主客二分的学习观

（一）客观主义及其学习观

1. 客观主义的来源及其基本观点

对于人类认识发展的几个阶段，19世纪的法国社会学家奥古斯特·

---

① 周成海：《客观主义—主观主义连续统观点下的教师教育范式：理论基础与结构特征》，博士学位论文，东北师范大学，2007年，第17页。

孔德的观点得到了哲学领域的高度认同。孔德从实证主义的立场出发，认为人类认识或理智经历了："神学阶段（或虚构阶段）"、"形而上学阶段（抽象或理性阶段）"、"科学阶段（实证阶段）"①。

（1）第一阶段，是神学阶段。主要发生在原始和古代社会。这一阶段的主要特征是：

1）从本体论的角度看，人们认为世界的本源是"神秘力量"、是所谓的"神"，即主宰世界的是"具有神秘力量的神"，凸显自然等客体的力量，这种神秘的力量一般来自宇宙、山川、河流或部落所创立的"图腾"。

2）从人与世界的关系看，人不是认识的主体，人是神秘启示的对象，人是被动的人，是服从于这一超自然的神秘力量的指引和启示的工具。

3）从认识论的角度看：①知识的标准：人们认为世界存在着独立于人本身之外的知识，这种知识是神秘力量自我的显现或打开，即神学的知识是唯一的正统的知识，即使人们积累的生产经验等也要冠以神的名义以得到合法化、合理化；②知识的生产者："巫"是当时的知识分子，负责这些知识的生产和传播；③知识内容：就是神学的知识及神学名义下的少量的人类生产和生活经验；认识这些神学的知识的主要动机是解释周围世界的需要，是人们行为和思考的原动力。

4）从方法论的角度看：神话和仪式是主要的知识陈述形式，人们认识神学知识的主要途径是依据神学的仪式或口耳相传。

随着社会变迁特别是人们认识的逐步发展，关于神学的本源认识开始动摇：人们逐渐认识到神学的解释是模糊的、充满歧义的、不确定的、想象的、主观臆测的、因人因时因事因地而变化的，特别是神学与宗教结合产生的中世纪的经院神学教育更加压抑人的主体性，教师是传授神学"命令"，学生是接受"命令"，人们开始反思这种神学的统治，开始致力于人的主体性的凸显，为形而上的理性思辨奠定了基础。

（2）第二阶段，形而上学或抽象或理性阶段。这一阶段的主要特征是：

---

① 石中英：《知识转型与教育改革》，教育科学出版社 2001 年版，第 41 页。

1）从本体论的角度看，形而上学认为世界的本体是存在于感觉世界之外的，世界的本源是真理、理性、理念、道，等等抽象的意念，认为理念、道是主宰世界的力量。这种观点在西方主要有古希腊的哲学家苏格拉底、柏拉图、亚里士多德等，及后来的笛卡儿、康德等；在中国有宋明理学家等为主要代表。例如，柏拉图提出了著名的"理念论"和"现象世界"，在柏拉图看来，我们所经验的世界是一个虚假的现象世界，我们的感官获得的都是模糊的不可靠的印象，而在这现象世界之外还有一个永恒的"理念世界"，理念世界是由无数理念或概念构成，才是真正的反映事物本质的世界。特别是法国著名的哲学家、数学家、物理学家笛卡儿、德国古典哲学的创始人康德等。笛卡儿认为精神和物质各执一端，提出"我思故我在"①，即"当我怀疑一切事物的存在时，我却不用怀疑我本身的思想，因为此时我唯一可以确定的事就是我自己思想的存在"。"我思"是主体对自身的沉思，是对自我理性的追求，是一切真理存在的基础，他认为一些永恒真理（包括数学以及科学的认知及形而上学基础）可以单纯靠推理得到，知识是来自于理性，强调人的理性的巨大作用；康德将人的主体性上升到了"人为自然立法"的高度，康德认为"不是事物在影响人，而是人在影响事物。是我们人在构造现实世界，在认识事物的过程中，人比事物本身更重要"，"人是衡量万物的尺度"；康德认为"知识是人类同时透过感官与理性得到的，经验对知识的产生是必要的，但不是唯一的要素。把经验转换为知识，就需要理性，而理性是天赋的"。在我国，《易经》提出的"道"是世界的本源，认为"一阴一阳谓之道"，即阴阳的交合是宇宙万物变化的起点。再如，宋明理学家提出的"理本体"（程颢、程颐、朱熹）、"心本体"（陆九渊、王阳明）、"气本体"（张载）等，认为世界的本体是"理"、"气"、"心"等。

2）从人与世界的关系看，形而上学者认为这些理念、道是人思考的产物，是人们通过概念、逻辑、思辨而获得的，因而凸显人的主体性，它将人在认识中的地位从被动转变为主动，突出了理性在认识中的重要作用，认为人是衡量万物存在的尺度，既是万物存在的尺度，也是万物不存

---

① ［法］笛卡儿：《谈谈方法》，王太庆译，商务印书馆 2000 年版，第 16 页。

在的尺度①。

3）从认识论的角度看：①知识的标准：真正的知识是由概念和逻辑所构成的命题，真正的知识是思辨的知识、抽象的知识、终极的知识，凡是不能用这种方式来表达的人类经验都不是真正的知识；②知识的生产者：有思想的"形而上学家"是当时主要的知识分子，享有认识的特权，知识是他们理智或信仰的产物；③知识内容：有关真理、理念、道的东西是人们认识的主要内容，人们学习这些知识的主要动机是明理，是为了获得真理，即获得永远有效的终极真理。

4）从方法论的角度看，人们认识的主要方式是辩论、逻辑推理、思辨分析、概念辨析等，因而不是每个人都能获得，而是必须经过严格训练的人才能获得这些认识，要求人们在认识的过程中是主动的、但不能掺杂任何个人的情感和经验。

形而上学的知识生产和学习形式将人们从神学的神秘中解放出来，但又使人们陷入了纯粹思辨和崇拜权威的旋涡之中：一方面，由于这种形式过于强调对终极的本体论的追求而使人们忽视了人类的生产生活经验，从而将人们的认识和学习引入了玄学的道路上；另一方面，形而上学对知识的绝对性和终极性的过于追求，使人们对已学习到的知识不容置疑，从而陷入了迷信权威、教条主义，同时，思辨之风盛行，阻碍了实用知识的进步。因而，随着历史的发展，科学主义诞生并进入人们的生活。

（3）第三阶段，科学阶段或实证阶段，也是客观主义诞生的阶段。主要发生在近代到当今社会。这一阶段的主要特征是：

1）从本体论的角度看，人们认为世界的本源是一个客观存在的实体，在人类主体之外独立存在着一个客观、刚性的、给予的、实在的世界，这个外在的世界是先于人的内部世界而给定，它是不随人的意志而转移，包含着稳定的结构和客观的规律。

2）从人与世界的关系看，人是被动的，受外部世界刚性的结构和客观规律的制约和约束，人的主要职责是按照"科学"的程序和方法揭示和发现这个既定的外在世界所隐含的客观规律和基本秩序，然后将其输入自己的心灵以指导自己的行动，即按照这些规律办事。

---

① 石中英：《知识转型与教育改革》，教育科学出版社 2001 年版，第 58 页。

3）从认识论的角度看：①知识的标准：真正的知识不是神学的也不是思辨的知识，而是客观的、普遍的、价值中立的知识①。第一，强调知识的客观性：一方面是知识的符合性，即知识是与认识对象一致或相符合的，正如一面"镜子"，是对事物本质属性反映的结果；另一方面，为了反映事物本质属性，认识者在认识的过程中不能有个人的主观臆想和主观思辨，严格按照实证的程序和方法认识事物。第二，知识是普遍的，由于事物的本质是唯一不变的，作为对客观事物本质属性反映的知识则是具有普遍性的，是超越了各种条件而被普遍接纳的知识，因而也是可靠的。第三，知识是价值中立的，即只有经过了严格的证明和证实的、不掺杂任何个人价值的知识才是真正的知识。②知识的生产者：科学家和研究人员是知识生产者，不再是神学家和形而上学者，大学或大学的研究机构、科学院等成为知识生产的主要场所，学校教学、科学杂志或书籍、科学电子传媒、科学会议、科学讲座等成为传播科学知识的主要途径。③知识内容：刚性的、客观的知识、科学知识是人们认识追求的主要内容，这些知识是关于外部世界客观的、普遍的、可靠的知识，吸收这些知识并按其规定进行操作以更好地面对外部世界。

4）从方法论的角度看，追求普遍的、行之有效的方法，即按照客观的、具有普遍性的、公式化的、可重复的方法与步骤去获得外部世界的知识；强调标准、统一、预设、效率和控制；强调价值中立，人们要获得这些知识就必须严格遵守程序和规则，外在世界不以人的意志而改变。

2. 客观主义视野下的学习观

（1）客观主义关于为何而学习：工具理性

从客观主义关于本体论、认识论等可知，客观主义一方面过于关注知识的客观性、普遍性、可靠性，认为知识是对外在世界的表征，是经过验证了的对客观事物的唯一正确的解释；另一方面，由于知识是"不以人的意志为转移的"的"客观真理的化身"，因而强调人在认识的过程中摒弃任何有关个人的主张、意见、偏见、经验、情感等，从而确保获得的知识是客观的、实证的、精确的和确定的知识；由此以来，人们在为何而学习的层面必然出现和强化了这样一种取向：即学习的主要动机是掌握关于

———————

① 石中英：《知识转型与教育改革》，教育科学出版社 2001 年版，第 130—143 页。

客观世界的知识，因为只有掌握了客观世界的知识就获得了控制自然、改造社会和自我的力量，正所谓"知识就是力量"，这是一种工具价值取向，学习以现实为主，掌握科学知识，强调经世致用，不关注人的情感、态度与价值观等人性的、生命意蕴的提升。因而这种学习观在为何而学习的意义上是工具理性的，是生存取向的，而非人本理性的，非存在取向的，即学习是为了更好地生存，对于人的存在不予关注。

这种工具理性的学习价值观导致了人们的学习是为知识而知识、为学习而学习的现实，出现了学习的人文精神危机，工具化的学习强调最大限度地满足个体和社会世俗性发展的要求，而忽视甚至是放弃其人文性、精神性的关怀和追求，学习者成了学习的机器，人们只关心最优化生存所需要的知识，人文知识沦落为应付考试或求职的工具性知识，这种日益功利化的学习取向在满足人们生存与所谓发展要求的同时，却导致学习的精神价值的丧失，最终导致了个体的人格危机、精神危机、道德危机等片面而畸形的发展，出现了有知识、有能力而无人文精神、无人格和德性的"生存"人、不知究竟为何而"存在"的人以及所谓有缺陷的"学习机器"、"空心人"、"不全面的人"。

（2）客观主义关于学习什么：单一的科学知识

学习什么，其中最主要的是什么知识最有价值？客观主义的本体论、认识论表明，外在世界是客观的，人只有掌握了关于外在世界的科学知识才是最有价值的，因而人们学习的内容为：

一方面是科学知识或以科学知识为基础的内容，科学知识体系成为人们追求的重要学习内容，成为学校教育的主要课程内容，而人文知识不受重视。学习成为"职业"、"身份"、"效率"、"收益"、"实用"等代名词，不再是"心灵"、"养性"、"仁"、"境界"等的追求。那些与经济、市场等紧密联系的专业、课程内容等受到了学习者的青睐，那些能够"养身"的内容才是最有价值的内容，而对于"修心养性"的人文知识等则受到了前所未有的冷落。

另一方面，由科学家、专家等生产和传播的科学知识、权威知识、专家知识等所谓客观知识成为人们学习的主流内容，而个体知识、本土知识、经验知识等没有受到重视。学习者的理解和建构的知识必须与客观知识的"标准"相一致，西方知识、精英知识等受到追捧和重视，而本土知识、经验知识被淡化和遗忘。这种"知识专制"现象严重地威胁到"人类文化的多样性"，正如雅各布所言："文化多样性使得人类能够更好地适应不同的生活条件，更好地利用世界的资源。然而，我们现在正在受到单调和乏味的威胁。人们在信念、习俗和制度方面的多样性每天都在减少。在工业文明模式的影响下，人们或者从肉体上被消灭，或者从精神上被改变，许多文化正在消失。"① 这种对单一内容追求的学习观，给人们文化多元化的需求和发展以及人们精神和内心世界的丰富与发展带来极大的负面影响和阻碍。

（3）客观主义关于如何学习：呈现接受式

由于客观主义强调知识的客观性和价值中立性，呈现接受是客观主义的学习方式。客观主义认为学习活动是一种外在的反映过程，有关外部世界的知识是由科学家、专家等专门生产的，学习者只有接受这种现成的、客观的、可靠的知识就是了，因而一面是知识的呈现者，一面是知识的接受者，学习就是呈现和接受，呈现与接受构成了学习方式的全部含义。

这种呈现接受的学习观，只强调知识的系统传递和高效率的接受，但其致命的弱点是忽视了学习者的个体差异，压抑了学习者的个性，忽视了学习交往与互动的作用，不利于创新思维的培养。由于受客观主义对知识客观可靠的信念的支配，学习就是鼓励人们掌握关于外部世界的客观可靠的知识，而不鼓励和重视作为学习者的个体理解以及个体知识，剥夺作为个体理解、个体建构的价值和合法性，长期以来形成了学习者个体的压抑，厌学的产生，主体的丧失，"教材"或"书本知识"为中心，掌握知识的多少成为学习者发展水平高低的尺度。学习成为知识呈现和接受的过程，而不是生成的过程，因而人们形成崇拜权威、丧失自主创新的现实。

由于客观主义将认识的对象重新指向了客体，追求知识的客观性、普遍性和价值中立性，陷入了人的主体性丧失的境地，于是，主观主义则从人的主体性出发研究和认识世界，关注人的主体性，以解构客观主义为己任，提出了与客观主义相反的观点。

---

① 转引自：石中英：《知识转型与教育改革》，教育科学出版社 2001 年版，第 154 页。

（二）主观主义及其学习观

1. 主观主义的基本观点

主观主义在其根本观点上是与客观主义相对立的，是对客观主义的一种解构和批判，主观主义极力地批判客观主义对外在客观实在的强调和对人的弱化的本质特征，提出作为主体的人自身的存在、地位和价值等是哲学要研究的根本问题，从强调客体转向对主体的强调，即把认识的视线从外部的客观世界转向了人的主观世界，强调人的自我意识和内心世界，认为认识对象不是独立的、自在的，而是与认识者的兴趣、利益、知识程度、价值观念等密不可分，是在认识主体的兴趣、价值观等的影响下选择和建构了认识对象，强调客体对主体的符合。现代西方哲学中归属于主观主义阵营的哲学派别包括：唯意志主义、新康德主义、新黑格尔主义、胡塞尔的现象学、柏格森的生命哲学、存在主义、哲学解释学和后现代主义等。主观主义的基本观点是[1]：①从本体论的角度看，主观主义认为外在世界不是客观实在的，而是人作用的对象，是随着人的意志的变化而变化，有唯心主义的特征。②从人与世界的关系来看，认为人构建了实在，外在世界是人诠释和创造的产物。③从认识论的角度看，主观主义认为知识不是客观的，而是具有主观性，知识是认识者对认识对象的理解和主观建构的产物，认识者是具有不同经验的，对世界建构出各自不同的基于经验的意义理解。④从方法论层面看，从人的角度出发而不是从客体出发，强调人的自由意志和差异，强调人的独特性，反对既定的、确定的、重复的模式或方法去认识世界。

2. 主观主义视野下的学习观

（1）关于知识的标准

对人的主体性的强调是主观主义的核心特征，突出人在知识的生产与传播过程中的作用，反对知识的客观、普遍与价值中立。首先，知识不是客观的，是主观的。知识与客观事物之间不存在对应关系，知识不是对外在的客观实在的反映结果，它是由认识者的认识兴趣、认识能力所选择和建构的结果，是主观建构与理解，是暂时性的解释。正如激进建构主义者

---

① 周成海：《客观主义—主观主义连续统观点下的教师教育范式：理论基础与结构特征》，博士学位论文，东北师范大学，2007 年，第 18 页。

冯·格拉塞斯费尔德所言："没有客观的、真实的知识，而仅仅有主观的、建构的、有用的知识。知识是主观的而不是客观的，因为知识来源于建构者自身，并且仅仅与建构者自身有关"①；"知识不能准确无误地概括世界的规律或法则，知识不是说明世界的真理，而是个人经验的合理化；没有客观的知识，只有主观建构的知识"。其次，知识不是普遍的，是与特定社会、文化境域的产物。根据冯·格拉塞斯费尔德的思想，一个有机体，包括人的心灵，仅仅能认识他的主观的经验世界，而不能认识一个客观的实在。因而知识的生产体现为个体的、社会价值的需要，也是文化的产物。因为"没有纯粹和抽象的认识者，有的只是在具体的社会历史文化环境中生存的认识者……认识者从问题的提出到问题的分析到问题的解决都不能不受他所处的社会历史文化环境的制约"、"任何知识都是存在一定时间、空间、理论范式、价值体系、语言符号等文化因素之中"②，知识的这种"境域性"正是人类文化多样性的体现。最后，知识不是价值中立的而是具有价值特性。由于认识对象是主体和社会建构的，自然反映出主体和社会的价值趣味与文化偏好。他们认为，一方面，知识的生产与传播受社会价值引导，如自然科学知识的发展受制于社会、政治、经济等要求；另一方面，知识本身也体现价值要求，这一点对于人文社会知识最为明显，"在人文和社会知识领域中，根本就不存在纯粹的事实，有的只是由价值构建的事实，也不存在纯粹的观察，有的只是在一定价值立场指引下的观察；也根本不存在价值中立的陈述语言，有的只是在一定历史文化中形成的独特概念和范畴"、"在社会科学和人文科学中，追求'数学化的''可观察的'以及'价值中立的'知识则毫无意义"③。

（2）关于学习观

1）为何而学习：人文理性

由于主观主义对人的主体性的强调，因而赋予了学习的人文价值，认为学习是为了人的发展，但这种发展不同于客观主义标榜的"发展"，客观主义的发展是一种工具理性的"外在发展"，主观主义在个人的发展方

---

① 转引自：高文，任友群：《知识的生产与习得的社会学分析》，《华东师范大学学报》（教育科学版），2004年第2期。

② 石中英：《知识转型与教育改革》，教育科学出版社2001年版，第81、151页。

③ 同上书，第156—157页。

面追求以知识的鉴赏与批判为标志的"内在发展",强调个人价值、意志、情感等主观层面的因素对学习的影响,认为不存在没有个人价值、情感、态度参与的纯粹客观的知识,学习是为了个体情感体验、精神满足、态度与价值观的发展,不是为了追求知识的记忆、掌握为主的外在发展。学习是一种理想的生活方式,是人性的完善,是超越现实物质的精神与灵魂的升华。

2) 学习什么:人文知识与本土知识、个体知识

重视和强调人文知识与本土知识、个体知识的学习。这是创新的源泉。由于客观主义学习观认为科学、自然等知识是最有价值的知识,人们掌握它就是力量,主观主义对此提出了批判,他们认为正是由于客观主义这种对科学知识的功利性追求导致了人们人文精神、本土化发展与个体知识的衰落,并由此带来人类物质与精神的失衡以及文化多样性的消失,为了解决这一危机,主观主义认为人文知识才是最有价值的,在他们看来,自然知识、科学知识是关于事实类的描述性知识,人文知识是关于意义、价值类的反思性知识,再好的、实用的自然知识,如果没有人文知识作为灵魂、方向性的指引,它对人类来说也将会变成一种灾难,因为意义问题和价值扭曲等人文知识的萎缩和匮乏必然导致整个人类总体世界的分裂和坍塌,人们物质与精神的失衡其本质上是科学知识与人文知识的失衡,"人文知识的匮乏导致了人们对人文世界独特性认识的不足,导致了现代人不能够正确和完整地理解他们自身,导致了人们不仅不能够解决自身所面临的意义危机,而且甚至还不能'意识'到意义危机的性质"①。因此,为了重建人的精神世界,必须大力发展和加强人文知识的学习。"人文知识就是历史上所形成的那些旨在追问和回答意义问题的知识,就其类型而言传统上主要包括哲学知识、历史知识、道德知识、艺术知识、宗教知识等,当代的人类学知识、教育学知识、文化学知识以及一部分心理学知识也可添列其中。"② 其次,本土知识是境域化的知识与文化多元化的体现及其内在发展的需要。一方面,外在知识或外来知识无论对个人、地方或是国家都需要本土化以适合自身的需要,因为外来知识未必能解决本土问

① 石中英:《知识转型与教育改革》,教育科学出版社 2001 年版,第 295—297 页。
② 同上书,第 311 页。

题，如果只强调外来知识的学习将会导致本土人离开本土、本土人民被外来文化所"殖民"，从而产生人类文化多样性的消失。另一方面，发展被越来越看作是一种内在的过程，而内在的发展需要本土知识的支撑。"发展越来越被看作是一种唤醒的过程，一个激发社会大多数成员创造性力量的过程，一个释放社会大多数成员个体作用的过程，而不是被看成是一个有计划者和学者从外部来解决问题的过程"①。第三，个体知识是一个人创新和发展的源泉。"一个人，通过他的所作所为，……通过做出他的决定，通过增进对自己正在做的事情以及为什么做这些事情的理解力，通过增加他们自己的知识和能力，通过他自己全方位参与他所生活于其中的社区生活而获得发展"②。

3）如何学习：体验、理解、反思等为主的自我建构

主观主义视野中的学习不是对外部所谓客观知识的反映与接收过程，而是一种主观理解、诠释与自主建构的过程。从关注结果到关注过程，即主观主义学习观关注学习者在学习的过程中的个人体验、理解以及价值观、态度、思维能力的发展，而不是学习到了多少知识，即实现由"物"到"人"的转变，强调人的主体性的凸显。因而"激发、引导、讨论、体验、思辨、理解、反思、合作、交流、对话"等是学习的主要方式。例如，主观主义注重对人文知识、本土知识及个人知识的学习，那么，在人文知识的学习方面，应营造开放、真诚、自由、平等、民主的学习环境，在这种环境里以灵活的主题、开放的组织形式和自由平等的交流对话开展学习，以"体验、移情、理解、对话和反思"③ 为主要环节进行学习，即"体验"是指对人文知识以及与之相关的自身生活世界的一种精神感受；"移情"是在体验的基础上消除人文知识或作品与自己之间的时间、空间、社会和文化的距离而形成同一感；"理解"是在体验和移情的基础上对人文知识与自身存在的状况之间关联方式和程度的进一步认识和把握，具有个性和主观性；"对话"是进一步对主观理解的补充、修正及其与他人理解的融合；"反思"最终实现人文教学的教育性，促使师生双

---

① Ribes, Bruno., *Domination or sharing? Endogenous Development and the Transfer of Knowledge*, Paris: Unesco Press, 1981, p. 65.

② Ibid., p. 73.

③ 石中英：《知识转型与教育改革》，教育科学出版社 2001 年版，第 316 页。

方展开对自我存在方式和意义的批判性检验。在本土知识的学习方面,营造多种知识交流的环境,在这种环境里,理解与尊重学习者多元化认识,摒弃以"盲从"、"崇拜权威"、"偏见"等接受的学习方式,替代以"批判"、"多元"的学习方式,注重对学习者本土知识与其他知识关系的理解及其本土化思考和应用;在个体知识方面,学习应与个体原有的知识经验以及生活世界相联系,学习是在原有知识经验和生活世界的联系中发生的,只有在这种联系中,学习者才能将新学习的知识内容与原有知识经验发生关联,即所谓同化和顺应,从而"内化"为自己的个体化的知识,这种个体化的知识才是学习者真正的、永久的、能够解决实际问题的知识,是学习者学习完书本知识遗忘后"剩下的"知识,而这种知识的获得不是依靠传输接受的学习方式,而是学习者在他人的帮助下的一种自我建构的过程。

二 主客一体的互动生成学习观

(一)基本观点

主客一体的互动生成观的核心思想有两点:

互动。①主客体关系由"中心"到"平等",即主体与客体的关系不再是以主体为中心的客体符合主体的理性主义或者是以客体为中心的主体符合客体的客观主义、不再是主动与被动的不可逆的单向关系,而是平等的、相互关联的、双向建构的、交往的、对话、共生的一种关系。②主客体关系由"对立"到"并重",既关注"物"又关注"人",由单纯的人与单纯的物到人与物、人与人、人与自身的关系的整合,不仅关注主体与客体的认识关系,更注重作为认识主体的人与人之间的关系,更强调在交互中人与物的同等重要性。

生成。其一,强调主体与客体的双向建构、共生共长。即主体与客体相互作用,相互联系,彼此互动,达到主体客体化、客体主体化;主体客体化是指对象化的过程,即主体作用于客体,生成主体化的客体;客体主体化是客体反作用于主体,生成客体化的主体;从而实现双向建构,共生共长。其二,规律是产生于主体与客体的互动之中,即规律本身不是预先既定的,而是动态生成的。因为事物的本质也是在事物相互作用的运动中生成的。客观规律本身只能由事物在相互作用的运动过程所产生,并且通过用事物的相互作用过程来解释①。

关于这种思潮的代表性的人物及其思想学说有：马克思的主客一体化哲学和主体间性的哲学观（主要有：马丁·布伯的"我与你"学说，伽达默尔的哲学解释学对话思想、哈贝马斯的交往对话思想）。

1. 马克思的主客一体的互动生成哲学观

第一，在主客体关系问题上，马克思的主客互动一体的哲学观超越了主客二元对立的客观主义和主观主义的局限性，认为主体与客体是互为关联的对象性关系，主客体关系的内在本质是主体客体化、客体主体化②。对象性是指"一个存在物在自身之外有一个他物作为自己的对象，一物只有通过与他物的关系才能确证自己的存在"③；即主体与客体是普遍联系和相互作用的，他们各自以对方的存在为自身存在的前提，各自只有在对方的关系中才能获得自己的规定性。①主体客体化是指，人将自身的本质力量对象化为客体事物，使客体具有人的本质力量的属性，即"主体在实际活动中，把自己的本质力量或自身的属性赋予客体，并使之凝结和保存在对象或客体之中，从而成为客体的属性"④，是人的本质力量从主体的存在转化为客体的存在，是对象化的过程；客体主体化是与主体客体化相反的过程，是指"主体在活动中不断得到满足、丰富和提高，使对象或客体的某些特性转化为主体的特性，从而主体成为整个世界的有机组成部分"⑤，也是客体被内化为主体本质力量的一部分，从而使主体本质力量获得提升。主体客体化和客体主体化是主体与客体互动一体化的过程，是这一过程不可分割的相互作用的两个方面，二者是互动生成、相互建构的关系。"具有主观能动性的主体通过对象性活动不断建构外部世界并接受对象世界的建构，形成一个既合乎规律又合乎人类目的的有机整体的过程"⑥。主体客体化是客体主体化的前提和基础，客体主体化是主体

①　鲁品越：《生成论规律观与马克思主义哲学原理建设》，《哲学动态》，2008 年第 5 期。

②　《马克思恩格斯选集》第 1 卷，人民出版社 1995 年版，第 54 页。

③　陈其荣：《自然哲学》，复旦大学出版社 2004 年版，第 173 页。

④　齐振海，袁贵仁：《哲学中的主体和客体问题》，中国人民大学出版社 1992 年版，第 264 页。

⑤　李美凤：《广义技术视野下教师发展的研究》，博士学位论文，南京师范大学，2008 年，第 36 页。

⑥　陈维维：《技术生存视域中的学习力》，教育科学出版社 2010 年版，第 169 页。

客体化的归宿和新的起点。

第二，主客体在实践互动中实现了各自的生成。即作为主体的人主动地作用于客体，将自身的本质力量对象化为客体，从而使自然物改变了原先的存在形态而生成为适合人发展和需要的工造物，因而通过互动实现了主体向客体的生成，正如马克思所说，"人的劳动不仅引起了自然物的形式的变化，同时还在自然物中实现他的目的"，这样被改造了的自然界便成为人类的创造物，生成为他的作品和他的现实①。同样，客体反作用于主体，使得客体的属性内化为主体的本质力量，成为主体的素质的重要构成部分，因而生成了新的主体。这样一来，主体与客体在实践活动中，在互动中，生成了彼此，实现了主客统一。因而，基于实践的主客互动生成是马克思主义哲学的轴心②。

2. 主体间性哲学观

主体间性是从主客体关系的二元对立中跳出来去关注主体之间的关系，指主体与主体之间是平等互动的关系。

马丁·布伯的"我与你"。马丁·布伯是当代著名的德国宗教哲学家，他的学说对于主客关系带来了新的诠释，对于人的认识产生了重要影响，特别是对20世纪的人类精神生活与社会思潮产生了深刻的影响。布伯认为，世界的本体是主客体之间的相互作用、互为平等的关系，不是主体是本体或客体是本体的唯我论，他用关系本体论代替了唯我论的主体性哲学，即主客关系是我与你的关系不是我与它的关系，是交互的关系不是主从的关系，是主体间的关系不是主体性的关系。总的来说，是"我—你"的关系不是"我—它"的关系，"我—你"关系是人类应有的一种的基本关系，是真正的对话、交互性关系，"我—它"关系是一种主从关系、是一种符合与被符合的关系，是一种反映与被反映的关系，而"我—你"关系是一种互动的、平等的、相互作用的、双向建构的关系，"我"与"你"相遇时，"我"以我的整个存在，我的全部生命和我的真本性来接近"你"，"你"不再是我的经验物、利用物，"我不是为了满足

---

① 马克思：《资本论》第1卷，人民出版社1963年版，第192页。
② 鲁品越：《实践生成论：马克思主义哲学的主轴》，《哲学动态》，2009年第10期。

我的任何需要，而与其建立关系"①。我与你的关系包括人对自然、人对社会、人对人、人对神的关系等，但人与人的关系是最重要的。

伽达默尔的哲学解释学。德国当代哲学家伽达默尔在前人的基础上提出了哲学解释学的对话观点，他认为，主客体不是二元对立的，而是相互理解的、解释的、对话交互的一种关系，主体对客体的认识、把握是一种关系、一个过程，人与人、人与物、人与世界之间的关系可概括为理解、解释和对话的关系②。主体与客体是一种对话关系，而对话是在交往中进行，在互动、交流中平等交换、相互作用，从而产生理解，在相互理解中产生所思之物的逻辑及存在的意义。伽达默尔的哲学解释学超越了主客体对立而不再执着于知识的客观与普遍性，它强调了人与世界、人与历史、人与自然、人与社会的协调统一，强调用理解的双向建构思维来看待主客体关系，主体对客体的认识就是交互对话的过程，只有在对话的基础上才能实现真正的主客体的统一和相互认识与理解，是一种主体与客体的整体关系的体现，只有在这种整体关系中才有真理的存在，正如伽达默尔认所言，"对话就是对话双方在一起相互参与着以获得真理"。

哈贝马斯的交往对话思想。哈贝马斯是德国著名的社会学家、哲学家。哈贝马斯从主体间性出发，提出交往对话的哲学思想，认为主体与客体的关系是相互作用的交往对话关系，不存在主动和被动之分，不存在符合和被符合的关系，而是主体间性的平等与交流、解释与对话、互动与合作的关系。哈贝马斯明确指出③，交往理性的范式不是单个主体与可以反映和掌握的客体世界中的事物关系，而是主体间性关系，当具有言语和行为能力的主体相互进行沟通时，他们就具备了主体间性关系；哈贝马斯的交往对话思想使主体与客体在交互中实现了统一，具体体现在两个方面：①在关系层面，他不仅注重主体与客体的认识关系，也注重主体与主体的社会实践关系，以及主体与其自身的关系，即在哈贝马斯那里，人与自然、人与人、人与人自身都是一种平等的相互关系，一种交往互动的关

---

① ［德］马丁·布伯：《我与你》，陈维纲译，生活·读书·新知三联书店 1986 年版，第 7 页。

② 赵光武：《哲学解释学的解释理论与复杂性探索》，《北京大学学报》（哲学社会科学版），2004 年第 4 期。

③ 何菊玲：《教师教育范式研究》，教育科学出版社 2009 年版，第 70—71 页。

系，从而不但将主客的关系从单纯的人与物的关系扩展为人与世界、人与人、人与自身的关系，并且实现了这种主客关系的统一，于是他把这种平等的交往关系分为三个方面：第一，认识主体与客体世界的交往层面，在这一层面诉诸于对客体世界的真实性反映，但这种真实性反映是发生在主体与客体世界的交往行为中，是主体与客体的双向建构与相互作用；第二，主体与主体在社会层面的交往互动关系，即社会规范是人在社会实践中形成的一种关系，但这种关系应当是一种相互关系；第三，主体与其自身即主观世界的交往关系，即人与自身的互动与对话。②在目的层面，对话的目的是形成一种真理性的共识，而不是一种符合。即所谓真理就是"对话主体通过交往互动而达成的共识"，检验真理的尺度并非其是否与客体世界相吻合，而是对话主体之间达成共识的过程。

互动对话的哲学思潮坚持关系取向和在关系中的互动生成，"倾向于事物之间深刻的关联性，相信任何事物的意义是无法从该事物本身知解的，而只能从它与某个东西或别的什么东西之间的关系中领悟出来"①，知识是在认知主体与客体的对话、与自己的对话以及与他人的对话中生成的。

(二) 基于主客一体互动生成的学习观

"平等交互"与"人物并重"的核心思想告知我们，认识者与认识对象之间也是一种"平等交互"与"人物并重"的相互作用的关系，"平等交互"即认识者与认识对象之间不存在谁为中心的问题，不是谁符合谁，而是在平等之中的一种交流与互动的关系；"人物并重"即既要关注认识对象的客观性也要承认认识者情感、价值、理解的主观性。

1. 关于知识的标准

这样一来，知识的标准也发生了变化，即由符合走向共识，由客观性走向主观性与客观性的统一。首先，突破了主客体关系的对立，从主体间关系出发来理解知识问题，知识的标准不再是主体对客体的符合性认识，不再追问知识的本质是什么，而是关心知识发生的过程，也就是从对"什么是知识"的追问转向"知识是如何发生的"，即知识是在主体之间

---

① 〔加〕大卫·杰弗里·史密斯：《全球化与后现代教育学》，郭洋生译，教育科学出版社2000 年版，第 148 页。

的交往关系中形成的，是由每个认知主体积极建构的，而建构则是通过新旧经验的互动实现的，这种互动是认知主体在与客体对话、与自己对话以及与他人的对话中实现的，最终的目的不是主体的认识一定要符合客体，而是在相互作用中达到一种共识，即"它不再到人自身之外的客体'它'那里去寻找本质，而是在'我—你'之间寻找'共识'"①。其次，知识不仅具有客观性也具有主观性，是客观与主观的统一。既承认知识的客观性也承认文化、价值、情感、理解等人的主观因素对知识的作用和影响，既注重普遍的知识也注重个体知识、境域知识等多元化存在。一方面，知识既是实证的、客观的，也是社会的、历史的、价值性的、理解性的、建构性的，是一定社会历史和文化背景下的知识，是参与了认知主体情感态度价值观、理解的知识，也具有暂时性、解释性、建构性，知识既具有客观性也具有主观性。即"认识对象无论是作为一种事物、一种关系或一个问题都不是'独立的'、'自在的'和'自主的'，它们与认识者的兴趣、利益、知识程度、价值观念、生活环境等等都有着密不可分的关系。可以肯定地说，不是认识的对象'激发'了认识主体的兴趣、产生了认识主体的认识行为，恰恰相反，是认识主体的认识兴趣以及其他许多与认识行为有关的条件'选择'认识对象，'制造'了认识对象，使认识的对象从无知的、寂静的、遥远的世界中'凸显'出来，成为完整的、现实的认识过程的一个要素"②。建立在自然科学基础上的客观主义强调知识的实证性、客观性、中立性等，是以外部世界为中心的，对人的态度、情感、价值观等人文性知识不予关注；而知识不仅包括自然知识也包括人文、社会知识，对于人文社会知识而言，它本身具有个体态度、情感、价值、解释等特性，如果一味地强调知识的客观、实证、中立等，显然是不科学的。因此，本研究认为，客观主义强调实证、客观、科学，这是对自然科学领域知识属性的代表性描述，自然科学知识具有实证性、客观性；而主观主义强调人文性、解释性，这是对人文、社会科学知识属性的代表性描述，人文、社会知识具有人文性、价值性、理解性、建构性等，是以人为中心的。因而在某种程度上是科学主义和人文主义的差异和竞争，但

① 何菊玲：《教师教育范式研究》，教育科学出版社 2009 年版，第 58—59 页。
② 石中英：《知识转型与教育改革》，教育科学出版社 2001 年版，第 144 页。

归根结底都是对自己所坚持的方面的强调，是对彼此哲学和理论较为薄弱之处的解构与建构。另一方面，由于人类的认识活动受制于特定的历史时期和文化境域的影响，既是科学的实证知识也是受制于自己所处历史时期特定的"科学范式"，因而知识的客观和普遍只是一种暂时的、相对的客观与普遍，因而不仅要关注知识的客观普遍也要重视个体知识、本土知识等境域性知识的存在与价值，以更加公正而开放的态度看待人类知识的多样性。

2. 基于主客一体的学习观：是一种动态的学习观

从实体论或主观论转变为关系论，即关注知识是什么到如何产生和获得知识，学习是什么到如何学习。是汲取主观主义的一些思想，采取客观主义的合理之处。其实质是实现科学与人文的统一，主观是方向、是意义、是价值，客观是基础。作为人类认识活动的学习则有了新的内涵，带来了学习观的转变，即学习是发生在认识者与认识对象之间的交互中，是一种学习者与学习对象之间的双向建构与互动生成，不是单纯地呈现与接受，实现了学习观由呈现接受向互动生成的转变。具体体现在：在动机层面是从工具理性到人本理性的回归，在内容层面是人文与科学的统一，在方式层面，是呈现到互动的转变。

（1）为何而学习：工具与人文的统一

其一，既注重对科学知识的实用性也注重对人的心灵、道德、生命存在的关注。人是身心合一的生命体，人的发展既是身的生存也是心的存在，身心和谐发展才是人本理性的价值体现，学习既是养身的事情，也是养心的过程，既要读养身的书，也要读养心的书。因此，学习不仅仅是为了功利性的生存，更是为了人本身，学习的中心是人；学习不仅仅是工具性的，更是人本性的；学习不仅追求卓越，更要崇尚意义。正如存在主义教育家的主张一样：人的存在先于人的本质，因此人的意义先于人的功能。现代教育不能仅仅将人当成一个社会工具去训练，而应将其作为一个真正的人来关怀①。因为，学习者是有趣味、有性情、有烦恼、有问题、有希望的绝对存在的、有价值的人，不仅关心自己未来的生存与发展，也时刻感受着自己的存在。

---

① 石中英：《知识转型与教育改革》，教育科学出版社 2001 年版，第 116 页。

其二，既注重对学习者基本知识和基本技能的掌握，更注重学习者对所学知识的批判意识、综合意识和合作意识及其能力的发展。批判意识、综合及合作意识与能力是创新人才的必备素质，所谓批判意识与能力不是"否定"而是一种积极的理解，是对原有观点等进行新的视角的检验和再思考，是对原有知识的辩证扬弃，在这一过程中学习者不是单纯地接受知识，更重要的是学会了质疑、提问、转换视角、发现等高阶思维能力，而这些正是一个人创新的基本素质。同时，综合与合作的意识和能力也是个体知识创新的重要条件，主体间性的哲学表明，人类的认识是来自主体间的相互作用，知识是在各种观点、方法之间的互动中发生、发展的，随着时代的发展，学科之间的界限越来越模糊，跨学科和跨领域的互动成为知识创新和进步的主要方式，因此，学习者的学习不能仅限于接受和应用知识，而应当是学会学习，即学习的重点是为了获得思考、思维的方法、方式，是为了学会学习，而不是为了学习而学习。

（2）学习什么：科学知识和人文知识、个体知识、本土知识的并重

客观主义的学习观强调对科学知识的学习和掌握，而对于人文知识、个体知识、本土化知识等则较少关注。主体间性既注重主体也重视客体，是从他们的相互作用的关系出发，对反映客体的科学知识和反映主体的人文、个体知识与本土知识都予以重视。于是，在学习的内容方面，不仅注重科学知识的学习，更注重人文、艺术、个体、本土知识的学习，科学与人文走向综合成为新的学习观。这种综合化的学习观主要体现在三大方面：

其一，科学内容的综合化。事实表明，科学的进步依赖于综合知识创新，一个固守在某一学科领域而不去与其他学科领域发生互动和联系的人很难做出科学发现，分科式的学习内容割裂了学科之间的联系，难以培养综合化的创新人才。因此，科学课程的综合化成为一种新的发展趋势。

其二，科学与人文内容的综合化。对于科学的进步与发展而言，科学的进步离不开人文的支撑，科学是"火车"，人文是"火车头"，科学产生直接的生产力，但这种生产力的发展需要来自人文的方向性指引，正如英国著名的物理化学家波兰尼所言："没有理智激情的指导，任何的研究过程都不可避免地要陷入不毛之地，成为一些平庸的研究。我们对实在的洞察产生我们的科学美感，它向我们指出哪些问题是合理的、有研究价值

的问题。" 对于个体与社会的发展而言，科学与人文同等重要，科学重在解决有关"身"的问题，人文重在解决有关"心"的问题，二者相得益彰，相互作用，支撑着个体及社会的进步与发展。

其三，科学知识与个体、本土知识的综合化。个体知识是一种相对科学知识等显性知识而言的隐性知识，是一种"只可意会不可言传的知识"，这种知识往往在人的思维与行动中发挥着重要作用，正如英国著名的物理化学家波兰尼所言，"人类有两种知识，通常所说的知识是用书面文字或地图、数学公式来表述的，这只是知识的一种形式，还有一种知识是不能系统表述的，例如我们有关自己行为的某种知识，如果我们将前一种知识称为显性知识的话，那么我们就可以将后一种知识称为缄默知识"①，"无论在日常生活中，还是在科学活动中，不可言说的知识就像是可以言说的知识一样是大量存在的，甚至从数量上说，前者会比后者更多"、"我们所认识的多于我们所能告诉的"②；本土知识是一种地方性知识，是本土人民在本区域内所自主生产、传播的知识体系，本土知识具有极强的针对性、应用性，是本土人民喜闻乐见的具有真实力量感的知识，它能够切实解决本土问题、增强本土人民的自力更生与发展创新的能力。因而重视科学知识、西方知识学习的同时也应重视本土知识的学习，使学习者树立知识多样性与认识多样性的基本观念，在学习外来知识的同时应加强对本土知识的重视、认同、掌握、批判、生成与创新。

（3）如何学习

在基于主客一体的交互观的指引下，学习被赋予了新的内涵和形式，即学习成为一种互动生成的过程。在目标上强调生成，在方式上注重互动，在互动中生成，在生成中互动，是目标与方式的统一。

一方面，强调学习是一种生成的过程，是预设与生成的统一。即客观知识的掌握是必要的，关键是通过这些知识的学习其思维、情感、态度与价值观等是否得到了发展，即知识是否激发了思维，是否有学习者个人的理解与建构，是否有自己的独到的见解与思考，是否掌握了知识背后的原

---

① Polanyi, M., *The study of man*, London: Routledge & Kegan Paul, 1957, p. 12.

② 石中英：《波兰尼的知识理论及其教育意义》，《华东师范大学学报》（教育科学版），2001 年第 2 期。

理、方法、思维方式等，是否有情感上的共鸣与体验、心理上的发展、价值上的提升等，这些正是学习者终身受用的、可持续的发展能力，这些正是学习的真正意义所在，正是学习后真正"生成性"的东西。正所谓"授人以鱼不如授人以渔"的辩证统一，不仅关注"鱼"更重要的是为了"渔"。

另一方面，学习是发生在互动之中，是一种互动、交流、协商、合作的过程。学习总是与一定的社会文化背景即"境域"相联系，在客体、人、符号以及它们之间的相互联系中发生，强调知识的灵活迁移和问题解决；学习不仅仅是以书本、教师、课堂为主的封闭形式，而是突破了狭小的教室空间和短暂的课堂时限，成为一种开放、多元、持久的与周围信息交互的过程；知识既存在于人的大脑之中，更存在于社会的共同体之中，知识是通过个人与社会之间的互动而逐步构建起来的，因而学习是知识的社会协商，是生生互动、师生互动和师生与课堂以外的同伴、专家、实践工作者以及更广泛的社区的互动过程[1]，是集大家的智慧于一身的会话协同过程，因此，互动一般包括：学习者与学习内容的互动，学习者与学习者的互动，学习者与教育者的互动，学习者与其自身的互动。

学习者与学习内容的互动是对基本知识的掌握过程，是极其必要的，但这种学习过程不是客观主义所理解的对"外在于人的"、"供人汲取"的知识的被动接受过程，而是学习者主观理解与个性化经验等高度参与的过程，是学习者的原有认知结构、原有经验与新的学习内容之间的互动过程，是学习者直接经验与作为间接经验的学习内容的互动过程，正如钟启泉教授所言："直接经验和间接经验始终处于互动状态，个体的认识过程是连续的意义建构的过程"，"不存在纯粹意义上的直接经验和间接经验……也不存在绝对意义上的书本知识和实践经验"[2]。

学习者与学习者的互动。学习者在自主学习之后需要与他人进行交流以促进知识的进一步内化和理解，这种互动发生在学习者与学习者之间，

---

① 屈林岩：《学习理论的发展与学习创新》，《高等教育研究》，2008 年第 1 期。

② 钟启泉，有宝华：《发霉的奶酪——〈认真对待"轻视知识"的教育思想〉读后感》，《全球教育展望》，2004 年第 10 期。

也发生在学习者与教育者之间。学习者与学习者之间的互动是学习者之间主体间性的一种表现，通过互动达成对知识的交换、会话、协商，从而实现知识的深入理解与生成，通过互动，培养和发展了学习者的集体精神、团队、合作、协作意识和能力；这种互动可以发生在个别学习者之间也可以是在小组之中，可以有教育者的参与也可以无教育者的参与。

学习者与教育者的互动。学习者之间的互动是基于同一水平层次的互动形式，这种互动有助于同伴之间的帮助和充分交流，但教育者的适当和实时参与也是极其必要的，有助于深度学习，提高学习质量，也是一种主体间性的表现，学习者与教育者之间的互动是一种相互作用，是一种互为发展的关系，即学习者与教育者之间的互动为学习者的学习注入了新的活力，教育者对学习者的学习主要体现在引领、答疑、辅导等方面，促进和指引学习者的发展提升；同时在这一过程中，学习者的反馈反作用于教育者那里，进一步引起教育者的反思，促使教育者的理论与实践达到进一步完善和提升，从而促进教育者的发展。

学习者与自身的互动。主要表现在：新旧概念的互动，促进知识的深入理解。学习者依据自己的态度、需要、兴趣和爱好以及认知策略对当前环境中的信息产生选择性注意，获得选择性信息并利用原有的认知结构（指存储在长时记忆中的各种表象、概念、事实、判断与结论，即通过长期的生活、学习所积累起来的知识与经验系统）而完成对该信息的意义建构从而获得新知识、新经验[1]。

三 学习观的变革：从主客二分走向主客一体

（一）哲学认识论的转向：从主客二分走向主客一体

1. 主客二分认识论的危机

总体看来，无论是客观主义还是主观主义都是强调主体与客体中的一方，而忽视另一方，是一种主客二元对立的关系：客观主义以客体为主，强调对实在客体的真实反映，人在客体面前是服从者、是被动的反映者；主观主义则强调作为主体的人，将人的主体性抬高到了至高无上的地位，凸显人的主体性，但弱化客体的作用；因而总体来说主客都是相互分离

---

① 何克抗：《教育技术学》，北京师范大学出版社 2002 年版，第 114 页。

的，是彼此对立的存在。正如哲学家马丁·布伯所言①：当主体"我"把自己与我之外的"在者"作为客体"它"对立起来的时候，当"我"把"它"作为为了自我生存及需要工具的时候，必然导致两种结果：一是"它"必然沦为"我"的生存需要工具；二是为了实现利用工具"它"的目的，我必得把在者放入时空框架与因果序列中，将其作为物中之一物加以把握。这种关系表明，在"我—它"关系中，"我"是主体，一切外在于我的事物（包括人）都是客体"它"，我与它是相对分离的、对立的，在这种"我—它"关系中，必然导致要么主体"我"居于主导地位，要么客体"它"居于主导地位。因而主客二分的认识，在追求主客统一的过程中往往是以一方为主体而丧失另一方的虚假统一，也产生了很多问题带来了诸多危机，具体表现为：

客观主义强调客体的实在性，弱化人的主体性，强调主体对客体的机械反映。人们将科学知识或实证知识看作是真正的、可靠的知识，而对于人文知识等则不予重视，造成人文知识的没落、人文精神的失落与道德的滑落。人们将科学与技术看作是实现人类幸福的工具，重视和强调对能够统治和操作自然以及社会的知识的获取，忽视对知识意义的追求；人类对科学与技术的过于崇拜而丧失了作为人的主体性的丰富。人们的精神被牢牢禁锢在一个由工具效率和认知专门化的标准来支配的社会和文化的"铁笼"里，人类丰富的内心生活逐渐被掏空，制造出只注重形式的、表面的、单一的人性②；"每一种彻底粉碎自然奴役的尝试都只会在打破自然的过程中，更深地陷入到自然的束缚之中"③。主观主义则强调主体"主观性"的至高无上的地位，认为客体是为"我"所用，自然、社会成为主体控制、利用和改造的工具，"我"成为核心，无视"他者"的存在，他人沦为"我"的工具。这种主体对客体单向度的、占有式、霸权式的控制与改造，客体最终沦为主体生存需要的工具，随着工业化和技术的日新月异，这种认识不断得到强化而走向极致，造成了今天的人与自

---

① ［德］马丁·布伯：《我与你》，陈维刚译，生活·读书·新知三联书店2002年版，前言第7页。

② 何菊玲：《教师教育范式研究》，教育科学出版社2009年版，第66页。

③ ［德］霍克海默，阿多尔诺：《启蒙辩证法》，渠敬东、曹卫东译，上海人民出版社2003年版，第10页。

然、人与社会、人与人之间的关系紧张、生态恶化、道德沦丧。

2. 主客一体是对主客二分的超越与融合

马克思实践哲学世界观的崛起，既超越了一切唯心主义哲学，也克服了一切旧唯物主义的局限性①，马克思带着"哲学家们只是用不同的方式解释世界，而问题在于改变世界"的新的哲学宣言登上了世界历史舞台，掀起了西方哲学的彻底变革②。马克思实现了哲学认识论从"解释"走向"实践"的伟大转向，从实践的视角出发，将主体与客体的关系统一于实践活动之中，提出了主体与客体是相互建构、互动一体的对象性关系，即主体客体化与客体主体化；同时，主客体在实践互动中实现了各自的生成，即作为主体的人主动地作用于客体，将自身的本质力量对象化为客体，从而使自然物改变了原先的存在形态而生成为适合人发展和需要的人造物，因而通过互动实现了主体向客体的生成，正如马克思所说，"人的劳动不仅引起了自然物的形式的变化，同时还在自然物中实现他的目的"，这样被改造了的自然界便成为人类的创造物，生成为他的作品和他的现实③。同样，客体反作用于主体，使得客体的属性内化为主体的本质力量，成为主体素质的重要构成部分，因而生成了新的主体。这样一来，主体与客体在实践活动中，在互动中，生成了彼此，实现了主客统一。因而，基于实践的主客互动生成是马克思主义哲学的轴心④。

进入 20 世纪以来，伴随着后现代主义对现代性的解构，哲学领域中出现了与现代性不相容的、超越后现代的互动对话、交往主义思潮，代表人物如马丁·布伯、哈贝马斯等⑤。它是超于主客二分强调主客互动一体的哲学认识论，实现了主体与客体的互动统一，不仅成为一种理论思潮，更是一种行动纲领。总之，主客互动一体的哲学认识论超越了主客二分的观点，强调主客互动、对话，在互动对话中生成新的知识。他们认为，知识不是外在于认识主体之外的客观实在，而是在主体与客体的互动中生成的。

---

① 王永昌：《实践活动论》，中国人民大学出版社 1992 年版，第 2 页。
② 李美凤：《技术视野下的教师发展论》，教育科学出版社 2011 年版，第 38 页。
③ 马克思：《资本论》第 1 卷，人民出版社 1963 年版，第 192 页。
④ 鲁品越：《实践生成论：马克思主义哲学的主轴》，《哲学动态》，2009 年第 10 期。
⑤ 何菊玲：《教师教育范式研究》，博士学位论文，陕西师范大学，2008 年，第 45 页。

3. 从主客二分走向主客互动一体成为时代与社会发展的必然

由此看来，从主客二分走向主客互动一体成为时代发展的必然。主客二分的思维模式和认识论导致了人与自然、人与社会、人与人之间的紧张关系，造成了今天的生态环境的恶化和人性道德的沦丧等，于是主客互动一体，互为生成的认识论逐渐被人们所接受，注重人与自然、与社会、人与人的和谐生态观被人们所推崇，主客一体成为新的理论思潮和行动纲领。主客互动一体观是克服主客二分危机的根本途径，主客互动一体注重主体与客体之间的"互动"、"对话"、"协商"，取而代之的是"争辩"、"强制"、"控制"、"掠夺"，使人与自然、人与社会、人与人走向和谐共生。特别是随着信息时代的到来，工业时代主客体两级框架下宣扬的单一主体中心论已不复存在，哲学中的主体性概念和主客体关系需要重新来界定，主客一体成为时代的强音①。正如我国学者所言，在我们加速现代化的进程中，我们应该把"至善实践"（即重视我国传统哲学对人道德修养的积极意义）、"科学实践"（即掌握先进的科学技术）和"生态实践"（即重视和培养人与自然、与社会、人与人之间的和谐共处的意识和能力）恰到好处地融为一体来引领中国的发展，引领每一个公民的发展，我们就进入了主客一体哲学的新时代……主客一体哲学的特点是没有主体客体之分，没有唯物唯心之分；人自身内敛的道德实践修养和外显的科学实践能力、生态实践能力三位一体则一荣俱荣，三者分离则一损俱损②。

（二）学习观的变革：由主客二分走向主客一体的互动生成

1. 主客二分学习观面临的危机

受主客二分的哲学认识论的影响，学习观表现为学习主体与学习客体的二元对立，这种二元对立的学习观越来越显示出许多不足，面临着诸多危机。

（1）客观主义学习观的危机

客观主义学习观强调学习客体而弱化学习主体，强调学习主体对学习客体的符合，学习客体得到了凸显，学习主体则弱化甚至是消失。这种学习观也产生了许多不足，面临着诸多危机，具体表现为：

---

① 贺天平：《哲学视野下主客体关系的嬗变》，《科学技术与辩证法》，2009年第1期。
② 靳健：《主客一体——中西哲学合璧发展的时代际遇》，《甘肃社会科学》，2013年第5期。

1）学习价值方面。工具理性得到了强化，学习的人文价值、生命完善、塑造心灵、获得幸福等内在的人文关怀与追求消失殆尽，剩下的就是学习的功利化的赤裸追求，学习是为了获得征服和控制自然、改造社会和自我力量的所谓客观知识，学习是为了最大限度地满足个体和社会世俗性发展的要求，是为了获得应付考试或求职的工具性知识，是为了获得最优化生存的知识，这种工具取向的学习价值观最终导致为了知识而知识、为了学习而学习、厌学、逃学等学习异化的现实，学习者成了学习的机器，学习的精神和人文价值完全丧失，出现了片面、畸形发展的单向度的、无人文精神的空心人。

2）在学习内容方面。强调单一的科学知识，对人文知识的学习和综合素质的提升不予关注。这样一来，导致两方面的误区：其一，只学习科学知识而忽视人文知识。受客观主义的影响以及科学对人类的巨大贡献，人们对科学绝对价值的信仰与崇拜，从而导致科学知识成为新的宗教：它既成了人们学习的主要内容，也成为人们的思维方式、甚至生活方式[①]。单一的科学知识的学习导致了学习者主体意义和价值判断的丧失，带来的后果是，"虽然科学知识的进步增强了人们控制外部世界的力量，但人文知识的匮乏使得人们在认识和控制自我与社会方面明显乏力，在社会财富空前增加的同时感到生活意义的丧失和价值的迷惘"[②]，不知道什么是好生活。其二，认为科学方法才是真正的方法，人文思辨则得到了批判和边缘化。人文知识的研究强调以科学的实证主义为主，人文知识的研究和生产强调"硬证据"的搜寻、有效性的检验，正如美国当地著名哲学家、思想家罗蒂所言，"自从启蒙时代以来，自然科学一直被看作知识的一个范型，文化的其他领域必须依照这个范型加以衡量"。这样一来，科学实证等自然科学的方法论成为唯一的认识论，主体丧失了反思和批判意识与能力。这种学习观最终导致学习者知识结构的单一化，思维的僵化和片面化，极其不利于创新人才的培育和发展。

3）在学习方式方面。客观主义强调知识的客观性、权威性，因而学习者的学习就是接受这些客观、价值中立、普遍的知识，知识的传递接受

---

① 何菊玲：《教师教育范式研究》，博士学位论文，陕西师范大学，2008年，第113页。
② 石中英：《知识转型与教育改革》，教育科学出版社2001年版，第69页。

成为主要的学习方式，学习者接受这些客观知识然后将其应用到实践之中，学习者的课程设计也是以学科知识和专业知识为主。传递接受的学习方式极大地扼杀了人的主观能动性和创造性，人的主体意识与创新意识和能力受到了极大的压制，极其不利于创新人才的培育，因而在今天受到了强烈的批判。

（2）主观主义学习观的危机

主观主义学习观将学习主体提到了至高无上的位置，强调学习主体的主观能动性，主张以学习者主体为本，强调学习客体对学习主体的符合，这是学习主体为中心主义的。这种学习观是以主客二分为根本特征的，同样也产生了诸多危机，具体表现为：

1）在学习的价值方面。过于强调学习的人文价值而忽视甚至是排斥科学知识的学习，即学习是为了人的生命的完善、真善美的理想，这当然具有积极意义，但这种学习观将人看作是抽象的人、理想的人，而不是历史的人、现实的人、实践的人，正如马克思所言"人是历史的、具体的、现实的人，实践是人的存在方式"，而实践的主要基础就是人必须掌握一定的生产劳动知识和技能，因而，那些只谈论理想、伦理等空谈高论，在某种程度上只是一种理想的乌托邦，在现实中遭遇了种种困境和阻碍。

2）在学习的内容方面。强调对人文知识、个体知识、本土知识的学习，忽视科学知识的重要作用，显然是不合理的。人文知识是关于人生等意义、价值、方向性知识，而科学知识是关于生产实践等知识，单纯强调人文知识而忽视科学知识，仿佛是空泛的躯壳而无实质性的实体支撑；个体知识固然重要和有价值，但"过分强调知识的个体性，可能造成人与人之间的不可沟通性，将主体对于公共知识的理性认识置于弱势的位置，结果容易导致学生个体经验的泛化和教师作用的缺失"[①]。本土知识以其特有的价值和贡献得到了重视，但本土知识与科学知识的系统、客观、精确等不同，它通常"是相对封闭的、非系统的、整体论的，缺乏总体的概念框架，建立在经验基础上，通常不适于用演绎逻辑加以衡量"[②]。因此，只有将本土知识与科学知识结合起来，实现各自的优势互补，有助于

---

① 于文森：《个体知识与公共知识》，博士学位论文，西南大学，2007年，第187页。

② 张永宏：《本土知识与科学知识：差异、联系和互借》，《思想战线》，2010年第6期。

推动知识生产与创新。如果强调一方面而忽视另一方面，都是不明智的，不利于知识创新和人才培养。

3）在学习的方式方面。主观主义强调体验、理解、反思等为主的自我建构，认为学习不是对外部所谓客观知识的反映与接收，而应当是诠释与自主建构的方式。但这种学习方式只关注知识的主观性，而忽视知识的客观性，不利于客观知识的学习。

综合上述分析，主客二分的学习观要么强调学习主体要么强调学习客体，是注重一方面而忽视另一方面的学习观，这种学习观未能从根本上解决人们的学习问题，学习观从主客二分走向主客一体成为人类认识发展和时代发展的必然。

2. 学习观：从主客二分走向主客一体的互动生成

主客一体的互动生成学习观则超越了主客二分的学习观念，强调主客一体的互动生成，今天所倡导的学习生态、教育生态、教育信息生态等都是这种学习观的具体体现，它符合信息时代对综合素质、创新人才的培育要求，是我们应该坚持和不断实践的学习观。它克服了主客二分学习观的诸多弊端，具有如下的优势和功能：

（1）在知识的性质和标准方面，主客一体的学习观既承认知识的客观性，也承认知识的主观性，既注重个体知识、本土知识也关注公共知识

总体看来，客观主义学习观和主观主义学习观都有其自身的关注点和优势所在，走向互动融合是必然趋势。客观主义与自然科学的发展具有紧密的联系，是在自然科学大力发展的基础上产生的认识论，强调知识的实证性、客观性、中立性等，这是对自然科学领域知识属性的代表性描述，是以外部世界为中心的，对人的态度、情感、价值观等人文性对知识的影响不予关注；主观主义强调知识具有主观性，是对客观主义知识的客观性的批判和解构，是对人文、社会科学知识属性的代表性描述，人文、社会知识具有人文性、价值性、理解性、建构性等，是以人为中心的。而知识不仅包括自然知识也包括人文、社会知识、个体知识、本土知识，科学知识和人文知识、个体知识、本土知识等具有互补性、互通性，人文知识、个体知识、本土知识等为科学知识提供给养，科学知识为人文知识、个体知识、本土知识提供方法论基础。"在许多领域里，本土知识、人文知识、个体知识在与科学知识系统的对话和相互作用中发展、变化，科学知

识创新系统也在不断吸纳本土知识、个体知识、人文知识的内容"①。如果一味地强调知识的客观、实证、中立，或一味强调知识的主观性，都是不科学的。因此，只有坚持科学知识和人文知识的互动，在互动中生成彼此，促进彼此的共生和共同发展才是合理之道。"人类生产知识的基本目的有两个：生存和意义。理解和控制环境是为了生存，努力探寻人与自然背后的原因是为了寻求生存的意义，为此，人类构建了与环境多样性相适应的多样性的知识系统，这些知识系统完全可以跨越方法上的差异和隔阂，走向联合、融通"②，从而达到促进知识创新和持续发展。

（2）在学习观方面，主客一体的观点超越了主客二分的不足，走向互动生成

1）在学习的价值层面。超越了客观主义的工具理性和主观主义单纯人文理性，既注重学习者客观知识的获取和相关技能的掌握，也强调学习者的情感、态度、价值观的提升和培养，这也正是新课程之精神和价值所在。

2）在学习内容层面。一方面，学习者学习作为知识陈述形式的概念、范畴、逻辑等基础的科学语言，关注对科学家和研究者生产的知识的学习，以便进一步从事科学知识的生产和研究，获得改造周围客体的知识与技能，以提高学习者自身的力量。另一方面，人文知识、个体知识、本土知识为学习者提供了精神给养、意义理解、价值判断等，学习主体通过对这些知识的学习增强其人文素养，丰富心灵，提升境界，发展自我。"人文知识是关于人的命运的知识，生产一种人文知识就是在策划一种生活"③。人文知识的学习和内化有助于提升人的境界，过更加有意义、丰富的生活，"使得人不生活在'个体性'那里而显得自私和狭隘，也不生活在'社会性'那里而显得俗气和压抑，而是生活在'类特性'那里，活出人的趣味、人的尊严、人的价值，在社会生活中肩负并实现人的使命"④。个体知识是产生于个体的隐形知识，具有境遇性、文化性等，个体知识对于主体的认识和实践具有重要功能和作用，正如当代著名心理学

① 张永宏：《本土知识与科学知识：差异、联系和互借》，《思想战线》，2010 年第 6 期。
② 同上。
③ 赵汀阳：《知识、命运和幸福》，《哲学研究》，2001 年第 8 期。
④ 石中英：《知识转型与教育改革》，教育科学出版社 2001 年版，第 312 页。

家斯腾伯格所言，"个体知识既能成为一种提高行为效率的资源，也能成为导致行为效率低下甚至是失败的根源。个体知识的功效取决于人们对它们的接受及有效使用。"① 本土知识是促进社会内在发展的重要力量，是解决自身发展的主要武器。因为"发展越来越被看成是一种唤醒的过程，一个激发社会大多数成员创造性力量的过程，一个释放社会大多数成员个体作用的过程，而不是被看成是一个由计划者和学者从外部来解决问题的过程"②。

3）在学习方式层面。互动与生成是主客一体学习观所坚持和倡导的学习方式。主客一体的学习观不再关注学习主体对学习客体的符合还是学习主体对学习客体的主观诠释，而是从主客的相互作用的关系出发，强调在互动、对话中相互建构与彼此生成，强调彼此之间的"共识"。"这种'共识'在伽达默尔那里是由视域融合而产生的新视域；在伯姆那里是主体通过对话而产生的'共享性的意识'；在哈贝马斯那里是主体间通过交往对话而形成的'真理性共识'"③。同时，随着对话、互动的深入，随着对话、互动的场景、互动对象、深度等的不同，会生成不同的知识内容和形态，在互动与对话中，知识不断变化、生成和发展。因而，主客一体的学习观既是从客观知识出发强调对人类客观知识的学习、吸收，也注重从动态的知识观出发强调学习的自主的建构生成，学习的最终目的不是完全掌握科学家、专家的知识和理论，而是为了促成生成，即生成个体的知识和能力，建设具有个性化、创新性的学习主体，而生成的根本手段就是交往、互动与对话。

① Sternberg, R. J. &Horvath, J. A., ed. *Tacit Knowledge in Professional Practice: Researcher and Practitioner Perspectives*, London: Lawrence Erlbaum Associates inc, 1999. p. 236.

② Ribes, Bruno., *Domination or sharing? Endogenous Development and the Transfer of Knowledge*, Paris: Unesco Press, 1981, p. 73.

③ 何菊玲：《教师教育范式研究》，博士学位论文，陕西师范大学，2008年，第66页。

第四章　学习观视野下的教师网络学习范式的基本形态

从上述的分析论述中可知，基于主客二分的学习观其本质上是一种静态的学习观，呈现接受、个体自主建构是其学习观的核心特征；基于主客一体的学习观则强调学习的互动性，是一种互动生成的学习观；因此，主客二分学习观视野下的教师网络学习范式包括专家中心的呈现接受学习范式和教师中心的学习范式；主客一体学习观视野下的教师网络学习范式是互动生成的学习范式。下面对此进行系统阐述。

第一节　主客二分学习观视野下的教师网络学习范式

一　专家中心的教师网络学习范式

（一）哲学层面：教师学习的信念

1. 专家共同体：教育专家是教师学习知识的生产者

由于客观主义的学习观强调知识是独立于人的客观实在，知识具有价值中立性、普遍性和客观性，掌握这些知识成为学习者的主要任务，而科学家、专家等则是这些客观知识的发现者、生产者，因而共同体是基于科学家、专家的共同体，学习者是知识的被动接受者，科学家、专家是共同体的权威、核心；同样，在教师学习领域，客观主义学习观指引下的教师学习范式中，其共同体是以教育专家为核心的政府、教育行政部门、教育信息技术企业等的共同体，教育专家是教师学习知识的来源，负责教师学习知识的生产，教师是基本排除在共同体之外的。其中，政府主要提供教师学习、发展的资金、政策支持，教育行政部门主要负责教师学习、发展的规划、组织和实施工作，教育技术专家、教育专家主要负责教师网络学习理论与实践的业务性工作，教育信息技术企业主要提供教师学习的信息化软件、资源、硬件设备等，由此看来，教师作为核心的利益相关者是缺位于共同体中的，教师基本不参与与自身密切相关的学习项目的设计工作，教师是被设计、被学习与被发展的对象。

2. 共同体的信念：客观主义学习观

（1）为何而学习：外在的工具理性

客观主义学习观的教师学习坚持这样的信念：一方面，强调对客观、普遍、价值中立的教育教学专业知识、学科知识的掌握，将教师视为接受知识和占有知识的工具，注重标准、统一、程序化和效率化；另一方面，教师学习强调教师对教学知识、学科知识的传递技能的掌握，将教师视为有效能的"教学专家"，注重对教师的标准化的教学技能的专业化训练。

对教师的专业知识的追求固然重要，但教师首先作为一个人而存在，其次才是一种职业，因而教师的精神、心理则是教师作为人的存在的人文体现，外在的工具理性仅仅关注专业知识的学习而对教师的精神建设与完善、教师心理发展与生存境遇等较少关注。其一，客观主义学习观忽视教师精神的建设。教师精神是教师内在的、对人生与教育本质上的理解与追求，它是教师作为人的存在和作为教师的存在的基本价值观和基本信念，是教师专业发展的基本前提，主要包括：个人精神、教育精神。个人精神体现为对人生的认识与价值观，是教师作为主体的人的基本信仰与世界观、价值观等；教育精神是教师对教育教学的理解、信念和价值观等。教师精神对教师专业发展具有巨大的潜在作用，客观主义的学习观往往忽视了对教师精神的培育，认为"专业化是改善与解决教师生存状态与教育问题的突破口"[①]，从专业化视角关注教师的生存固然有其合理之处，但缺少了对教师作为人的存在的生命的关怀，还是将教师作为"工具化"的人去看待。其二，忽视教师心理素质的关注。教师作为一种职业，其教育的对象是人，教师的心理健康直接关注到学生的健康成长，关系到其教育教学工作的积极性、创造性，关系到教师的人生、教育生活的幸福，因此，教师的心理素质是其专业素质的重要组成部分，教师心理健康是教师

---

① 朱新卓：《专业：教师生存状态与教育问题的一个分析视角——兼答教师职业为什么要专业化》，《教育理论与实践》，2004年第5期。

心理素质的一个重要反映。教师心理健康的标准既有一般心理健康标准的共性，也有其职业特殊性；教师心理不健康的主要表现有：生理—心理症状、人际关系问题、职业行为问题和职业倦怠等；造成教师心理不健康的有社会因素、职业因素和个人因素①。因此，重视教师心理素质的培育，通过学习，使教师认识和掌握心理健康的重要性及其知识，提高心理健康水平和心理调节能力是教师学习义不容辞的责任。

（2）学习什么：以专家等知识为主的生产消费模式

客观主义的学习观强调学习科学知识才是最有价值的知识，人文知识、个体知识与本体知识等则不受重视。基于客观主义学习观的教师学习在教师学习什么的看法上也强调最有价值的知识，认为来自教育教学专家的知识、城市学校优秀教师的知识、西方的教育教学理论知识等对教师学习来说是有价值的知识，教师的学习就是学习和应用这些知识；但对于有关人文精神、师德、教师个体知识、本土化的知识则不受重视，这样一来，教师学习成为一种崇尚、学习、应用、模仿专家理论为主的过程，知识和理论的生产是专家的事情，学习应用是教师的事情，生产消费成为客观主义教师学习的基本观点和基本模式。具体体现在以下几个方面。

1）专家中心：教师个体知识不被重视

客观主义的学习观认为，知识生产是不受任何社会文化影响的客观过程，是专家用科学的方法进行研究而生产的，只有这样的知识才被认为是合法的、真正的知识，教育专家、教育技术专家以及以实验、实证研究为主的教学心理学家是教育教学、学科知识等的生产者，高校和科研机构是生产知识的场地，教师学习的主要任务是接受这些专家的知识、理论、模式、方法等，然后在自己的教育教学中开展实践应用工作。教师学习成为一种聆听专家讲座、记录学习笔记、领会专家的理论、应用专家的理论的过程，作为教师的个体知识、经验知识往往不被重视，难以得到总结和提升。

2）城市中心、西方中心：地域性、本土化知识不受重视

一方面，城市是政治、经济、文化的中心，在那里集中着相比于乡村

①　俞国良，曾盼盼：《论教师心理健康及其促进》，《北京师范大学学报》（人文社会科学版），2001年第1期。

更加优越的教育资源，于是，教师学习的资源大部分来自于城市或发达地区的学校，特别是城市学校教师的课堂实录、教育教学方法、教育教学模式等成为教师学习的重要内容：首先，开发包括城市课堂实录、教学案例等课程资源，并将这些课堂实录通过网络传递给乡村学校供教师们学习；其次，将教师送往城市学校开展实地学习。这种学习的确起到了作用，但作用有限，由于城市资源与农村教师所需存在差异，城市学校在教学条件、学生来源等方面远远优于农村学校，农村学校需要的资源城市里难以提供，城市提供的学习资源难以适切农村的实际需要，这就是很多教师反映的：学习的时候很兴奋，但在实际应用中却发现不现实，农村所生活的环境、条件、学生生源等不同于城市，我们需要适合农村的、本地域的学习资源、理论和模式等。另一方面，由于客观主义学习观注重知识的客观性与普遍性，科学知识被视为客观的、价值无涉的，因而具有普遍性，可以超越国家、民族、地域等进行广泛传播，在这种理念的指引下，那些产生于西方的一些教育教学理论与模式等实证知识受到了重视而被引入国内，教师在学习模仿西方的亦步亦趋中发展，"就近年来我国教师教育研究的成果而言，尽管其研究成果十分丰富、范围相当广泛、研究方法也非常多样，但从其隐含的价值选择考察，其成果不是借用西方理论或方法来探讨中国的教师教育问题，就是用我国教师教育研究的经验、做法或案例来佐证西方某一理论或方法的正确性，即便是所谓'纯粹'的实证研究或经验研究，也不难从中发现这一点"[1]。

（3）如何学习：呈现接受

由于客观主义强调知识的客观性和价值中立性，呈现接受是客观主义的学习方式。在客观主义学习观的指引下，教师学习活动是一种外在的反映过程，教师学习是接受由教育专家生产的教育教学知识，因而一面是知识的呈现者，一面是知识的接受者，呈现与接受构成了教师学习方式的全部含义，即学习就是呈现和接受。这种呈现接受的学习观，只强调知识的系统传递和高效率的接受，但其致命的弱点是忽视了教师作为学习者的特殊性，即教师既是学习者也是学习资源，因为教师是有经验的学习者，他

---

[1] 楚江亭：《"文化自觉"与教师教育研究的价值选择》，《教师教育研究》，2007 年第 4 期。

们在实践中形成的教育教学经验也是学习交流的有益资源，而客观主义的学习观忽视了教师经验的存在，忽视了教师的个体理解以及个体知识，剥夺作为个体理解、个体建构的价值和合法性，将教师作为一种规训的对象，长期以来形成了教师学习的应付、被动现象。

3. 网络信息技术的定位：服务于呈现接受的工具

客观主义的学习观对待网络信息技术的看法是工具理性的，是工具论的观点。即客观主义学习观将网络信息技术看作是外在于学习者（教师）的独立存在，教师与网络信息技术的关系是利用与被利用的关系，网络信息技术作为一种工具而存在，网络信息技术在学习中表现为传递知识的媒体，网络信息技术是学习信息的承载物，其主要功能是为知识的呈现和传递而服务的。网络信息技术作为一种媒体实现了学习内容的编码、发布和传递，实现了学习知识的跨时空呈现、信息传递、知识表征、信息管理等基本功能：在学习内容上，主要以视频录像为主，即将专家面对面的讲座通过拍摄和编辑变成视频录像或将城市优秀教师的课堂进行实录、编辑为视频课堂，借助于网络学习平台跨时空传递给学习者（教师）那里；在学习方式上，作为学习者的教师则自主安排时间开展自主学习，虽然也有交互，但交互极其有限。因此，总体看来，在客观主义学习观的指引下，网络信息技术是外在于教师的工具体系，与教师的发展没有内在关联，着重强调网络信息技术对知识的呈现和传递的桥梁作用，支持知识的呈现与接受，从而强化呈现接受的学习观，并没有改变教师的学习方式。

（二）社会学层面：教师学习的理论取向

1. 以行为—认知主义为理论基础

学习理论历经行为主义、认知主义、建构主义的发展，其中，行为主义和认知主义是基于客观主义认识论的学习理论，行为主义认为学习是刺激与反应之间的联结，认知主义认为学习是内部的信息加工过程，无论是关注外部还是内部，行为主义和认知主义都承认知识的客观性，知识是外在于学习者的，无论是刺激与反应还是内部的加工，但都是对外部知识的习得，不存在任何学习者个体主观性的理解与诠释。在行为—认知主义学习理论的指向下，教师学习是一种行为训练和知识接受的过程。教师学习是围绕着教师应具备什么样的技能和知识来开展的，并通过技能的训练、知识的输入来完成对教师的培养。如学者凯利将这种取向的观点总结为[1]：①行为—认知主义提倡教师的专业知识完全存在于教师个体头脑之外，并采用了简单化的教师知识观；②假定存在知识迁移过程，将知识、技能的获得和使用分离；③采用学习即获得知识的观点，忽视了教师学习的复杂性；④忽视教师工作所处的广泛社会背景，以及教师带入工作中的观念，包括作为教师的身份认同。

2. 以"知识本位"与"技能训练"为基础理论取向：教育理论规范教育实践

知识本位理论强调对专家知识的学习，这种专家知识是具有客观性、普遍性的教育理论体系，它是专家通过价值中立的立场、严谨的研究程序，从纷繁芜杂的教育现象背后发现更为深刻的教育教学本质和规律即教育理论知识，这些教育理论知识是"科学研究"的产物，因而是权威可信、具有普遍适用性的"真理"体系，它能够对教师的教育教学实践进行规范和指导，作为教育实践者的教师，应当不断学习这些理论知识以使自己的教育教学更加符合科学性。在这种理论知识取向下，教师学习成为排除自己任何经验和个体意见，忠实地学习和履行教育专家、教育研究者们的理论和规则。将教育理论视为普遍、客观的规律或真理，无论是职前教育或是在职学习，都强调把专家知识有系统地灌输给教师，使教师们都能具备专家知识以应付教学上的需求[2]。通常在我国这些理论知识有："教育学"、"心理学"、"教学法"等等。

技能训练理论注重对教师教学技能的训练，分析影响教学行为的变量，规定教师教学行为要求、制定相应的标准，以此为目标，通过训练使教师达成外显的教学行为要求和标准。这种理论注重教师技能的提高，在短时间内能够使教师具备相应的技能，但其核心思想是将教师培育视为"生产产品"的过程，培育的是"教师匠"而非专家型教师，忽视了教师面对的是不断生成和变化多样的教育教学情境这一重要问题，注重外在的教学方法而忽视了内在思想的培育和提升，不利于教师的发展。

---

① Kelly, P. "What Is Teacher Learning?", *Oxford Review of Education*, issue 4, 2006.

② 周成海：《客观主义—主观主义连续统观点下的教师教育范式：理论基础与结构特征》，博士学位论文，东北师范大学，2007年，第36页。

（三）人工操作层面：专家中心的呈现接受式教师网络学习模式

1. 学习动机激发：以外部驱动为主

主要依靠外在动机激发来维持教师的学习。教师的学习不是来自于内心的真实需要，不是积极主动的。教师的学习是为了获得证书、获得职称晋升的条件、各种奖励以及外部的规定等。这些外部的条件推动着教师的学习，因而教师学习是被动的学习。产生这种现象的原因主要是教师学习是自上而下的外部推动而不是自下而上的内部驱动，即教育行政的自上而下的行政性、强制性的推动和教育专家的外部规训：教育部门掌握着相应的权利和资源，对教师的学习以控制为主要特征，通常是通过教师评价标准的制定、教师资格证书制度、定期换证制度的建立、教师学习课程标准等手段来实现对教师学习进程、方向的控制；教育专家在教育行政部门的组织下主要对教师实施培训，为教师提供学习内容，实现对教师学习内容和课程的控制；教育技术企业在教育部门的行政引导下为教师提供学习的硬件环境和软件资源；由此看来，教师在上述部门和利益主体的多种力量控制下实施学习和专业发展，教师的学习维持主要是外部的推动，教师成为被动的学习者，被置于"被教育"或"被塑造"的地位，"自主发展"的意识受到抑制。

2. 课程资源：行为目标导向的统一课程

（1）行为目标导向

行为目标是以具体的、可操作的行为形式加以陈述的课程目标。它指明教学过程结束后学习者身上所发生的行为变化。行为目标的基本特点是目标的精确性、具体性和可操作性，因此便于安排和有效控制教学过程，同时由于行为目标以可观察的行为形式来呈现，所以很容易对学习进行准确评价①。行为目标导向的课程具有如下特征：首先，以学科知识的掌握为目标。他们的内在逻辑就是只要掌握学科知识、教育理论知识，就能带来教育教学行为的转变，因此，在教师学习课程设置上，追求对教师学科知识、理论知识等的呈现和灌输，以掌握、理解和应用这些知识、理论为主要目标。其次，以对学习者的量化评价为主。其评价的目的主要是为了

---

① 武法提，黄玲：《行为目标导向下以学科为中心的网络课程设计》，《中国电化教育》，2008 年第 8 期。

检验教师对所学习内容的掌握情况。在评价内容上，注重对学习时间、学习作业的完成数量、论坛的发帖数量等可见的行为；在评价的处理方式上主要以量化为主，往往对知识掌握的评价所占比重较大，对于其过程的表现等不予关注，对于其学习质量等关注较少。

（2）统一课程

统一的课程内容。教师学习应当掌握理论知识，因而课程内容围绕这一既定目标，在课程内容的设置上是以教育理论知识为主，这些教育理论知识是对不同的教育现象的解释，对其背后的规律的概括，从而发展出不同门类的教育理论，如教育哲学、教育心理学、教学法等，以此作为教师的学习课程。客观主义强调对普遍性知识的追求，表现在教育领域则为教育"科学化"，研究"科学化"，并且随之发展，教育科学分化为多种二级学科，拥有许多学科群，于是教育科学及其二级学科等逐渐进入到教师学习的课程之中，造成教师学习课程的理论化；与此同时，教师专业主义的兴起，为了使教师也像医生、律师等行业一样专业，教师学习课程设计上越来越强调专业理论的地位。

课程表现形式方面。为所有学习者（教师）提供整齐划一的课程资源，统一的学习进度。主要体现在：其一，以必修课程资源为主，缺少选修课程资源，整齐划一的必修课程作为所有教师学习的内容，而对于体现教师个性化选择的选修课程不予重视；其二，为教师提供的是以结构化的课程为主，缺少非结构化的课程，注重对补充学习材料、音视频媒体资料、练习、测试题等结构性课程资源的建设，对于网络教师（教学经验、组织管理技巧）、学习伙伴（通过交互获得的知识、观点和想法）、同步或异步交流内容、网络外部链接等非结构化资源的构建则不重视[①]。

3. 网络学习平台

在该范式中，网络学习平台的作用是延伸了传统课堂的时间和空间，重在学习内容的跨时空提供，用网络信息技术来实现对资源的呈现和传递。主要表现在：

（1）专递课堂、名师课堂、视频实录等形式。专递课堂主要是实现

---

① 武法提，黄玲：《行为目标导向下以学科为中心的网络课程设计》，《中国电化教育》，2008 年第 8 期。

农村地区的一些课程正常开设，名师课堂、视频实录主要是将城市里、发达地区的优秀教师的课堂实录传递给农村学校，供教师学习使用。

（2）网络课程。将纸质版教材内容电子化为网页形式发布在网络学习平台上，或者将教师授课课堂实录成"三分屏"，学习者（教师）通过登录网络学习平台，进行观看视频录像的形式进行学习。

（3）作业提交与在线测试。网络信息技术平台为学习者（教师）提供作业的上传功能，为了测试学习者对学习内容的掌握程度，网络信息技术平台一般设有试题库，通过在线测试获得对所学内容的掌握反馈信息。

（4）交流。网络信息技术平台一般设有 BBS 论坛、讨论区等，但由于受客观主义学习观的影响，论坛的交流互动功能发挥得很有限。

网络学习平台在这种学习范式中主要体现为呈现信息的功能，使得教育专家从传统面对面的讲授转变为网络信息技术平台上非面对面的讲授，传统环境下教师在同一时间、同一地点聆听专家的讲座，网络环境下变成了坐在电脑前聆听专家的讲授，因而网络学习平台的作用仅仅是实现了传统讲授式培训的跨时空延伸和扩展，在学习范式上还是灌输接受式。

4. 教师学习模式

在学习模式上，是专家中心的呈现接受式教师网络学习模式，如图 4.1 所示。这种学习模式为：

（1）学习目标。学习目标以"知道、领会"为主。主要是以培养学习者（教师）的低阶能力为主，按照布鲁姆的教育目标分类，低阶的学习目标主要是"知道、领会、应用"层面，而对于"分析、综合、评价"等高阶思维能力的培养不予关注。

（2）网络学习平台。网络学习平台的主要作用就是为学习者（教师）呈现课程内容信息，发布相应的作业信息；接受来自教师提交的作业；提供量化评价的反馈信息。

（3）学习活动设计。在学习活动设计上，注重个体为主的学习活动设计，忽视对群体协作互动的学习活动设计。在学习活动的取向上，以控制学习者的学习为主要特征，学习者的学习自由度不大。这类学习活动主要是传统的呈现接受式的学习活动：学习以个体为主，要求学习者以视听的方式、独立自主学习课程内容；在任务设计上，主要是学习者个体独立完成作业，作业的设计以掌握知识为主；在学习评价上，是以传统的量

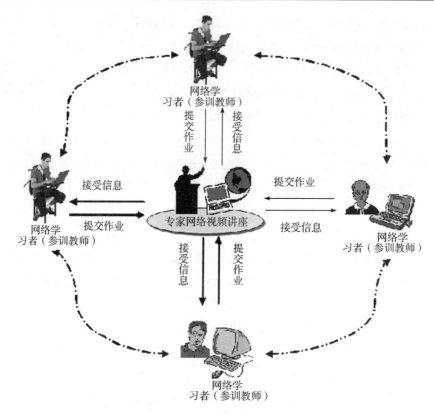

图 4.1　专家中心的呈现接受式教师网络学习模式

（虚线：偶尔互动的弱联系　实线：强联系）

化、结果性评价为主（如学习了多少时间、完成了多少量化的作业等），不注重过程性的、全面性评估（如对学习者之间的交互等则较少评价）。

（4）学习方式。被动接受的学习方式。如图 4.1 所示，教师的学习主要是两大方面：一是接受来自网络的课程信息，一是独自完成作业、提交作业（图中用实线表示）；而关于教师与教师之间几乎没有互动交流，基本上是偶尔进行交互（图中用虚线表示）；教师与专家之间的互动基本没有发生，课程开发者只是将专家的视频课程放于网上供教师学习，教师与专家之间没有相应的互动。因而这种学习模式基本是教师与课程资源的交互，由于是统一的进度、统一的学习内容，教师必须按照统一的步调、统一的学习评价要求进行学习，教师只有在学习的地点、学习时间上有相对自由的选择，而在学习内容、学习进度、学习评价等方面没有自主选择的权利，因而教师的学习方式是以他主为主要特征，主要采取"视听网络视频课程＋提交作业"的形式开展学习。而基于同伴互助、专家互动、角色扮演、小组合作、讨论交流等协作学习基本不予开展。在这种学习方式下，教师的学习是对外部信息的单一接受过程，没有双向或多元的互动，教师成为孤独的学习者，成为规训的对象，成为灌输的接受者，成为被动的学习者，对学习要么从心理上排斥、要么难以理解其内容、要么难以应用到实践，于是就出现了"为了学习而学习"的现象，学习仅仅是为了完成学习任务，成为一种被动应付的事情。另外，教师难以将所学内容应用到教育教学实践中，出现了所谓"培训回潮"的现象（即教师在学习的时候似乎明白了一些，有应用的冲动或计划，但回到工作岗位后由于缺少相应的互动与交流往往使得应用搁浅，使得培训学习停留在知道了解的层面）。

二　教师中心的网络学习范式

（一）哲学层面：教师学习的信念

由于客观主义强调对专家知识的学习，教育专家和教育行政部门是教师学习的两种主要规训力量，教师的自主性没有得到体现，教师是被动的学习者，是被发展的人。而主观主义则强调人的主体性，反对知识的客观性。受主观主义影响，教师网络学习范式是以教师为中心的，体现教师作为学习者的主体性，在哲学层面，教师的学习信念主要体现在以下几个方面。

1. 教师共同体：教师是教育知识的生产者，从"被造"走向"自造"

主观主义一方面关注作为主体的人的存在，凸显的人的尊严和主体性，承认独特的个人观点的价值，尊重人的自由意志和个别差异；一方面认为知识来源于建构者自身，并且仅仅与建构者自身有关；知识不是普遍的，是与特定社会、文化境域的产物；知识具有价值特性，是主体和社会的价值趣味与文化偏好的反映。主观主义下的教师学习是以教师为中心的，具体体现在：其一，教师教育或教师学习是为了培养人格健全的、具有个性化教学风格的教师，而不是像客观主义那样只关注教师知识与技能的增长，忽视教师情感、个性、人格发展对学生的影响，忽视教师个性化教学对学生创新思维和能力培养的重要性。其二，教师才是教育教学知识的真正生产者，教育教学知识不是来自于教育专家，而是来自于作为教师自身。教师的个体知识和实践知识，才是教育教学知识的真正来源。其三，教师的发展是基于教师自身，基于同伴互助的教师共同体的，任何外部的规训都是不利于也不可能真正实现教师发展，教师个人反思、个体经验与知识、个人实践应该受到真正的重视。教师是专业发展的主体，教师发展从他主走向自主，由外部规训走向内部思维，从强调"专业发展"到强调"教师"，发展成为一种内在的唤醒过程。

2. 共同体的信念：主观主义学习观

（1）为何而学习：内在自主的个性发展与信念的导正

一方面，学习目的是教师人格的发展，教师个体精神的发展，师德的提升。教育是人的活动，教师个人情感因素、个性特征等不可避免地会参与到自己的教育教学中，教师对待学生的态度以及教师自身的人格因素在其教育教学中扮演着重要角色，很大程度上影响着学生学习的效果，因而，教师学习应该是强调教师人格的发展；教师精神的建设与提升是教师学习的内在追求，教师心理素质的提升是教师学习的重要目标，教师学习应当充分重视教师精神的培育，不仅仅是对教师专业知识技能的提升，更重要的是对他们是作为"人"的存在、作为教师的存在的内在唤醒和提升，促进教师心智、品格成长、心理成熟和人格健全。正如人本主义者罗杰斯所言，"教育的目的是为了促进学生的学习，而优秀教师应该是学习的促进者，因此，他必须具备赞许、接纳、信任及情感理解的态度，唯有如此才能激发学生自发的、感性的学习"①。他们认为，优秀教师必须具备以下人格特质：情感特质，教师应该对学生的知觉保持敏感，并以此作为其行为指南；积极的自我观念，教师能以积极的态度正视自己，对待自己；信赖别人，教师能以信任、友谊的态度对待学生和他人；具有开放的、积极向上的理想与目标；为人真诚，胸怀坦荡②。

另一方面，教师学习旨在导正教师的信念，而非教育理论知识的传递

---

① 陈照雄：《当代美国人文主义教育思想》，五南图书出版公司1986年版，第442页。

② Arthur W. Combs，"Teacher Education：The Person in the Proeess"，*In Edueational leadership*. April 1978，p. 558.

与接受。教师的教学信念和专业认同是影响教师教育教学行为的深层次原因。教师信念指的是，教师在教学情境与教学历程中，对教学工作、教师角色、课程、学生、学习等相关因素所持有且信以为真的观点，其范围涵盖教师的教学实践经验与生活经验，构成一个相互关联的系统，从而指引着教师的思考与行为①。教师专业认同指的是教师对自己作为教师的主观理解和整体看法。教师对教育教学理论知识的学习和应用是基于个人理解、个体价值观基础之上的，即使教给教师大量的教育理论和一套技术性规则，他们在实施教学时往往是基于自己的教学信念与专业认同的情况下进行的，参与着自己的主观理解，因此，外在的强加于教师的规训可能带来教师行为层面的某些改变，但根深蒂固的深层次信念和价值认同仍在主导着教师的教育教学行为。真正意义上的变革在于"人"的改变，而人的改变深层次是人的信念和价值观的改变。因此，教师学习的目的不是传递教育教学理论知识和相应的技能训练，而是要导正或确立教师信念，帮助教师建构自己的专业认同。主观主义教师学习范式认为，与其用一个固定的外在目标去塑造不同的个体，使教师成为"原本不是的那个人"，倒不如承认每位教师基于自己的观念和假设进行教学的事实，教师教育的目标在于引导个体内在心灵的完善，修正他们持有的不合理的价值信念，把意义建构的责任交给教师自己，虽然它也提供一定的引导，但是并不企求通过这种引导使教师"标准化"②。

（2）学习什么：人文知识、教师个体实践性知识、本土教育教学知识为主

首先，人文知识与培养教师健全的人格，提高其心理素质的学习目的相对应。包括教师成长、人文关怀、师德修养、心理健康等知识，关注教师作为人的存在，关注教师的生存境遇，关注教师的精神与教育理想等。其次，由于教育情境的复杂性和不确定性，来自于外来的专家知识面对具体的教育情境往往产生了理论难以转化为实践的困难，因而主观主义批判客观主义的专家为核心的知识学习，转而为以教师自我实践性知识、个体

---

① Pajares, M., "Teachers' beliefs and education research: Cleaning up a messy construct", *Review of Educational Research*, Vol. 62, No. 3, 1992, pp. 324—326.

② 周成海：《客观主义—主观主义连续统观点下的教师教育范式：理论基础与结构特征》博士学位论文，东北师范大学，2007 年，第 163 页。

经验为主的反思式学习为主，教师的个体知识、本土知识才是教师学习的主要对象。一方面，在教学中，专家或熟练者的能力无法直接地传授给他人，也就是说，在教学领域中，方法不是公共的。在这个教师算是好的、有效的方法，对那个教师而言未必也就是好的[①]。即教师具有自己的个性，教师个体实践性知识是有别于专家知识、有别于大众的在教育教学的实践中获得的知识，它是以特定教师、特定教室、特定教材、特定学生为对象而形成的知识，是作为案例知识而积累、传承的，重视对这些知识的学习，才是教师学习的真正目的所在。另一方面，本土知识，是教师自己身边的知识，是本土化的知识，是教师喜闻乐见的"草根"知识，汲取这些知识对于教师的发展具有重要意义。由于教师面对的是自己特定的教育对象、教育情境，必须有本土化的知识和理论来指导和实践，而来自专家的知识、理念或城市优秀教师的知识必须建立在本土化的基础上才能够产生实际指导和应用价值。于是，教师的学习应该是向自己的同伴学习，向身边的人学习，学习个体实践性知识、本土化知识等。

（3）如何学习：自我导向式学习

教师的学习是教师自己的事情，外在的强加于教师的学习忽视了教师的个体差异和作为主体的人的存在，主观主义下的教师学习强调教师的自我导向，即教师具有主观能动性，能够自己设计适合自己的学习发展方案，教师的学习是自我选择学习内容、自我制订学习计划和方案、自我决定学习进度、自我评价的自主能动的过程，是一种自组织的过程。任何外在的学习规训、自上而下的学习推动、外部组织的学习形式难以真正进入教师的教育生活而产生实在的效果。教师的自我导向的学习视教师为主体，视教师为学习资源，视其经验为丰富的学习资源，以学习以任务或问题为中心，以教师的好奇心及学习欲望为内在动力。

3. 网络信息技术的定位：支持教师个性化发展

一方面，网络信息技术为教师的主体性和能动性的提升提供了极大的支持。"在每个电脑终端，每个人可以根据自己的价值取向，自由选择活动的对象目标和运作内容，能够以独立的主体身份操作，平等地享有充分

---

① 施良方、崔允漷：《教学理论：课堂教学的原理、策略与研究》，华东师范大学出版社1999年版，第429页。

的主体性地位"①。网络信息技术为教师提供了一个多元化的虚拟世界，教师可以依据自己的价值取向，自由地选择学习的对象和开展自组织的学习活动，教师作为人的主体性得到了极大的提升。特别是网络信息技术为教师个性化的学习提供了很好的平台，为教师提供海量的信息资源，满足教师个性化的差异需求，为教师的自主学习提供了便捷的环境，教师利用网络开展自主学习，能够实现自主选择学习内容、自主决定学习时间和学习地点、自主决定学习进度和开展自我评价等。另一方面，网络信息技术满足教师个性化展示，教师可以通过网络空间来展示自我，与其他学习者、专家等发生互动交流，扩展了学习的时空。"在这自由的空间里，主体可以充分发挥自己的才智，可以尽情地在网络时空中遨游，从而体验到以前从未体验过的自主感和自由感，切实感受到主体性的高扬，使主体意识不断得到强化"②。

（二）社会学层面：教师学习的理论取向

1. 以建构主义为理论基础

建构主义认为：（1）学习不是把客观知识输入头脑的过程，而是主体以经验为基础，运用自己的头脑形成对事物或现象的解释和理解的过程，是自我建构的过程，对事物的意义是个体内在理解、诠释和自主建构的产物。（2）学习不是客观主义去情境化的，不是将知识从具体的情境中抽离出来供学习者学习，而是强调学习的情境化，学习是在具体的情境和背景中发生的。（3）学习者不是被动地等待环境的刺激与塑造，而是刺激的主动寻求者、环境的主动探索者，他们是在与周围环境相互作用的过程中，逐步建构起关于外部世界的知识③。在建构主义学习理论下教师学习成为一种自我反思、主观理解与实践的过程。即教师学习不是获得专家的知识的过程，是一种体验、理解、反思等为主的自我建构的过程，教师通过个人实践经验的反思，采用自我觉察的方法，主动进行反复的、审慎的内隐性思考与个人理解，以此检视、分析自己原来所持的信念价值与基本假定，从而不断获得对教育教学的新的理解，从而达到专业知识和技能的增

---

① 宋元林，等：《网络文化与人的发展》，人民出版社 2009 年版，第 261 页。

② 李超元：《凝视虚拟世界》，天津社会科学院出版社 2004 年版，第 30 页。

③ 何克抗，郑永柏，谢幼如：《教学系统设计》，北京师范大学出版社 2002 年版，第 161 页。

长。

2. 以"经验学习"、"反思与行动研究"为基础理论取向

教师学习的经验论。客观主义的学习观认为教育理论规范教育实践，其基本思维逻辑就是"理论指导实践"，把教师看作是专家、研究者理论的"储存器"，认为只要把一套好的理论与方法填充其中，教师通过学习然后应用就可以达到教师恰切的教育教学行为。经验学习论源自于杜威的教育哲学，杜威认为，经验学习的最基本的定义为"做中学"。即教师的学习必须根植于其教育经验和教育生活本身，教师学习是促成其个体经验的改组和改造，从而产生新的知识；面对教学的情境性、复杂性，专家知识往往难以解决问题，因此，教师学习不仅是对系统知识的掌握，更重要的是对复杂教学情境中各要素及其动态关系的深入了解①。教师学习只能是在自己经验的反思与发展中进行。

教师学习的"反思学习"论。教师反思学习理论认为，教师学习就是"通过教育教学实践来创造知识"的过程，教师通过基于实践活动的具体经验→反思观察、体验→顿悟产生出新的原理、观念，形成个体知识→将新观念、新知识再应用加以检验②。教育教学实践并不一定带来学习与领悟，必须通过反思才能产生学习，故反思是教师学习的最重要的形式。

"行动研究"论。教师行动研究是基于建构主义学习理论的，以教育教学中的问题为基础进行研究，教师既是教育教学的行动者也是研究者，这是教师成长的重要方式，也可以更好地关注学习的需要，以此来建构教师个人的教育知识③。

（三）操作层面

1. 学习维持：以解决实际问题、自主发展为主

教师学习的动机不是为了获取证书、职称晋升条件、各种奖励等外在的东西，学习的维持不是外部的刺激和规定，而是为了解决自己教育教学中的实际问题，为了真正实现自己的发展，学习来源于内在的需要。即教

---

① 毛齐明：《后现代视野中的教师学习》，《咸宁学院学报》，2005 年第 5 期。

② 周成海：《客观主义—主观主义连续统观点下的教师教育范式：理论基础与结构特征》，博士学位论文，东北师范大学，2007 年，第 238 页。

③ 朱旭东：《教师专业发展理论研究》，北京师范大学出版社 2011 年版，第 163 页。

师基于自己的教育教学实践中的具体问题，在对问题的分析思考的基础上寻求问题解决的途径和策略，在这一过程中，教师通过独立和反思形成自我的发展目标，并自主选择、自我激励、自我调控以及自我评价，采取行动研究、问题解决、反思、生涯规划等方式不断学习进取，从而达成专业发展的目的。因此，教师的学习维持主要来自于自我发展的内驱力，是一种"自下而上"、"自内向外"、"自我负责"的"教师中心"的学习与发展方式。

2. 课程资源：表现性目标导向的个性化活动课程

（1）表现性目标

与客观主义教师课程中的行为目标不同，主观主义教师学习课程的设计是表现性目标导向的，关注的是学习者在课程活动中表现出来的某种程度的首创性，而不是事先规定的结果。表现性目标取向的课程只为学习者提供活动领域，至于结果则是开放的。表现性目标取向不像行为目标那样具有很强的规定性、封闭性，而具有唤起性、开放性；把课程视为发挥学习者主体性的过程，强调学习者的个性发展、创造精神以及人格陶冶等①。表现性目标导向着重强调以人的自我实现为课程设计的核心，强调情意教育和认知教育相统一；主张学习者亲自体验各种经验，形成自我概念和独立自主的个性。

（2）个性化活动课程设计

一方面，为教师提供满足其个性化需求的选修类课程；即观照教师之间的差异，观照其多样化的需求，在课程设计方面为教师提供适合个性发展的各类选修课程。一方面，以任务和主题等活动形式设计课程。即为教师创设一些可供体验的学习情境，提供个性化的学习机会，不是直接向教师呈现理论、理念、知识，而是设计一系列的融入了理论、理念、知识、方法等的学习活动，教师通过参与和完成这一系列的学习活动，在学习活动中体验、思考，以一种"润物细无声"的方式不知不觉中学习到了理念和知识。这些学习活动一般包括：角色扮演式，即让教师扮演不同的角色，如扮演教师进行学习设计，然后再扮演学生实施学习设计，再回过头

---

① 武法提：《表现性目标导向下以活动为中心的网络课程设计》，《中国电化教育》，2008年第6期。

来完善学习设计，这样教师不仅作为学习的设计者也作为学生的多重角色，在角色的互换中学习、体验、应用、融合、领会新的教育教学理念，达到学习的目的。任务驱动。即围绕某一学习主题设计特定的学习任务，在这样的任务中，问题解决的答案或途径都不是唯一的、确定的，而是开放的，教师作为学习者，通过完成任务学习相应的知识和技能，着重对教师在各种真实的情境中使用知识和技能的表现进行评价。

3. 网络学习平台

（1）提供个性化的课程。一方面，通过网络信息技术平台为教师提供选修类的课程资源，教师可以根据自己的个性特点和实际需要选择相应的课程资源进行学习；另一方面，随着网络信息技术的发展，通过数据挖掘等网络信息技术建立教师学习模型，包括教师学习行为、学习兴趣、学习风格、相似性等，通过搜索引擎网络信息技术、移动 Agent 网络信息技术、协同过滤网络信息技术或混合网络信息技术等个性化的推荐技术，根据不同教师的需求和不同操作进行不同的反应，为不同学习风格的教师提供自主、个性化、适应性的资源服务等，使教师面对海量的数字化学习资源，能够快速找到适合自己个性特点的资源。

（2）为教师的学习活动提供相应的资源支持和工具支持，资源通常包括活动网站、活动案例等，学习工具包括学习工具系统、电子档案袋等学习过程跟踪和记录系统等。

4. 教师学习模式

由于主观主义学习观强调教师在学习活动中的主体性作用，强调教师的个体实践与反思的重要性及其巨大作用，认为"教师发展的重点是通过各种实践型的方式和反思活动，促使教师对自我及其专业发展直接相关的物和事有更为深入的'理解'，发现其中的'意义'，以促成反思性实践"[①]。即教师的学习不再是培训班里的活动，而是具体参与实践和反思的过程，网络技术为教师的实践反思提供了强有力的支持，基于网络的教师实践反思的具体操作模式（如图4.2所示）为：

（1）学习目标以"应用、分析、评价"为主。即教师通过对教学理

① 马立，顾志跃，朱仲敏：《信息技术环境下创建区域性教师学习共同体的理论与实践研究》，高等教育出版社2012年版，第3页。

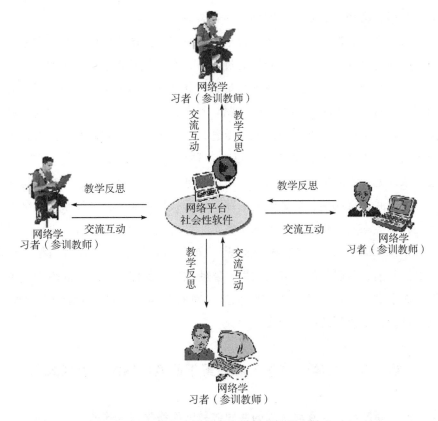

图 4.2　基于网络的教师实践反思学习模式

论的应用或对自己教学实践进行反思、分析、评价，促成经验知识的理论提升、技能的进一步发展。教师在自己的教育教学具体情境中积累了经验知识，通过对这些经验的反思，教师的经验知识系统得到不断修正，上升为理论知识，生成个体知识，以便更好地指导实践。

（2）网络学习平台为教师经验反思提供支持，具体表现在：

一方面，教师对先进的教育教学理念进行教学实践，对其进行实地检验，利用网络学习平台开展教学反思，通过网络平台、社会性软件等实现了跨区域、多学科的交流，从而形成新的教学实践方案，然后再进行新一轮的教学实践，再对其进行新的总结和反思，这样循环往复，促进自身的教育教学知识和能力的提升，实现专业发展。借助于网络平台或社会性软件等，教师开展教学实践反思和互动交流，其主要方式有：教师学习博客、教师微博，教师网络个人空间，基于网络的教育叙事、同僚分享、经验、故事、案例、成长史、网络教学日志等。

另一方面，教师对于其实践教学中所遭遇的问题或困难，利用网络平台来开展行动反思研究。首先，通过网络，教师就其教学实践中的问题发布于反思平台上，寻求其他教师的帮助，其他教师通过网络平台给予相应的帮助和指导，解决教师的个性问题。其次，对于大家共同体关注的学科共同问题，则可通过网络交流形成专题，进行集体反思和研究。再次，借助于网络所提供的丰富的资源，提供各种解决方案，或通过实地行动研究，系统地搜集数据、分析问题、提出改进方案、付诸实施、仔细反思评价其影响并进行反馈，尝试解决问题。最后，将形成的方案发布在网络平台上，供大家进一步反思学习和研究等。总之，教师网络学习反思模式强调"反思"，同时重视"实践中反思"与"实践后反思"。通过网络实现了更大范围、高层次的交流和反思，能使教师更加深入地思考其教学，更深入地了解自己教学信念与实际行为之间的差异。有利于实际问题的解决，也提升了教师的研究能力。

第二节　主客一体学习观视野下的教师网络学习范式

一　专家与教师互动生成的共同体教师网络学习范式的基本内涵

客观主义强调专家中心，主观主义强调教师中心，但都是基于主客二分的基本认识，将主体与客体对立起来，认为教育教学知识要么来自于教育专家，要么来自于教师自身，这种二分法的思维难以从根本上解决教师的学习问题。主客一体观从主客的互动和相互作用关系出发认识教师学习问题，为我们提供了一种新的视角。即教师网络学习是由强调教育专家中心或教师中心到专家与教师等相关利益主体之间的互动共同体，知识是共同体的知识，知识是在共同体的互动中产生的知识，是共同体相互作用而生成的知识。

1. 共同体：由相关利益主体构成的共同体

不同于客观主义强调教育专家和教育行政部门而将教师作为规训的对象，也不同于主观主义对教师的强调而弱化其他主体，教师网络学习共同体是由政府、教育行政部门、学校、教育技术企业（主要提供教师学习的硬件设备和软件等）、培训机构（主要是指为教师学习提供学习平台、学习资源等远程培训机构，如高等院校网络教育学院、中国教师研修网、中小学继续教育网、教育电视台等社会性教师培训机构）、教育专家、教研员、教师等利益相关者共同组成。这些利益主体有着各自的优势和相应的利益诉求，主客一体观下的教师网络学习范式坚持从他们的关系出发，坚持普遍联系和相互作用的共同发展的基本观点，将各主体看作是平等交互的关系，特别是：充分发挥他们各自的优势，充分尊重他们各自的利益诉求，形成相互作用和互动的共同体，形成有效互动的行为关系，从而实现共同发展。

2. 分析各自的优势和利益诉求，是共同体构建和运行的基础，使互动生成成为可能

政府、教育行政部门、学校。教师网络学习需要相应的信息化硬件环境的支持，这些设备的建设需要大量的资金投入，而教师学习又具有公共产品的属性，因而无论从实践还是理论上政府应是主要出资者和政策支持者；教育行政部门、学校是教师学习的主要实施者，教师学习与发展都离不开他们的组织引导、协调和支持服务。因此，政府和教育行政部门及学校对于教师网络学习具有直接的影响作用[1]：（1）具有决策权和影响力。他们为教师学习提供政策支持、资金投入、人力资源等，具有较大的话语权，很大程度上影响着教师学习与发展决策的制定。（2）具有资源配置优势。政府、教育行政部门通过行政等手段对教师学习与发展资源进行有效配置，引导和支持其健康持续发展。（3）具有组织和协调优势、支持服务功能。各级教育行政部门和学校一方面发挥着承上启下的作用，积极争取政府、企业等的支持，做好教师网络学习的规划和实施工作；另一方面发挥着重要的组织和协调作用，协调内外各种因素，创设学习与发展环境，提供相应的支持服务，组织开展教师学习等。利益诉求方面，他们希望信息化设备和资源能为教师学习提供良好的学习环境、发挥应有的效益，提高教师素质和教育教学质量，实现其教育发展目标。

教育技术企业、培训机构。教育技术企业、培训机构等是教师网络

---

① 杨晓宏，贾巍：《基于利益相关者视角的农村中小学现代远程教育工程应用效益评估研究》，《电化教育研究》，2013 年第 10 期。

学习的硬件、软件资源的重要提供者，他们的优势体现在①：（1）具有技术、资源开发优势。他们具有专业的研发团队，先进的信息技术，能够依据市场需求开发有针对性的软件资源。（2）追求经济利益为主。他们通过政府招标、市场销售等形式获取利润，经济效益是他们追求的主要目标；在利益诉求面前，他们有两种选择：第一，跟随市场潮流，哪个软件流行就去效仿复制，牟取短期利益；第二，针对教师的具体需求，设计开发自主创新的软件资源。利益诉求方面：（1）公平规范的发展环境。他们希望能够提供公平规范的发展环境，包括积极的行业发展政策、公平的竞争环境、积极有效的互动机制等。（2）持续发展。他们希望能在公平规范的发展环境下，开展自主创新，拓展市场空间，通过自身努力，使其产品得到广大用户的肯定和有效使用，从而获取持续的经济效益，实现持续发展。

教育技术专家、信息中心（电教馆）人员、教研员等。他们为教师学习提供智力支持，发挥着指导与引领的作用。他们具有理论、技术、业务等方面的优势，能为教师信息化环境下的学习提供智力、网络信息技术等支持，教师学习离不开他们的引领和服务，他们有如下优势：教育技术专家带领研究团队工作在学科的最前沿，开展学术创新，并提出相应的理论，追求的是揭示教学规律的理论成果；信息中心（电教馆）人员是教育信息化的重要力量，能提供网络信息技术等服务支持；教研员长期致力于一线教学的实践教研，熟悉本地的教师情况，并能提供本土化的指导。在利益诉求方面：教育技术专家希望自己的理论成果能够付诸课堂实践，为一线教育教学服务，体现其学术价值，并在此过程中进一步发展自己的理论成果；信息中心（电教馆）人员希望为教师的信息技术应用提供支持服务，提升其自身的地位、获取相应的价值；教研员希望自己的教研能够为教师学习和发展，发挥其应有的职责。

教师作为学习者：一方面，教师是有经验、有思想的一类特殊学习者，教师既是学习者也是学习资源，因为他们长期在教学一线从事教育实践，对教育及其实践都有着自身丰富的经验和个性化理解；另一方面，教

---

① 杨晓宏，贾巍：《基于利益相关者视角的农村中小学现代远程教育工程应用效益评估研究》，《电化教育研究》，2013 年第 10 期。

师个体经验和个体理解毕竟有限，特别与专家不同的是，一线教师他们往往更关注自己面临的实际问题而不是指向理论的创新或新规律的发现，因而教师的这种局限性和利益诉求决定了他们还需要与他人如教育专家、教育技术专家、其他教师等进行交流和互动，在这种交流互动中达到经验的理论提升、达到对个体知识的深化，因而教师又是学习者。

3. 发挥各自的优势，尊重各自的利益诉求，建立互动协同的共同体，在互动协同的关系中实现共生共长、共同发展

综上分析，主客一体观观照下的教师网络学习共同体实现了从专家共同体或教师共同体转向为专家、教师等众多相关主体互动交往的共同体。教师网络学习，不是教育行政部门的事情，也不是专家的事情、不是教育技术企业或培训机构的事情，更不单是教师的事情，而是大家共同的事情、共同的事业，是大家利益相关的事情。发挥各利益主体各自的优势，尊重各自的利益诉求，建立互动协同的共同体，在互动协同的关系中实现共同发展，是有效实施教师网络学习的新思路。为此，应在教师学习的各个环节都应有利益相关者的参与，改变单纯依靠政府、教育行政部门主导的自上而下的设计、实施和评估的单一模式，坚持基于利益相关者主体的互动协同的理念，发挥各自的优势、关注各自的利益诉求，注重其互动关系，使之在平等民主的互动中共同承担和促进教师学习与发展的职责，从而实现协同发展。

4. 网络信息技术的定位

互动生成学习观下，网络信息技术在教师学习中的基本定位是：不仅支持资源的跨时空传递与个性化学习，同时强调下列功能：

一方面，网络技术支持教师互动生成式学习，在网络信息环境下，为教师和专家、教育技术企业、教育行政部门等提供了跨时空的交流互动的空间，可实现网络空间人人通、校校通等，并为资源的生成和聚合提供了坚实的支撑，使得互动生成的思想得以实现。详细论述将在下节中进行。

另一方面，也强调技术与人的互动与生成。不同于主客二分的客观主义、主观主义将技术看作是独立于人的外在存在，割裂了人与技术的内在关联，而主客互动一体观认为技术与人之间是双向构建、相互发展的互动关系，即人创造了技术，使得技术具有人的设计思想，是技术的人化，反过来，技术也构建着人，影响着人的发展，对人的本质力量进行了构造和发展。于是，教师网络学习具有了新的内涵：（1）网络信息技术支持教师

互动生成式学习的开展，使得互动生成的学习思想得以实现，使得网络信息技术的优势得到了更好地发挥，提高了教师网络学习效果，教师获得了相应的教育教学知识、更新了教育教学理念、提高了教育教学水平；（2）与此同时，网络信息技术也构造了教师。网络学习对教师提出了新的要求，要求教师具备相应的网络学习意识和能力，网络信息技术作为一种信息时代的具体元素进入了教师自身内化为信息时代教师的基本素质，使得教师成为信息人、信息化教师。因此，互动生成观下的教师网络学习，既关注网络技术对学习的支持，更强调技术对教师的建构。

二　专家与教师互动生成的共同体教师网络学习范式的构成

（一）哲学层面：互动生成的学习观

1. 为何而学习：教师学习是专业、人文、信息化生存与发展的统一

（1）既注重对教师专业知识与专业技能的提高，也重视对教师生命的关注，重视对其人格、精神、师德的培养

教师专业知识与技能的学习是教师作为"教师"这一职业专业性的基本需要，是教师生存意义上的需要，而教师不仅仅是作为劳动者存在，更是作为"人"的存在。因而教师学习应当是以其生命成长为旨归，是生命的自我更新，是提升生命境界、丰富生命内涵，改变和发展"人"。教师学习并非是外在于教师的一种实务性工作，而是内在于教师的一种基本的存在方式①。因此，教师的学习不仅仅是基于学科专业知识与技能等实用性的，更是人本性的、内在的，不仅追求卓越，更要崇尚意义。教师的学习不仅是为了提升专业水准，更是为了提升精神境界、丰富生命内涵。

（2）既注重对教师学科专业基本知识和基本技能的掌握，更注重其批判意识、综合意识和合作意识及其能力的发展

批判意识、综合及合作意识与能力是创新人才的必备素质，教师作为人类灵魂的工程师，教师没有创新的意识怎能期望他培养出创新意识的学生。因此，教师学习的重要目的应该凸显创新性、个性化教学风格的培育。我们开展教师学习不是给教师灌输先进理念、知识等，而是通过这些

---

① 林正范，肖正德等：《教师学习新视野——生态取向的理论与实践》，教育科学出版社2013年版，第38—39页。

理念、知识、案例等，旨在启发教师的思考、激活教师的思维、释放教师的活力、激发他们的创造力，培育出个性化教学风格的教师，培育出具有创新意识和创新能力的教师，而不是千篇一律的统一化的教师。

（3）既注重对教师专业、人文的培育，更注重教师信息化生存与发展的意识与能力的培育

开展教师网络学习，除了获得必要的知识与技能等学习的一般目标之外，还有其特有的意义和目标：1）通过网络学习，使得教师形成基于技术的学习观。形成对技术的正确认识与理解。认识：用技术支持自己的教学和支持自己的学习，即不仅具备用技术来教学的意识和能力，也应具备使用技术来学习的意识和能力。理解：正确理解技术与学习的关系，形成正确的技术观和应用观。2）通过网络学习，使得教师具备基于技术的学习意识和学习能力，养成常态化的学习习惯，培养终身学习能力。为适应信息时代的变化和知识爆炸的需要，教师学习是获得与生成的统一，通过基于技术的学习体验，形成对基于技术的合理的情感、态度和价值观，并能在日常生活和工作中具备使用信息技术解决问题和分析问题的意识和能力，养成常态化的信息化学习习惯，从而发展自己的终身学习能力。3）通过体验网络学习，使得教师理解技术支持下的学习理念和方法，形成基于技术的学习能力、学习设计能力和实践能力。学习和体验技术是设计技术的基本前提，一个好的设计者，首先是好的体验者，只有好的信息化学习体验，才能设计和实施好的信息化教学，只有有自己的认识和理解，才能有个性化思想的设计。因此，培养教师的信息化教学能力，首先应该培养教师的信息化学习设计能力，试想，一个教师都没有体验过信息化的学习，对其没有形成正确的认识和理解，怎么能够设计出好的学习设计来呢？所以，基于技术的教师学习，不仅仅是利用技术来支持教师的学习，要赋予基于技术的教师学习更加丰富的内涵，那就是，外在看来，是技术支持下的教师学习，但内在本质上，是让教师获得技术环境下的学习体验，通过有形的学习，体验和理解无形的技术支持下的学习理念和方法，形成基于技术的学习能力、学习设计能力和实践能力。

2. 学习什么：专家知识、专业理论知识、人文知识、本土知识、教育技术知识等的综合化

（1）专家知识、教育理论知识是由教育专家长期研究的产物，一定

程度上是对教育教学规律的把握和揭示，相比教师个体实践知识具有一定的广度和深度，具有系统性，能为教师的实践提供方向与理念的指引，但往往缺乏针对具体的教育教学的境遇性。

（2）教师的个体知识是经验与实践的体现，更加具有针对性和境域性，但往往是零散的、个案的，如果缺乏理论性的提升，往往难以产生普遍意义的应用与指导价值。

（3）人文知识是精神引领与意义界定的知识，但由于内在的柔性和不能即时显现作用的特性而不受重视。

（4）本土知识是喜闻乐见、容易接受的"草根"知识，但由于缺乏重视和发掘而得不到发展。

（5）教育技术知识是信息时代教师的必备知识，是教育信息化、现代化发展对教师知识结构提出的新要求。由此看来，各种知识都有其存在的价值，只有充分重视专家知识、专业理论知识、人文知识、本土知识等各自存在的价值，从关联的、整体的、综合的视角出发，博采众长，整合使用才是根本之道。教师的学习应该是对专家知识、专业理论知识、人文知识、本土知识、教育技术知识的综合学习，这些知识构成教师知识的基本结构，构成教师学习的基本内容。如果秉承主客二元论的教师学习论：一味强调专家知识、理论知识就会使教育理论与实践脱离的现象将长期存在；一味强调教师的个体知识而忽视专家知识、理论知识，就会使教师实践徘徊在低水平的重复摸索层面；一味强调对专业学科知识的学习而忽视人文知识、本土知识、教育技术知识等的学习，则使教师的发展走向单一、片面的轨道中。任何割裂专家知识、专业理论知识、人文知识、本土知识、教育技术知识等的内在联系的观点和做法，都将教师学习与发展引入危险的悬崖。

3. 如何学习：互动生成

主客一体的学习观强调教师学习的最终目的不是完全掌握专家的知识和理论，最终的目的是为了促成生成，即生成教师个体的知识和能力，建设具有个性化教学风格的教师，而不是千篇一律的教师，只有个性化风格的教师才能培养出个性化的学生，而生成的根本手段就是交往与互动。在交往和互动的过程中实现了两个目的：

（1）生成了新的知识与资源

在由教育行政部门、学校、教育技术企业、培训机构、教育专家、教研员、教师等利益相关者组成的共同体中，所有成员都是具有言语能力和独立行为能力的平等主体，不存在被研究、被评价、被控制的、被塑造的客体，也不存在单方面的认识主体，他们之间不再是主客二分的关系，而是主体间的平等交流、解释、对话的互动生成的关系，教师学习的知识不再是教育专家对教师教育的本质和规律的发现与符合，而是共同体成员之间在平等交流中产生的共识与生成的知识，他们通过平等的对话与交流，生成关于教育基本问题的理解与共识，从而形成拥有共同的信念、价值观和研究方法的交往共同体①。

（2）在互动中实现教师与专家的共生共长

从教师的角度来看，通过互动使得教师在平时的教育教学的实践中积累的个体知识、隐性知识得到理论提升、显性化。教师的个体知识是来自于其教育行动的过程中，但这些知识往往是隐性的，难以转化为供大家交流和学习的显性知识，或者这些个体知识是教师对教育教学实践的经验性知识，具有原始性、离散性，因而需要进行理论的提升以供进一步指导实践。同时，教师的认知结构是社会互动的结果，教师与他人，特别是与比自己水平更高、能力更强的人互动的时候，会使他们产生更多、更高水平的洞察力、更深入的理解力、更敏锐的批判性思维，帮助教师形成更丰富、更复杂的认知结构。另外，通过与他人的互动，不断造成新的认知不平衡，使得教师在持续的挑战中学习②。从专家的角度来看，专家的理论知识、学术研究需要进入一线教育教学的真实情境中才能得到检验和完善，从而实现其学术成果的实践价值。由此看来，只有在教师与教育专家进行平等互动的过程中，教师的个体知识得到升华，生成新的理论知识，专家的理论成果得到检验而实现理论知识的实践生成，互动生成的学习方式是实现教师学习与发展的新途径和重要方式。

（二）社会学层面：理论取向

1. 以"网络学习理论"、"资源生成进化理论"为主要理论基础

（1）网络学习理论

1）分布式认知理论

---

① 何菊玲：《教师教育范式研究》，教育科学出版社 2009 年版，第 113—114 页。

② 赵明仁，黄显华：《建构主义视野中教师学习解析》，《教育研究》，2011 年第 2 期。

分布式认知是由加利福尼亚大学的赫钦斯于 20 世纪 90 年代中后期在批判传统认知（即认为认知是个体级别上的信息加工过程）的基础上提出来的，认为认知的本性是分布式的，认知现象不仅包括个人头脑中所发生的认知活动，还涉及人与人之间以及人与网络信息技术工具之间通过交互实现某一活动的过程，认知分布于媒介、环境中，分布于个体间，分布于由多个个体、工具、环境组成的较复杂的系统中[1]。分布式认知是理解学习的新理念，它突破了原来将学习作为一种个体的认知活动的观念，而是将学习作为一个共同的事业，同样强调学习的社会性和情境性，特别是在各种信息技术的支持下，分布于不同文化背景或地区的人们能够在保持他们各自时空位置不变的条件下进行充分交互和共同学习[2]。网络学习共同体、基于网络的合作学习、基于资源的学习等概念都是分布式学习的体现[3]。

2）关联主义学习理论

关联主义学习理论是加拿大学者乔治·西门思（George Siemens）于 2004 年提出的，这一理论被认为是数字时代的学习理论。关联主义学习理论认为学习即为"创建网络"，是一种"关系中学"以及"分布式认知"的观念。关联主义的主要观点有[4]：第一，学习的过程即创建网络的过程。学习者的学习网络可以分为两类，一类是由知识点构成的学习者脑中的知识结构，这属于内源性网络；一类是由各信息源构成的信息源网络，这属于外源性网络。学习即个人的知识网络与社会网络的互动循环中形成连接并在各自的领域做到与时俱进。第二，知识分布于各种外源节点中，通过与其他节点之间的对话互动，学习者可以获得所需信息。在这个过程中，识别信息的能力尤为重要，学习者应当确保所获信息的准确性与现时性。第三，学习者必须具备"知道在哪里"的能力。"知道在哪里"的能力，是指学习者在解决问题的过程中了解所需信息的特征、掌握信息

---

① Hutchins E. L. Klausen T. , *Distributed cognition in an airline cockpit. In*: *Engestrom Y, Middleton D. ed. Cognition and Communication at Work*, New York: Cambridge University Press. 1996, pp. 15—34.

② 陈丽：《远程教育学基础》，高等教育出版社 2009 年版，第 48 页。

③ 瞿堃，顾清红：《网络时代的远程教育——分布式学习》，《中国电化教育》，2000 年第 2 期。

④ 林安琪：《赛博人际管理促进学习力提升的研究：关联主义的视角》，硕士学位论文，江西师范大学，2009 年，第 16 页。

获得的途径，采取最佳方法最快地解决问题。从本质来说，"知道从何处寻找信息"比"知道信息"更重要。第四，学习是一种社会性活动。知识的分布性决定了学习的社会性，学习的社会性决定了学习活动应当以个体与群体的互动为基础，强调社会性联结的建立。

3）资源生成进化理论

随着 Web 2.0 等网络技术的发展，学习者既是学习资源的接受者也是生产者和传播者，资源的建设和生产不再是生产商的事情，学习者参与资源建设已成为现实，学习者成为资源建设新的智慧来源。一方面，"用户可以协同编辑资源内容"，"用户在消费资源的过程中依据自身需要编辑、丰富学习资源，这种网状裂变式的资源出版模式集合了众人的智慧与力量，大大缩减了资源的生成周期并提高了资源的更新频率"①。另一方面，学习者在学习过程中会产生一些生成信息，如对某段学习内容附加的批注、编辑的学习资源、发表的观点、讨论的话题信息、辅导答疑等，通过网络技术可以对这些新的生成性信息进行聚合、分类，实现资源的持续进化和进一步学习使用。

同样，教师是有经验、有思想的一类特殊学习者，教师既是学习者也是学习资源，随着网络技术的发展，特别是在 Web 2.0、Web 3.0、Web x.0 等环境下，教师既是资源的利用者，也是资源的生产者、传播者，一方面，利用网络技术实现教师之间的资源共享；一方面，教师在学习的过程中、在互动的过程中产生了新的资源，这些资源是产生于教师身边的、本土的、喜闻乐见的"草根"资源，采取网络信息技术手段，实现对这些生成性资源的分类、整理、聚合、再现，从而逐步改变单纯依靠专家、企业生产资源、教师消费资源的传统单一模式，提高资源的生产质量和效益，促进资源的持续进化与发展。

2. 以"教师成长共同体理论"、"教师社会建构学习论"为基础理论取向

（1）教师成长共同体理论

教师成长共同体理论认为，为了促进教师的专业成长，教师与教师、

---

① 余胜泉，杨现民，程罡：《泛在学习环境中的学习资源设计与共享——"学习元"的理念与结构》，《开放教育研究》，2009 年第 1 期。

教师与专家、教师与教育部门等建立长期合作、对话、互动交流的学习关系，在合作过程中进行沟通、交流和分享各种学习资源而形成相互影响和共同发展的学习团队①。随着网络信息技术的发展，为教师这种学习共同体的建立和运行提供了极大的支持，建立教师网络学习共同体已经成为教师专业学习的重要形式，成为信息时代教师专业发展的重要途径。网络信息技术为教师学习提供了跨时空的支持："一是提供资源的任意连接；二是扩展了教师学习共同体的广度和范围"②。具体表现在：一方面，网络技术平台为教师提供了丰富的学习资源，教师可以足不出户就可以享受到优质教育教学资源；另一方面，网络平台为教师学习提供了跨越地域、跨越时空的同行、专家等人力资源的支持，在网络虚拟空间里，学习超越了个体的独自探索，实现了群体互动的集体智慧，实现了各自的发展。例如，建立由大学研究者和中小学教师构成的网络学习共同体，在网络支撑环境下，通过师传徒授、做中学、知识表述、深度交谈四阶段活动促进共同体隐性知识和显性知识的相互转化，最终促进共同体共同发展③；利用网络开展"网络支教"，即通过网络平台将"重点学校"和"薄弱学校"连接起来，实现网络观摩教研、网络校际教师互动、师生互动、网络协作学习，达到共同学习④；利用网络建立"城乡互动教师培养模式"⑤，如通过建立网络学习社区"三人行——教师专业能力发展支持平台"来实现城乡教师的互动交流、共同学习和发展。

（2）教师社会建构学习论

社会建构主义学习理论强调学习是个体与他人及其生活环境的相互作用和相互交往中创生意义的过程，学习是发生在互动交流的过程中。其代表人物有杜威、维果茨基、班杜拉等。其核心观点有：强调学习的互动

---

① 朱旭东：《教师专业发展理论研究》，北京师范大学出版社 2011 年版，第 235 页。

② 顾小清：《教师专业发展：在线学习共同体的作用》，《开放教育研究》，2003 年第 2 期。

③ 王陆：《大学支持下的校本研修教师专业发展模式》，《中国电化教育》，2005 年第 3 期。

④ 熊才平：《教育在变革——论信息技术对教育发展具有革命性影响》，科学出版社 2013 年版，第 140 页。

⑤ 郭绍青，樊敏生：《利用网络学习社区构建城乡互动教师培养新模式》，《中国电化教育》，2009 年第 9 期。

性、商谈性、超越性①。在社会建构理论的指导下，教师学习是在群体的互动合作中开展的，"不同的教师之间在知识结构、智慧水平、思维方式和认知风格等方面都存在差异，这种差异就成为学习资源"②。于是，教师在合作互动中的社会建构中开展学习，一般包括以下几种类型③：指导型的合作学习，即在教育专家、优秀教师、教研员等指导和支持下开展合作学习；表现型的合作学习，即公开课、教学成果展示、读书汇报等；研究型的合作学习，即专题研讨、项目研究等。

（三）操作层面

1. 学习维持：内外结合驱动

教师学习的动机不是单纯依靠外部推动，也不是单纯地依靠教师自身，而是将二者结合起来，既重视外部政策性的驱动也注重激发教师内在的学习需求，内外结合驱动的教师学习维持策略。从外在来看，教育行政部门应积极发挥组织者、协调者和导向者的作用，积极合理地调配各种资源为教师学习服务，如制定相应的发展政策、奖励措施等，主要有教师学习学分制、结业证书、骨干教师政策、职称晋升条件、各种奖励以及外部的规定等，这些外部的条件对于推动教师的学习是有一定作用的，应合理使用；教育专家以其理论优势能为教师学习提供智力支持，必要的专家引领是有利于教师学习与发展的；从内在看，教师为了解决自己教育教学中的实际问题，为了真正实现自己的发展，有内在学习的需要，合理引导教师的学习需要，帮助教师解决教育教学实践中的具体问题，实现内驱式学习。因此，采取自上而下和自下而上、内在需要与外在驱动等相结合的方式，使得教师既掌握了理论知识，也解决了自己的实际问题，既获得了真正的知识与技能，也获得了相应的待遇与证明，这是教师学习维持的重要方式和根本所在。

2. 课程资源

在课程资源设置上，是预设和生成的统一。其一，在课程资源的预设上，超越统一课程与个性化课程对立的局限，采用整合的视角，构建通识

---

① 郑葳：《学习共同体——文化生态学习环境的理想架构》，教育科学出版社 2007 年版，第 86 页。

② 朱旭东：《教师专业发展理论研究》，北京师范大学出版社 2011 年版，第 154 页。

③ 胡庆芳：《教师的学习特征》，《上海教育》，2005 年第 12 期。

课程与选修课程相结合的课程资源构建模式。通识课程主要解决教师学习的共性问题，作为教师具备的基本素养所要学习的内容；选修课程资源是依据教师个性化的特征提供个性化发展需要的课程资源。特别是网络技术的发展，能为教师提供个性化的课程资源服务，即根据教师的不同操作进行不同的反应，为不同学习风格的教师提供自主、个性化、适应性的资源服务等。其二，在课程资源的生成上，采用共同体互动生成的方式，使得课程资源实现持续进化。即预设的课程资源的基本目的是为了激活教师的思维，引发教师学习的思考，其最终目的是为了生成新的知识。即在共同体内，教师个体首先通过学习内化自己的知识，然后再与其他成员、与专家等进行分享、协商、交流，在这种分享和交流的过程中，教师的知识与经验得到了提升，专家的理论得到了实践和深化，即各自的知识都得到了丰富和发展，由此看来，教师知识、专家知识、个体知识、共同体知识是在一种相互影响、相互支持、相互促进中得到生成和生长，这种生成的新知识又作为教师学习的新课程资源，课程资源实现了在预设的基础上生成的进化发展路径，是通过教师参与、与专家等互动交流中生成的。

在建设模式上，采用协同群建共享的模式。教师是课程资源构建的重要参与者。随着网络信息技术的革新和移动学习、泛在学习的到来，教师参与数字化学习资源的构建成为现实。特别是随着 Web 2.0 等网络技术的发展，使得信息传播从单一走向双向互动，教师既是课程资源的接受者、消费者，更是生产者、传播者，教师学习的课程资源构建开始从传统的依靠少数资源提供商或学科专家等团队的建设模式走向基于教师、学科专家、资源提供商互动合作的开放建设模式，教师成为学习资源构建新的智慧来源。

3. 网络学习平台

（1）支持互动与协同发展

主客一体观下的教师学习是互动生成的过程，知识不仅来自于专家、其他教师成员，也来自于他们互动协同过程中的生成。因此，网络信息技术平台为知识的传播、共享和生成等都提供了前所未有的支持，在网络信息技术的支持下，可形成一个虚拟的学习共同体，即由学习者（教师）和助学者（教育教学专家、辅导教师、中小学教研员等）、教育技术企业、教育部门、信息中心、培训机构等组成基于信息技术学习环境的学习团体，教师在专家、辅导教师等的指导和帮助下，共同完成学习任务，从而形成相互影响、相互促进的人际联系。通过这种基于网络信息技术的虚拟学习共同体，能够使教师、专家、研究者、教育技术企业、培训机构等在统一场域中形成紧密的互动关系，解决共同的问题，各成员深入参与共同体的学习活动，通过深层对话建构知识意义。主要表现在：1）网络信息技术支持教师与教师之间的互动。在互动的广度上，网络技术实现了跨时空的教师互动，使得教师的互动交流走出了所在学校，实现了与校外的教师互动，如城乡之间的互动、国内与国外的互动等；在互动的深度上，通过交流共享与会话实现深度学习。2）网络信息技术支持教师与专家之间的互动。教师通过与专家的平等对话：一方面，教育研究者通过倾听教师的实践话语，在支持教师实践研究的同时，也使自身的理论话语变得丰富和具体化；另一方面，教师通过与研究者的对话和交流，也能形成不同观念的"视域融合"[①]。从而实现教师与专家的双向建构与双向发展。3）基于网络信息技术的教师与课程资源的互动。在网络信息技术的支持下，教师可以享受网络信息技术带来的便捷和丰富的海量资源，教师可以自由地翱翔在资源的海洋中，既可以学习通识类的课程资源，也可以依据自己的个性特点选择个性化的学习资源，从而真正实现按需学习，真正实现教师学习为本。4）基于网络信息技术的教师与组织者、协调者的对话。在主客一体化的学习观下，教师学习是共同体的事业，每个成员都是平等互动的关系，网络信息技术的支持为他们的互动对话提供了高效便捷、民主平等的对话环境，特别是网络技术使得每个成员的主体性都得到了体现和张扬，如在网络化的环境里，作为学习者的教师可以以匿名、实名等不同的方式发布关于学习方面的需求与要求，从而能够反馈给组织者关于学习的真实情况与实际需求等。

（2）支持生成

1）使用网络信息技术平台实现对已有资源的融合，供教师学习使用

如近年来实施的"英特尔未来教育"、"微软携手助学"、"乐高网络信息技术教育创新人才培养计划"、"中国移动中小学教师信息技术能力"等项目，这些项目的资源都能为教师学习提供丰富的课程资源，他们虽是不同的实施主体，具有不同的行动立场，但他们对教育信息化都具有较高

---

① 冯苗：《论教育场域中的对话》，博士学位论文，东北师范大学，2008年，第142页。

的关注和相应的利益诉求，具有一致的目的。因此，应当充分整合他们在设计思想、网络信息技术、资源、资金、人力等方面的优势，为教师学习注入新的活力。具体包括：①思想的融合。即这些项目虽然目标一致，但在各自设计和组织实施方面都有其独特的思想，如"英特尔未来教育"的基于问题化的网络信息技术与学习融合等设计思想，"微软携手助学"的分层分类的循序渐进等设计思想，以及他们的组织运行思想，等等。这些设计思想价值值得借鉴和融合。②技术的融合。是指利用他们的信息技术优势，充分依托各主体现有的通信技术、远教平台、网站、终端接收技术、远程教育设备等，实现共建共享，避免重复建设和投资。③资源的融合。是指根据教师学习需要，广泛征集各主体各类培训资源，对其进行分类整理，纳入教师学习培训资源库，以满足教师培训学习需求。④资金的融合。是指利用他们的资金优势，采取互惠互利的机制，整合资金，开源节流，从而实现多渠道筹措教师学习的硬件环境建设、培训资源开发、培训等费用问题。⑤人力的融合。是指广泛发动各主体人力资源，组成辅导服务、网络信息技术支持、教学资源开发骨干队伍，为教师学习服务。

2）支持生成性资源的聚合与个性化资源的推荐服务

生成性资源的聚合。信息时代的移动学习、泛在学习、微型学习等学习方式的变革对教师学习资源提出了新的要求，传统的生产和传播学习资源的方式已经无法满足新的学习需求，资源的汇聚必须注重学习者（教师）的参与和集体智慧，教师通过多种互动方式参与协同编辑、注重生成性资源聚合已成为新的资源生产方式。只有充分调动学习者（教师）的"草根"智慧，吸引他们的参与，发挥他们的能动性，即"将学习资源内容本身的协同建设与持续进化也作为开放的对象，才能加快资源内容更新的速度，更加适应知识经济时代的要求"①。教师网络学习平台应体现教师为本的理念，重视对教师学习过程中产生的有价值的资源信息的聚合与利用，从而补充和完善原有固化、静态的学习资源。通常教师在学习过程中往往都会产生相应的生成性信息，如在学习过程中对某段学习内容附加的批注，或者在参与讨论区某一主题的讨论时产生的有创新意义的观

---

① 杨现民，余胜泉：《泛在学习环境下的学习资源进化模型构建》，《中国电化教育》，2011 年第 9 期。

点、思路等，若对这些生成性信息借助信息技术进行聚合、分类，则非常有助于教师的学习：教师可以将其视作学习资源，作为学习对象，同时也可以将其作为一种学习反馈，帮助资源制作者、组织者改进工作。

教师网络学习平台应具有个性化服务的资源推荐功能，能根据不同教师的不同操作进行不同的反应，为不同学习风格的教师提供自主、个性化、适应性的资源服务等。面对海量的数字化学习资源，教师如何能够快速找到适合自己个性特点的资源，成为学习中的关键问题，除了教师具备必要的信息素养外，从网络信息技术层面为教师提供智能的资源推荐服务无疑是解决这一问题的重要途径。以教师学习为本，通过数据挖掘等技术建立教师模型，包括教师学习行为、学习兴趣、学习风格、相似性等，通过搜索引擎技术、移动 Agent 技术、协同过滤技术或混合技术等个性化推荐技术，为教师推荐适合其个性特点的资源。

4. 教师与专家互动生成的共同体学习模式

其基本模式如图 4.3 所示。具体流程：学习共同体组建—学习共同体任务设计—协作完成任务—评价总结与反馈。在共同体的互动学习过程中会生成相应的资源库，满足教师多元化、持续化的学习需求。

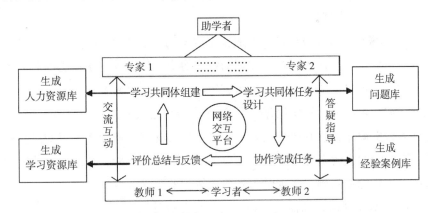

图 4.3 基于网络的教师共同体互动生成学习的基本模型

（1）教师网络学习共同体组建

1）学习共同体的组成

教师网络学习共同体的组成主要有：教育技术专家、教育专家、一线优秀教师、教研员、校长、学习者（教师）、网络学习的辅导教师等。

2）学习共同体的组成方式：自组织与他组织

自组织，指的是在网络技术平台的支持下，不同地区、不同学校之间的教师、专家、教研员等建立网络学习团队，形成跨校、跨地区、跨学科的人际组织，开展学习交流。这些共同体的成员一般具有相同学科背景或不同学科背景、具有共同的兴趣、目标、话语等，借助于网络而自发地形成学习团队，以网络共同体的形式开展学习。

他组织。一般有两种方式：一是，同质组建方式。即相同学科背景或共同经验的教师、研究专家、教研员、辅导老师等组成学习团体。这种学习团体形式既有优势也有不足之处：其优势体现在，相同学科背景的学习团体有助于其经验分享，有共同的话题，有助于深入互动和交流，对于专业成长很有帮助；其不足之处是局限于同质的圈子里而不利于思维的开阔和视野开阔。一是，异质组建方式。即同一年级不同学科的教师和有不同背景的专家学者等组成学习团体，共同研讨、解决教育教学等共性问题①。具体实施中要根据具体需要来决定采用哪种方式。共同体的人数规模：一般是6—8人为宜，注意保证男女比例，做到优势互补。并选出一名组长，协调团体内的各种关系，协助辅导教师开展工作等。

3）生成人力资源库

通过学习共同体的组建，生成了可供学习者持续学习的人力资源库。主客一体的学习观认为学习是知识的社会协商，知识存在于社会的共同体中，学习者不仅需要特定领域的内容等物化资源，更需要适合学习者的学习伙伴或专家等人力资源网络，从而持续不断地获取知识和智慧。因此，这种人力资源库为教师的持续学习提供了智力支持，教师在学习的过程中可以随时访问人力资源库，获取相应的智力帮助和支持，从而形成持续学习的人力资源关系网，实现学习者群体智慧的共享。

（2）基于网络共同体的互动生成的任务设计

1）任务性质

群体互动性。群体互动性的任务设计思想是对互动生成的学习观的具体体现，通过基于群体之间的互动和协同任务的设计和实施，既有助于调动学

---

① 张超：《教师远程培训的学习干预研究》，博士学位论文，华东师范大学，2010年，第76页。

习者（教师）的学习积极性，也有助于发挥集体智慧，实现互动生成式学习。

真实性。学习任务的设计要有意义，是教师教育教学生活中所关心的、与教师自身密切相关的真实性学习任务。

2）任务来源

一是，"学用转化任务"设计。这类任务是基于网络课程的学习和应用设计，即网络课程为教师提供了丰富的学习资源，提供了先进的教育教学理念和实践案例等，这些课程资源为教师提供了理论指导和实践参考，教师通过学习，有应用于自己教学实践的冲动和需要，由此可以设计应用类任务，将网络学习到的理论和方法应用到课堂实践中，实现网络资源进课堂、网络资源受益学生、受益教师、受益学校发展。即以网络资源的课堂应用为核心，以共同体的形式，促进教师学用转化。

一是，"基于真实问题解决的学习任务"设计。这类学习任务是来源于教师的真实教育情境中，是教师教育教学生活中的真实问题、困惑等。借助于网络共同体，以教师实际问题解决为核心，能够极大地激发他们的学习积极性，提高学习质量和效益。这些问题一般有：共性问题和个性问题。对于个性问题可以通过网络共同体的交流互动形式予以解决，达成共识；如果不能解决，则通过网络学习共同体的共同讨论和协商，形成具有代表性和普遍意义的共性问题，可建立相应的课题研究，进行新的研究任务设计，以共同体合作的形式开展问题解决的项目研究，从而达成学习目标。

3）生成问题库

依据任务的来源分析可知，教师在学习的过程中或在实践应用的过程中、实际工作的过程中都会有问题的产生，将这些问题进行分类，一种是共性问题，一种是个性问题，这些问题都是教师身边发生的、喜闻乐见的真实问题，将这些问题形成问题库：一方面，有助于当前学习的有效开展，即为学习共同体进一步学习解决提供有意义的任务，有助于激发教师的学习积极性，使教师学习由被动的外在推动式学习变为解决自身问题的有意义学习；另一方面，也为后来的学习者提供丰富的问题库，使他们能在该库中找到自己的问题或者增加新的问题，从而为教师学习提供有价值的真实的支持。

4）任务类型

产品型任务。教师网络学习共同体通过协作共同完成一种学习产品，如问题解决方案、教学设计方案、调研报告、微型研究成果、学习作品等。

过程型任务。这种类型的学习任务注重共同体的学习过程，如头脑风暴、交流研讨、经验分享、学习体验等。

（3）协同完成任务

整个学习任务的完成都是网络学习团体的共同体协作的结果。专家、一线优秀教师、教研员等为共同体的任务完成提供指导和帮助；网络学习的辅导教师一方面组织开展网络共同体成员之间的互动交流、推进学习任务的进行；另一方面协调来自学习团体的内部或外部的冲突，如学习者之间的冲突、心理上的不适应等，增强学习团体的凝聚力、维持学习团体的发展；学校校长要积极发挥组织和支持作用，从校本层面为教师学习提供各种支持，做好联系教育行政部门和教育专家等工作，保障教师学习的顺利进行；学习者（教师）在专家和辅导教师的指导和帮助以及学校的相关支持下，明确学习共同体的规范、任务和各自职责，积极互动，共同完成学习任务。

1）"学用转化"学习任务实施模型

总体思路如图4.4所示。教师的整个学习是以学用转化为核心、以专家的指导引领、学习伙伴、辅导人员等的多方互动支持的五步循环过程。具体来说就是：

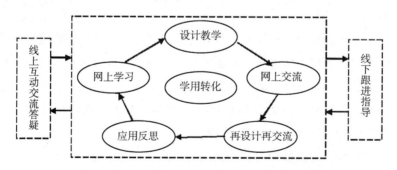

图4.4 基于"学用转化"的教师网络共同体学习任务实施模型

第一步，在网上学习课程资源，对课程提供的教育教学理念和典型案例进行学习；在此过程中，由辅导教师等组织开展基于学习内容的研讨交流，深入理解和领会学习内容；第二步，在学习的基础上，设计自己的教学，教学设计可以是个体层面的，即每个人都设计自己的教学，也可以是群体层面的即以小组合作的形式设计教学。在此过程中，由辅导教师组织，开展基于个体的或群体合作的教学设计活动，然后将教学设计上传到网络学习平台上；第三步，网络学习共同体对教学设计方案进行讨论交流，专家参与指导，提出各自的意见；第四步，结合大家的讨论，以及专家的指导，对原来的设计进行修改完善，完成新的教学设计，再进行互动交流、专家指导，形成最终方案；第五步，带着最新的教学设计去上课，对教学进行评价和反思，将反思上传到网上，进行再交流，再学习、再指导。

对于上述的学习过程，为教师提供混合式的学习支持服务：

一是，随时随地在线上互动交流和专家答疑。即教师在学习的过程中如有问题就可以在网上发布提问，专家进行同步或异步式答疑指导，也可以进行与其他学习者的交流互动，这一支持服务形式贯穿于教师整个学习的全过程中。依据远程教育的基本原理，单纯依靠非面对面的网络学习，其学习效果难以保证，因此，必须在教师网络学习的同时，予以面对面的集中辅导，我们称之为短期集中跟进式指导。

一是，为教师提供短期集中跟进式指导。主要从两个方面着手：

①在教师网上学习的过程中，以市县为主，依托本地专家资源在本地开展一次短期面对面的集中跟进指导活动，促进"学用转化"。主要有：a. 专家和优秀的一线教师下乡讲学，做示范性教学，在专家的引领下组织教师讨论交流；b. 专家与教研人员一起走进课堂，听教师上课后，对教学进行点评，纠正教学中出现的问题，指导教学的开展；c. 引导教师树立问题意识，推进教师学习、反思、研究习惯养成，推进终身学习习惯养成。

②在教师网上学习结束后，开展省级的短期集中跟进指导活动，促进"学用转化"。

选取一定数量的参加网络学习的一线骨干教师，以省级教育部门的组织为主，聘请国内外教育专家，在省级部门集中开展跟进指导活动。具体思路是：专家报告（学情分析报告）—研讨交流—现场诊断—网络视频—再认识，制订发展计划研修方式。专家报告：主要包括有效课堂教学技能与方法；新课程学科教学问题与对策；新课程改革中的问题与反思；

教师综合素养提升与行为习惯养成；教师的学习行为的培养，写教学日志，反思教学行为。研讨交流：学习者（教师）带来自己的教学设计或课堂实录由专家进行初次评价和指导，然后选取一定数量的省级学校，到学校观摩教学，并与实地考察学校的教师交流座谈。现场诊断：在实地考察学校开展实践课堂教学，专家进行现场诊断，教师开展互动交流。网络视频：教师回到工作岗位后，开展再实践再认识，并制订研修计划，使得网络学习及其应用常态化，并随时可将学习应用后的产品——实际课堂教学设计与实施的课堂实录反思等，上传到网络教学平台上，由专家对上传的课堂教学进行观察、评价和教学分析、指导；学习者（教师）通过观看不同地区的教师的课堂实录，学习他人的教学经验，并开展基于网络的交流互动。从而促进网络研修持续发展，促进"学用转化"，并逐步养成网络学习习惯和能力。

2）"真实问题解决的学习任务"实施模型

即选取教师教育教学实践中的真实问题为学习起点，以网络课程资源为解决问题的养料，以专家和网络学习者（教师）的指导和互动交流为依托，以问题研究为主要形式，开展基于网络的互动生成式学习。具体操作思路有两种：

一种思路是：学习者个性问题—网上学习—问题解决—生成经验案例库。这些个性问题既包括专业领域的问题，也包括非专业问题，如教师精神文化需求、生存环境、待遇、生活、心理健康、个人发展等人文领域。即学习者（教师）带着自己的真实问题，学习网络课程资源，以网络课程资源中的理论和案例为指导，尝试解决自己的问题，在问题解决完成后，形成问题解决案例并上传到相应的经验案例库里，生成新的学习资源以供其他学习者学习使用。

一种思路是：学习者共性问题—立项研究—形成学习资源库。如果问题未能解决，学习者（教师）可将自己的实际问题发布到网络学习平台上，在辅导教师的组织下，与专家、优秀教师、教研员、其他学习者（教师）等开展互动交流，对各个学习者（教师）提出的问题进行归类、归纳，最终形成具有普遍意义的共性问题，将这些共性问题形成研究选题；成立研究小组，并为每个研究小组配备1—2名的指导专家，引领完成研究任务。最后进行交流共享。

3）生成经验案例库

通过共同体的协作，完成任务的过程中会生成相应的经验和案例，将这些经验和案例通过网络信息技术聚合、分类，生成经验案例库，以供教师培训、研修之用。并且在网络信息技术的支持下，后来的学习者也可以编辑、充实、丰富经验案例库，进一步生成新的资源库。

（4）学习评估

该模式下的学习评估注重对互动与生成的评估与反馈。

1）学习过程评估。一方面，注重学习团体互动的质量评估，主要有：专家与教师的互动频率、互动深度等评估；学习者（教师）与学习者（教师）之间的互动频次、互动质量的评估；学习者（教师）与课程资源的互动频次、互动质量的评估。另一方面，重视对学习生成的评估，建立学习档案袋，注重对学习过程中产生的方案、设计、案例、思想等的评估。

2）学习结果评估。主要包括共同体内自评、专家点评、共同体之间交流评价。任务完成后，辅导教师要组织共同体内进行自我评价，进一步完善学习成果，在此基础上，组织各学习小组上传学习成果，进行网络汇报和展示，共同体之间进行交流，专家进行点评，最后辅导教师进行总结。

3）学习结果反馈。反馈有两种，一种是针对教师学习行为的，一种是针对教师学习认知的。针对行为的反馈有助于教师调整学习行动过程中的行为表现；针对认知的反馈有助于教师反思并改变自己现有的心智模式和思维方式，促进教师认知的发展。

4）总结生成学习资源库。通过学习共同体的努力，最终完成任务，生成了很多学习资源（包括问题产生、问题分析、问题解决方案、经验分享、策略方法等），这些资源中，一部分是素材性资源、经验水平的资源，还需要进一步抽象概括为具有指导意义的理论资源，这一工作的完成需要专家和教师的互动协作，完成对教师经验的抽象概括与提升，使其资源水平由经验上升为理论层次，形成可供学习的资源库。

第五章　教师网络学习范式形态的反思与转变

第一节　反思：主客二分范式的危机

一　专家中心的教师网络学习范式危机

（一）教师：被动的人

客观主义的学习观下，教育专家、教育行政部门是主体，将教师视为客体，教师是主体认识、改造、控制、支配的对象，作为专家和教育行政部门的主体与作为教师的客体之间是能动与被动、认识与被认识、控制与被控制、教导与被教导的关系，教师是被客体化了的人、是沉默的学习者。教师学习是以教育专家为中心，以专家的理论规训和教育行政部门的外在推动为主，教师是专家与教育行政部门规训的对象，是"被塑造"、"被改造"的人，正如有学者指出："当仔细审视目前各国实施的、主流的教师专业发展模式，即由地方政府发起的、指令性的教师发展模式，和由大学提供课程、工作坊、研讨会和讲座等形式的发展模式，我们会发现，教师是无法操控自己的发展计划的，……在由政府、大学和中小学教师组成的决定教师专业发展值优先次序和目标，以及确定资源分配等问题的三角关系中，基本上都是由前两者从各自的利益出发，设定在职教育的议程，教师依然处于弱势的第三者地位。"[1] 正如有教师所讲的，"知识不曾被我所用，我却只能被其掌控"[2]。

---

① 操太圣：《院校协作过程中的教师专业性：香港与上海的比较研究》，博士学位论文，香港中文大学，2003年，第8页。

② 何菊玲：《教师教育范式研究》，博士学位论文，陕西师范大学，2008年，第112页。

(二) 学习：理论与实践脱节、科学与人文分离

这种无视教师的主体性、无视教师经验与个体知识的客观主义教师学习观带来的后果是：教师学习成为一种专家独白的、外在强制性的任务，最终导致作为教师主体性的消失，教师个体经验与知识的压制，理论与实践的脱节。客观主义过分夸大专业知识对教师的作用，把教学专业活动视为一种应用科学理论来解决问题的过程。教师学习成为学习专家理论、专业知识的过程，然而教育情境是复杂的、具体的；同时，由于这种学习，难以激发教师的主动性，教师往往并没有真实地参与其中，正如教师所认为，"学习就是听听讲座、学学别人的东西，自己的教育教学问题永远是问题"，"学习的时候很激动，专家的理论的确很好，教学模式很新，但回来之后却发现不是那么回事，自己所带的学生、自己的课堂、还有学校的条件都似乎难以实施这些先进的教学理念"，等等。由此看来，理论具有共性，但面对教师具体的教育情境往往难以发挥作用，如何使得教育理论落地是值得思考的问题。

教师肩负着培养人的重大责任，不仅要具备专业科学知识和技能，更要具备健全的人格和精神，在知识结构上，不仅要有科学的教育教学知识，也应有人文知识。而客观主义的教师学习观只强调专业知识与技能的学习与训练，对人文知识则不予重视。这种单一的学习取向，只能使教师培养走向学科的单一化，教师的心理素质和人文素养没有关注和提升，致使教师成为"单向度的空心人"、"单面人"，这样的教师必然会将其学生引向危险的边缘。

(三) 网络信息技术：重在学习内容的呈现

在客观主义教师学习观下，网络技术对教师学习的支持作用非常有限，仅将网络技术作为一种呈现学习内容的工具而已，网络技术服务于专家知识的呈现，服务于内容的呈现，如在网络学习平台中，网络仅实现了一种电子搬家，即将纸质版的学习材料数字化后搬到网上供教师学习，或者将拍摄制作好的专家讲座的视频发布在网络学习平台上供教师进行点播式学习。虽然网络学习平台中也开发了论坛讨论等支持教师讨论式学习功能，但其学习设计仍然是以传递接受为主，论坛讨论区等不受重视，总体看来仍然是基于网络信息技术的呈现接受模式。

二 教师中心的网络学习范式危机

(一) 忽视专家的引领作用

主观主义的教师学习观凸显教师的主体性，强调对教师个体知识与经验的关注，强调人文知识的重要性，强调本土知识的重要性，强调教师自我导向的学习，这些思想具有人本主义特征，体现了人文主义关怀，值得肯定。但主观主义在批判客观主义的同时却走向了另一个极端：否定知识的客观性、过于强调知识的主观性；否定专家知识的地位和作用，过于强调教师个体知识和教师经验；忽视专家引领的作用，过于强调教师实践。由于教师长期从事教学实践工作，如果不注重学习和研究，就会出现理论水平较弱的情况，从而使自己的教学实践陷入重复的劳动中而徘徊不前；由于缺乏专家的引领，教师的理论水平毕竟有限，使自己的教学经验等得不到及时有效的提升；由此看来，教师的发展离不开专家的指引，专家理论的深化也离不开教师的实践。因此，如果坚持主观主义的教师学习观，又会使教师的学习和发展走向另一极端，重视教师的主体性却忽视了专家的引领作用，同样不利于教师的学习与发展。

(二) 轻视理论

主观主义的教师学习观在批判客观主义的教师学习观的基础上提出了教师学习就是实践参与、经验反思，这种思想相比客观主义盛行下的教师学习观无疑是进步的表现，为教师学习研究和实践提供了新的视角，从而形成了教师学习的实践取向，这对于教师学习与发展是富有指导意义。但过于强调教师的主体性甚至出现了否定理论的倾向，则会将教师学习和发展引入单纯依靠实践的误区。我们不可忽视这种轻视理论知识的实践取向可能带来的诸多问题，如过于排斥理论知识，不能从外部引入新的思想，教师学习往往时间长而见效差；轻视理论知识的学习，不利于整体提升教师的思维品质；实践性、情境性、缄默性知识的零碎、不易直接传递，教师难以形成结构化的知识体系[①]。

---

① 林正范，肖正德等：《教师学习新视野——生态取向的理论与实践》，教育科学出版社2013年版，第36页。

第二节　范式转变:从主客二分到主客一体的互动生成

综上看来，客观主义和主观主义是连续统的两端，这二者都是主客二元对立的观点：要么专家独白，要么是教师为主的独自探索，从一个极端走向另一个极端：客观主义的教师学习观注重专家知识、理论知识的学习，采用呈现接受的学习方式，网络信息技术为这种呈现接受的学习而服务；主观主义的教师学习观强调教师知识与经验的重要性，采用教师自主学习的方式，网络信息技术为教师的自主学习而服务；在客观主义那里，重视理论是有道理的，但理论如何转化为实践，没有回答，网络信息技术服务于专家、教育行政部门的独白，网络信息技术的作用单一而有限，网络信息技术并没有改变教育关系，并没有改变学习方式，网络信息技术对教师学习与发展并没有什么实质性的影响和改变，虽然是重要的，教师仍然是被动的学习者；在主观主义那里，是教师的独自探索，无视理论的指导和引领，但教师由于其本身的局限和日常重复的教学，如果没有理论的指引，教师的教学将陷入单调机械的重复性劳动，如果一味地强调教师的自主、强调校本、强调同伴互助，教师会囿于自己的圈子里始终难以提高，正如教师所言，周围都是与自己水平差不多的人，在校本研修中讨论来讨论去也没有讨论清楚为什么、是什么、怎么做，渴望需要专家的指导和引领。

由此看来，主客二元对立的教师学习观难以解决教师学习的问题，只有从主客互动的关系出发，既重视理论，也重视教师的经验和实践，只有将二者结合起来，在平等互助的关系中，促使双向建构，实现共同发展，才是教师学习和发展的根本之道。

一　从主体性到主体间性，从理论或实践中心到理论与实践的互动

既不是教师中心也不是专家中心，既不是教育部门和专家的外部规训，也不是单纯的校本和教师自我探索形式，他们是共同体的形式。教育部门和专家中心有助于引领，但缺乏教师的参与，教师进行一味的探索、经验反思，但没有外部的支持和引领，学习流于形式。因此，应当发挥各自的优势，即发挥政府的主导与支持作用，发挥教育行政部门的组织与协

调作用，发挥教育技术企业的网络信息技术与资金优势，发挥教育专家等的理论引领作用，发挥教师的经验与实践优势，等等，使他们形成教师学习共同体。共同体的建立应该由教育行政部门来负责，发挥其组织与协调的作用，争取政府的支持，协调教师、专家、企业等的主体利益与需求，建立专家、教师、教育技术企业等的互动机制，促使学习共同体的发展。通过教师学习共同体，教师与专家、与教育技术企业等是主体间性的对话关系，在对话中实现各自利益诉求的满足，实现理论与实践的统一。

二　网络技术支持：从呈现到参与，从既定到互动生成

网络信息技术不仅仅是支持学习内容的呈现，支持既定课程资源的跨时空传递，更重要的是在主客一体的教师学习观的指导下，发挥其支持互动生成的作用，为教师学习的互动生成作出贡献。具体的实施思路是：①支持参与互动。网络信息技术平台应具有开放、协同编辑、开源技术支持、互通共访（破除"信息孤岛"、重复建设）等功能；网络信息技术为教师人本化学习提供支持（如提供因材施教，人机交互支持等）；提供自适应学习系统：包括对教师学习人本化和社会化追求的支持，如协作化学习平台，从简单交流到深入协作互动的分布式的社会化学习支持；建立学习者（教师）模型，为教师提供个性化资源推送服务。②支持教师学习资源的生成，形成开放的课程资源建设与生成机制，即人人参与构建，人人共享，群建众享，从单一依赖少数开发商建设模式走向"草根"建设和共享模式。③在学习设计方面，注重互动生成的学习活动设计。互动生成的学习观不仅关注物质资源，更注重其背后的人力资源、学习的社会化网络的构建和利用，因而互动生成的学习活动设计主要包括：线上的协作化学习设计，即学习活动化、问题为中心、活动为中心，旨在对教师网上学习进行支持和引领，克服人机交互式学习的情感孤独与认知低效；线下的学习跟进指导服务活动设计，即在教师网络学习的同时辅助于线下的面对面短期集中指导。④在学习评价方面。对学习评价的设计不仅要关注行为目标的实现，更强调生成性和表现性目标的实现，是作为人的解放理性的体现，在评价上不仅仅关注结果，更加关注过程，即通过过程跟进记录反馈、过程性数据挖掘等凸显过程性评价；通过成果展示等强调对教师个性化的彰显；通过对学习互动的评价和引导，强调学习的社会化；通过互

评与他评的有机结合、质与量的结合，强调学习者的评价主体作用。

第三节　促进范式转变的路径

一　从学习观的转变着眼，促进范式转变

依据前面范式理论的分析，学习观是范式转变的导向性、根本性因素，因此，促进范式转变的核心是促进学习观的变革。

（一）观念转变理论

关于观念转变的研究始于 20 世纪 70 年代，之后有学者对此问题进行了大量研究，产生了较为丰富的理论成果，纵观这些成果，其中代表性的是 Posner 等人提出观念转变理论（Conceptual Change Theory），该理论主要从观念转变的条件和影响因素两个层面进行了系统的论述。观念转变需要满足 4 个条件[①]：①对现有观念的不满。只有感到自己的某个观念失去了作用或存在不足，个体才可能调整或转变原观念。个体面对原来的观念所无法解决的事实（反例），能引发认知冲突，这可以有效地导致对原有观念的不满。②新观念的可理解性。学习者需懂得新观念的真正含义，而不仅仅是字面的理解，他需要把新观念的各要素联系起来，建立整体一致的表征。③新观念的合理性。个体需要看到新观念是合理的，而这需要新观念与个体所接受的其他观念、信念相互一致，而不是相互冲突，它们可以一起被重新整合。这种一致包括：与自己的认识论信念一致；与自己的其他理论或知识一致；与自己的经验一致；与自己的直觉一致等。个体看到新观念的合理性，意味着他相信新观念是真实可信的。④新观念的有效性。个体看到新观念对自己的价值，它能解决其他途径所难以解决的问题，并且能向个体展示出新的可能和方向，具有启发意义。有效性意味着个体把它看作是解决实际问题的更好的途径。这几个条件是相互联系、逐层递进的关系，现有观念的不满是观念转变的动因，新观念的可理解性是合理性的基础，合理性是有效性的基础，该理论将可理解性、合理性、有

---

① Posner, G. J., Strike, K. A., Hewson, P. W. & Gertzog, W. A., "Accommodation of a scientific conception: Toward a theory of conceptual change", *Science Education*, Vol. 66, No. 2, 1982, pp. 211—227.

效性统称为"观念状态",指出新观念状态和原有观念状态在相互博弈中实现观念的转变,即在旧观念状态降低而新观念状态上升时,观念的转变就会发生。

（二）启示

受观念转变理论的启发,促进学习观的转变也应遵循观念转变这一基本原理,即从学习观的转变着眼,从学习的组织者和学习者（教师）两个方面出发,关注他们新的学习观的理解性、合理性的看法以及新学习观有效性的认识,寻求观念转变的有效途径。具体来说,加强对网络信息技术的认识与理解,应加强对网络信息技术与教师的发展、网络信息技术与教师学习等关系的深刻认识和理解。

对于组织者而言,要从信息化社会发展的时代背景着眼,深刻理解网络信息技术对学习的作用和贡献,对网络信息技术环境下的教师学习和发展问题有前瞻性和深刻性的理解,对网络信息技术支持教师学习的合理性和有效性有积极的认识,能够从实践层面开展引领性工作,促进教师网络学习范式的形成与发展,促进教师教育的信息化发展。为此,一方面,要加强此方面的学习,增强信息化学习的理论认识,努力提高自身的理论水平和实践能力;另一方面,积极联合教育信息化专家、教育专家,把握理论前沿,吸纳专家力量参与网络信息技术支持下的教师学习研究和实践,提高教师网络学习工作的理论和实践水平。

对于学习者（教师）而言,也应加强对网络信息技术的认识和理解,增强和提高自己的信息化意识和水平,增强教师数字化生存与发展的技能。通过新课改理念的学习、教师教育技术能力发展计划的实施,目前大部分教师具备了一定的教育技术的相关知识,对教育技术有了一定的认识和理解,但总体看来,教师关于信息技术如何促进教学的知识掌握较多,而对于信息技术促进自身学习的知识掌握则比较少,这在一定程度上影响了教师设计和使用技术支持自身发展的意识和能力;同时,教师对网络的理解也普遍停留在网络技术的工具性和手段层面,将网络技术看作是独立于自身的外部存在,没有将网络技术看作是与自己生活、工作和学习息息相关的有机组成部分,认为自己是网络的被动使用者,因而出现"可用可不用"的认识和理解,对网络的使用表现出了不积极的态度。而网络信息技术进入教育,实现与教育融合的关键是教师,教师对网络技术的正确认识和理解显得尤为重要，在今天看来，教师是"信息技术的设计者"已成为共识，网络信息技术是教学环境、教师学习环境的有机组成部分，教师是网络信息技术的设计者、评估者。正如有学者所言："一些研究发现，很少有教师愿意在被人预先设计好的教学过程里进行教学。教师的教学过程是一个动态的、临时发挥的、解决问题的思维过程"[①]，"教师是主动的，信息技术处于从属地位，一切信息技术从属于教师的教育理念、教学原理和他的教学策略……教师不仅仅是信息技术的接受者或实施者，同时也是开发者、评估者和设计者"[②]。

二　从理论层面着手，加强理论创新，为教师网络学习提供指导

为什么进行教师网络学习理论创新？这是范式变革的需要。其一，教师网络学习范式转变，从教师网络学习范式的社会学层面思考，就是要加强教师网络学习的理论创新，在新的理论指导下实现范式的变革；其二，传统的教师学习理论注重传统面对面环境下的教师学习特点和运行规律的探索，而教师网络学习关注的网络等信息化环境下的教师学习问题，有其自身的特点和运行规律，需要新的理论指导，如果还应用原有的理论无异于"穿新鞋走老路"，显然不适应网络学习的需要；其三，教师网络学习还是个新生事物，目前对它的探索和研究及其实践都还处于摸索阶段，没有系统的理论来指导实践，还需要我们加强理论创新。

什么是教师网络学习理论创新？谁来进行教师网络学习理论创新？教师网络学习理论创新就是将网络信息技术环境下的教师学习与专业发展作为研究对象，进行理论发现的过程。那么谁来进行此项工作呢？"人"是教师网络学习研究和实践的根本，这里的"人"主要是：高校研究者（包括教育技术研究者、教师教育研究者等）、远程培训机构、一线学校的校长和教师、教研员、区域教育行政人员。他们在研究中各有侧重，有如下特征：高校教育技术、教师教育研究者所追求的是揭示网络学习与专业发展规律的理论成果；远程培训机构追求的是任务的高效完成和经济效

---

① 赵勇：《传统与创新——教育与技术的关系漫谈》，北京师范大学出版社 2006 年版，第70 页。

② 同上书，第 77 页。

益的取得；一线学校的校长和教师与高校研究者不同，他们的研究往往更关注于自己面临的实际问题而不是指向理论的创新或新规律的发现；教研员是教师教研的指导和帮助者，追求的是理想的教学实践：设计合理、效果积极的教学活动，分析到位、令教师获益的评课活动，等等①；区域教育行政人员是教研的支持和协调者。他们各有所长，联合起来、共同合作开展网络等信息技术环境下的教师学习与专业发展研究应当是理论创新的好方式。但现实中往往是：高校研究者从事着纯学术的研究，缺乏实践支撑，理论难以转化为实践；一线教师由于有"当局者迷"的一面，加之理论水平有限而使研究流于形式；教研员在二者的分离中难以定位，教育行政领导对研究支持相对不足②。因此，我们需要探索有效的互动研究机制，发挥各自的优势，显得很有必要。

如何进行教师网络学习理论创新？思路有三：第一，明晰理论创新的四个基本属性，并按照其属性的基本规律开展研究和理论创新。它的四个基本属性：其一，解释性。对教师网络学习的现实问题作出理论解释，寻求问题解决的策略；其二，指导性。要对历史的、现实的教师网络学习经验及时总结并提升到理论高度，减少重复建设和经验摸索的过程，并推广应用，指导实践；其三，引领性。要有前瞻性，引领现实的发展，对教师网络学习做进一步引领，指明方向，促进教师学习、专业发展、教师教育的信息化、现代化进程；其四，发现。发现是理论创新的重要属性，教师网络学习的创新应着力于新的发现，探索和发现新规律，从而更好地指导实践。第二，教师网络学习既属于成人学习范畴也属于网络学习范畴，更是学习范畴，因此，进行教师网络学习理论创新，要坚持学习科学、学习理论等的指导，借鉴和发展成人学习理论、网络学习理论，处理好理论基础和基础理论的关系；实现学习科学、学习理论、成人学习理论、网络学习理论的有机融合。第三，加强合作，协同创新。理论创新需要相应的土壤，需要多方合作和协同创新，探索高校与中小学互动研究机制是教师网络学习理论创新的土壤。区域教育行政人员要发挥其行政管理协调的优

---

① 丛立新：《教研员角色需要彻底改变吗?》，《中小学教育》，2009 年第 5 期。

② 黄兰芳，贾巍：《农村中小学远程教育应用：现象、归因与建议——以宁夏为例》，《教学与管理》，2013 年第 12 期。

势，积极地组织和发挥教师教育、学习和专业发展信息化中"人"的作用，可以从以下几个方面探索合作研究的长效机制。其一，可以以项目为导向，开展高校与中小学合作研究。区域教育行政人员以解决本地教师发展实际问题为基点，以教师网络学习为主，采取合理可行的机制积极联合高校研究者和中小学校、教研员申报各级各类课题，积极开展相关课题研究，力争产生有普遍指导意义的理论成果；其二，可由教育行政部门牵头，广泛而多样化地联合专家，结合本地教师发展规划和实际进行适合本地的课题立项，进行长期有效的研究合作；其三，教育行政人员可以探索与企业的合作机制，联合开展面向信息化的教师专业发展研究。通过合作，企业发挥技术与资金上的优势，为教师网络学习与发展提供支持，中小学教师积极参与企业教育软件、学习资源等产品的建设和应用，高校研究者发挥其引领作用和理论研究优势，合作共同推进教师教育信息化发展与研究。

三　从有形的操作模式入手，促进无形的理念变革，推动学习范式转变

从教师网络学习范式的三个层面来看，位于中间层和上层的是理论和信念，是关于教师网络学习的理念，是无形的方向性、主导性因素；而位于底端的则是教师网络学习的操作层，即操作模式，操作模式是关于理念的具体体现，是有形的可操作的模型、模式、方法等；依据教师网络学习范式的界定，教师网络学习模式是关于学习观的具体体现，有什么样的学习观就有什么样的教师网络学习模式，教师网络学习范式转变的核心和本质是学习观的转变，而学习观是无形的难以操作的理念，而模式则是学习观的具体体现，是融入了学习观的操作模式。因此，推动教师网络学习范式的转变，应着眼于无形的学习观，但是应从有形的教师网络学习的操作模式层面着手，以有形为抓手，促进无形的理念转变，实现范式转变。

具体来说，就是从模式的四个方面入手。在学习观的指导下，将互动生成的学习观这一理念始终贯穿于教师网络学习的操作模式里，体现在其四大要素里。

（一）学习动机

相对于传统面对面的学习，教师网络学习动机的激发和维持具有其自身的特点,因而促进范式转变,应当坚持网络环境下学习动机激发和维持的思维和策略。总体思路应该是关注教师学习动机特点,结合网络学习优势,在互动生成的学习观指导下,最大限度地激发和维持教师学习动机。可从以下几个方面着手:其一,关注教师学习动机的特点,从教师学习动机特点出发,思考动机激发策略。依据已有文献的研究成果,教师学习动机主要特点是:动机具有多样性,但以获得知识、提高自身素质等内部动机为主[1];动机基于问题和现实需求[2];具有交流与交往动机,很多教师想要通过在学习中"认识或结识名师"、"认识志同道合的朋友"获得更多的社会支持和社会资源,进而满足自身知识水平的提升、个人地位的获得或获得职业方面更好的发展[3];从我们的调研中也可以证实这一点,教师们普遍认为囿于自己学校的小圈子,大家在专业发展水平方面差异不大,彼此交流难有实质性提升,希望得到外部的交流互动。因此,网络学习要考虑教师学习动机的这些特点,注重提升教师内部动机、解决教师现实问题、满足教师需求和交流交往学习等。其二,发挥网络信息技术的优势。相比传统面对面的培训学习,网络学习环境具有很多优势,应当思考如何发挥网络学习环境的优势,解决传统环境下教师学习难以或者不能解决的问题,而不是传统学习的网络搬家。网络学习环境所具备的优势成为教师选择网络学习的主要动机之一,这几大优势在于:①跨时空的资源传递,教师可以依据自己的时间,自由安排学习时间、灵活地选择学习地点,可以实现同步学习和异步学习,极大地方便教师学习,是解决教师工学矛盾的有效途径;②体现差异。网络学习环境能够为学习者提供多元化、多层次的课程资源,能为不同发展水平、不同需要的学习者(教师)提供个性化资源服务,而且随着 Web 技术、语义关联、智能推送技术的发展,能够为学习者提供差异化的课程资源服务;③支持互动生成。网络

---

① 李杏丽:《小学教师学习动机问题研究》,硕士学位论文,东北师范大学,2013 年,第 29 页;庄丽丽:《广州市初中教师参加继续教育学习动机现状及对策研究》,硕士学位论文,华南师范大学,2005 年,第 34 页。

② 裴淼,李肖艳:《成人学习理论视角下的"教师学习"解读:回归教师的成人身份》,《教师教育研究》,2014 年第 6 期。

③ 李杏丽:《小学教师学习动机问题研究》,硕士学位论文,东北师范大学,2013 年,第 29—30 页。

信息技术特别是随着 Web 2.0、Web 3.0 等的发展，从技术层面既能够实现社会性交互、资源生成等，为教师提供更大范围的人际交流互动支持。其三，互动生成的主客一体学习观强调学习的社会性、协作性、自主建构性，是一种创新性学习、生成性学习，而非维持性、接受式学习，这与教师学习动机的特点有共同之处，也与网络信息技术特别是 Web 2.0、Web 3.0 等的思想不谋而合，因此，坚持互动生成学习观的指导，发挥网络信息技术的优势，结合教师学习动机的特点，我们可以最大限度地激发和维持教师学习动机，推动教师网络学习范式的转变。

（二）学习平台：应遵循和体现互动生成的主客一体的学习观，在支持信息呈现的基础上要强调支持互动生成

网络学习平台不仅仅是支持学习内容的呈现，支持既定课程资源的跨时空传递，更重要的是从技术层面支持基于问题解决的、个性化的、互动生成的学习。实施思路是：

1. 支持问题解决

除了课程资源的呈现之外，平台应具有开放、协同编辑、开源技术支持、互通共访、从简单交流到深入协作互动的分布式的社会化学习支持等功能，促进协同化的问题解决。

2. 支持个性化

网络学习相比传统的最大优势之一是能够观照差异、体现个性化，因而教师网络学习平台应当支持：教师个性化的资源选择与服务，支持以教师为本的个性化学习。一方面，利用网络信息技术的最新发展成果，使得学习平台具备为教师提供个性化的资源推送服务，满足不同学习风格和不同发展水平的教师学习需要；一方面，通过数据挖掘等技术建立学习者模型，包括学习者学习行为、学习兴趣、学习风格、学习者的相似性等，通过搜索引擎技术、移动 Agent 技术、协同过滤技术或混合技术等个性化的推荐技术，为学习者提供个性化学习服务[①]。

3. 支持互动生成

（1）互动方面。远程学习平台支持教师与教师、辅导教师、专家之

---

① 杨晓宏，贾巍：《现代学习理念导向下的数字化学习资源构建研究》，《中国电化教育》，2013 年第 3 期。

间的互动，在技术层面可以依据数字化学习内容封装规范（IMS Common Cartridge），实现学习活动和学习资源的动态结合、学习活动和学习工具的动态结合，学习者不仅能够浏览内容，而且在学习相应内容的同时利用多种学习工具参与和内容密切相关的互动活动，获得更好的学习体验①。再如，可在常规的班级论坛、学科论坛等基础上，建立教师工作室、学习空间、微访谈平台等，支持互动交流。

（2）资源生成方面。一方面，为教师、辅导人员开发支持资源生成的工具，这些工具能够支持互动学习、资源分类聚合、数据自动记录、评价等，如：讨论、问答、资源下载分享、资源分类整合、辩论、视频、评价、问卷等工具，协作文档等。另一方面，随着 Web 2.0 等网络技术的发展，信息传播从传递接受走向双向互动，教师参与资源建设成为可能，传统的由资源提供商输送资源、教师消费的生产消费模式将被互动共建共享的开放建设模式所取代。具体可从两方面着手：①教师在学习的过程中产生了大量的生成性资源，通过网络平台将这些生成性资源进行聚合、分类和整理，重新呈现于网络平台上，供大家学习交流之用，这些生成性资源来自同行之间的思考、来自专家的精彩点评和指导、来自跨时空的互动交流成果，从而形成教师喜闻乐见的、身边的本土资源，是教师比较受欢迎的学习资源；②教师在线下实践应用后，经过打磨而形成的如教学设计、优秀课例等生成性资源，可以上传到学习平台上，供教师进一步学习或作为今后的培训资源，这样一来，逐步积累可以形成本土化资源，也实现了资源的持续进化与发展。

（三）学习内容：凸显教师的经验与专家理论的互动，重在激活思维，促进生成

课程资源是教师的主要学习内容，从学习内容方面来思考促进范式转变，就是要强调互动生成的学习观指导，在设计和建设网络课程资源上体现这一学习观。

1. 课程目标：重视知识与技能的更新，更强调生成，鼓励创新

课程目标应该是二维一体的，即一方面，课程的设计应该关注教师知

---

① 程罡，徐瑾，余胜泉：《学习资源标准的新发展与学习资源的发展趋势》，《远程教育杂志》，2009 年第 4 期。

识的更新和技能的提升，随着时代的发展和社会的进步，教育理论、思想、模式等都在变革，教师需要不断地更新自我、跟上时代发展和教育变革的步伐。因此，教师学习课程的一个重要目标就是为教师提供最新的教育教学理念和研究成果，提供新的教学模式、方法等，帮助教师更新知识结构和提升教学技能；但与此同时，不能将这一内容作为教师学习课程的全部，而应在此基础上，关注和强调教师是学习者又是学习资源这一学习者特征，应当更加强调教师学习的生成和创新，教师作为成人是特殊的学习者，是基于经验的、情境的、问题的学习者，教师既是学习者，本身又是学习资源，不能将教师视为理论、模式等的灌输对象，而是作为主体，将课程资源作为彼此经验、思想的分享案例，讨论互动的素材，对话的桥梁，其目标是凸显教师的经验与专家理论的互动，重在激活思维，促进生成、鼓励创新，培养有教育思想、个性化、有教学风格的专家型、创新型教师。

2. 课程内容：继续完善基础性学习内容的建设，加强生成性内容的构建

从以下几个方面着手：第一，继续完善基础性学习内容的建设。为教师提供专家知识、专业理论知识、人文知识、本土知识、教育技术知识等的综合化学习内容（此部分前面已进行了论述，参见第四章第二节）。第二，加强生成性内容的构建。在互动生成学习观的指导下，教师学习的基础性内容的主要功能是更新知识和激活教师思维，旨在促进教师新想法、新方案、新思想的产生，促进教师内生式发展。因此，要在继续完善教师基础性学习内容的同时加强生成性学习内容的构建和利用，可以有两种途径：①注重问题化学习内容的设计。这些问题从内容来讲主要有：教师教育教学生活中的真实问题，与网络学习内容相关的问题，以及学习过程中产生的思考、新想法等。从问题类型看，可以设计以下三类问题，即发散型问题、总结型问题和操作型问题：发散型问题具有灵活、开放的性质，答案不是唯一的，通常是有争议或者前沿的问题，旨在启发学习者进行思考，多角度理解和解决某个问题；总结型问题是参与者共同就某个零散的现象、问题或者原因等进行归纳、总结，形成完整、系统的理解；操作型问题即在一定情境中参与者根据已有的知识与经验对实际问题或某现象进行评论并提出解决方案，具有实践性强的特点。②注重研究性学习内容的

设计。可以就教师教育教学中的问题进行探究、开展主题研究，产生具有本土化的问题解决方案和成果。总之，通过问题化和研究性内容的设计，激活教师思维、生成新的方式、案例、想法、思考、思想，促进教师生成性学习。第三，创新课程形式。坚持必修课程与选修课程、拓展资源建设，多提供融入教育教学思想和理论的典型案例，促进教师与教师、教师与专家的经验分享，真正解决教师实际问题、真正调动教师学习的积极性、真正产生好的学习效果，而不是将教师网络学习流于形式。

（四）加强学习活动设计，转变教师学习方式

加强互动生成的学习活动设计，体现互动生成学习观的基本思想。具体来说，一般可以分为两个阶段进行：网上学习阶段和混合式学习阶段。网上学习阶段是指教师利用一段时间自主学习网络既定的、预设性的课程，完成基本学习任务；混合式学习阶段是指学用转化、校本教研与网络研修整合阶段；当然这两个阶段的划分只是为了表达清晰的需要，在实际实施中并没有严格的界限划分，在网上学习阶段也可以开展线上与线下的混合式学习。

1. 网上学习阶段的互动生成活动：基于话题的互动研讨活动

（1）话题发起者。包括：专家或者辅导教师等组织者，也可以是学习者（教师）。对于话题的讨论可以是异步进行的，也可以是同步进行的。（2）话题的来源。依据前期分析，一方面来源于网站的学习内容，结合教师学习过程中的问题进行设计；另一方面是教师实践工作中的关键问题。话题的产生方式可以是预设型和生成型。一方面，预先设计讨论话题对于在线讨论的顺利开展是十分关键和重要的，具有基础性作用，除了组织者可以依据前期分析进行规划设计外，辅导教师也可以对话题进行征集，梳理出比较有普遍意义的话题进行讨论；另一方面，在线讨论过程中，往往会产生许多新话题，由于这类话题是生成性的，这就要求辅导教师在对不同情景灵活回应的同时，还应注意抓住有意义的关键问题，帮助产生新的有意义的讨论话题。（3）话题类型。包括开放型话题、归纳型话题、问题解决型话题等，可依据需要和学习目标灵活设计相应类型的话题。（4）组建学习小组。可按相同学科进行分组，属于同质分组，这种分组方式使得具有共同的经验的教师集中在一起，便于研讨交流和经验分享，有利于促进学科教学方面的专业成长；按同一年级分组，同一年级不同学科的分

组，属于异质分组，小组内的成员具有不同的学科背景和教龄但都属于同一年级，这有利于年级组研讨，共同解决所在年级面临的共性问题。

(5)制定研讨规则。这里的规则包括两方面：一是讨论过程遵循的规则；一是评价规则。对于讨论过程中遵循的规则可围绕一般要求和互动要求进行制定，一般要求主要是行为、语言、道德方面的要求，如"禁止发帖中有不雅言语和破坏性行为"；互动要求主要是回帖方面应该注意的问题，如"禁止发布与话题无关的内容"，"观点鲜明"、"回复形式包括反馈、评价、追问、质疑"等，"组长职责"、"成员职责"、"结伴互动规则"等。对于评价规则的制定方面，在总体评价方案的要求下，注重过程性评价，加大对参训教师在讨论活动中表现的评估力度。例如，对于积极参与者和消极参与者要采取奖惩措施，多形式地鼓励学员参与；可以对学员讨论发帖的数目和质量进行考核，实行加分制，特别是对于精华帖要加大奖励；对于"灌水"等敷衍了事的帖子要实行减分；对于表现积极者要及时奖励，发挥他们的意见领袖作用，对于消极者要采取个别交谈或者电话督促等方式提高他们的参与度；也可以通过引进竞争机制，以小组为单位进行排名奖励等。另外，建议开辟互动答疑区，对于教师的咨询和问题要及时予以解答。如教师对规则、评价或实施方面不清楚的地方，通过互动答疑区予以解决，也可以就教师远程学习中的相关问题予以解答，帮助教师尽快适应在线学习和讨论的方式，帮助他们适应网络学习。

(6)组织互动研讨。在展开讨论的过程中，辅导教师发挥着很重要的作用。辅导教师要开展以下工作：①主持讨论的进行。引导话题的讨论沿着既定的方向进行，避免讨论脱离主题。②推进讨论的开展。由于在线讨论缺乏临场感，会出现部分教师不积极参与的情况，也有在提出话题后，教师有可能只进行简单的讨论或者得出一个结论就会停止讨论，其原因可能是教师没有认真思考而敷衍了事，或者是有其他困难，这就要求辅导教师适时介入，采取个别交流、发帖引导等措施加强干预，推进讨论深入进行。③发现和总结。在讨论的过程中，辅导教师要注意发现新的话题，特别是有意义的大家都感兴趣的话题，要及时总结，更进一步了解教师的兴趣所在，为下次的讨论提供参考；同时也要注意发现核心参与者，对他们要积极鼓励和引导；再者，要注意总结在线讨论的特征与规律，为下次的实施提供建议和参考。(7)总结评价，聚合生成。依据评价标准，对小组和个人作出评价，评价可以以量化的形式给予分数，也可以是定性的描述。建议两者结合起来。评价的依据可以从参与的数量和参与的质量两方面进行，数量方面如参与的人数、有效发帖的数量、精华帖的数量等，质量方面如观点鲜明、有创新性，论证有深度等。对互动研讨所产生的有价值、有意义的结果要借助网络学习平台进行分类、整合等二次加工，并分门别类地进行存储，以便进一步学习利用。

2. 混合式阶段：网络研修与校本教研整合

可以在教师网上学习的整个阶段，开展网络研修与校本教研整合，将线上学习和线下实践结合起来。具体做法：在市县教育主管部门和教师培训中心的引领下，以学校为单位，开展以校长为总负责的基于网络学习的校本教研常态活动，推进远程资源应用于课堂，开展应用交流、反思，解决应用中的问题，生成问题库，开展总结和提高活动，生成本校本地资源库。在教师网上学习的中期阶段，以市县为主，组织专家，依据本地实际开展相应的短期集中跟进互动活动；在教师网上学习结束后，开展省级的集中跟进活动。在省级专家组引领下，由学科辅导教师具体组织、指导研修，研修应当是凸显教师的经验与专家的互动，重在激活思维，促进生成。

四　从实践运用处着力，加强操作模式的实践检验，提升学习范式的有效性

加强对操作模式的实践检验，使得人们能够看到该学习范式的有效性。新的教师网络学习范式的有效性体现在其操作模式层面，对其操作模式的检验可以实现对学习范式有效性的检验。"如果光满足于用一种所谓新观念指导实践，而不在实践中进一步去验证和发展这种观念，不仅难以保证实践的成功，也不能将观念更新推向一个新的高度。"只有在实践中运用和检验新教育观念，从"做中学、干中变"，才能发展新教育观念。因此，一方面，在区域内选择一定数量的学校作为示范点，创新教师学习实验区，将新的教师网络学习范式应用于实践中，对其不断地修正和完善，形成一些富有典型和推广意义的成果；另一方面，在教师群体中，应鼓励一些在信息化教学和学习方面有创新的优秀教师，使他们成为教师群体中的意见领袖，引领信息化学习的有效实施和发展。

五　从学习环境建设着手，加强教师学习的信息化环境构建

信息化环境包括硬件建设和软件资源建设两方面。信息化环境是教师学习开展的基础，是教师学习和工作的基本保障。

（一）充分整合和利用已有网络信息技术设备和平台，关注新技术的发展及其对教师学习的支撑

一方面，应发挥已有设备和平台的作用，减少重复建设和浪费，提高设备的使用效率。例如，国家投资建设的"校校通工程"、"农村中小学现代远程教育工程"等。另一方面，关注新技术的发展，为教师学习注入新的活力。随着网络信息技术的发展，新的技术不断推出，为教师的信息化学习提供了强有力的支持，例如移动互联网技术、3G技术、云计算技术、物联网技术、泛在学习技术、Moocs（大规模开放在线课程）、微课程、人工智能、虚拟现实等，这些新技术的发展为教师学习提供了全新的学习环境，催生了新的学习方式，使得教师学习走向全球化、个性化、信息化。

（二）以主客一体的现代学习观为指导，加强数字化学习资源的构建，为教师提供丰富的学习资源支持

在资源建设方面，应加强数字化学习资源的构建，为教师学习提供丰富的资源支持。教师数字化学习资源的构建应在互动生成的学习观的指导下进行。第一，应当把关注点放在技术与教师学习的联系上，按照互动生成学习观的要求，开发、改造或利用现代信息技术，使其具备共享、互动、参与、个性化、过程性、持续性等特性和功能，即开发共享技术、互动技术、个性化适应技术、过程性资源聚合技术、持续更新技术等[1]，从而更好地支持开放、互动、灵活、个性化和终身化的教师学习。第二，应满足教师开放、灵活、互动和个性化、情境化、终身化的学习需求，构建多元化、多形态的学习内容，满足教师多种学习需求。第三，互动生成的学习观要求多元主体广泛参与建设教师学习资源，多主体包括政府和教育行政部门、高校和各级电大、企业、学习者等。政府应做好政策引导和资

---

[1]　杨晓宏，贾巍：《现代学习理念导向下的数字化学习资源构建研究》，《中国电化教育》，2013年第3期。

金投入；教育行政部门做好规划、实施与评估；高校和各级电大、企业是数字化学习资源构建的中坚力量，应该发挥各自的优势，实现资源的共建共享；随着网络技术的革新和移动学习、泛在学习的到来，学习者参与数字化学习资源的构建成为现实，学习者通过多种互动方式参与协同编辑、聚合生成性资源已成为新的资源生产方式。多主体共建共享的资源建设模式有利于聚合群体智慧、提高资源建设质量。

第六章　教师网络学习范式的现实考察
——以宁夏"国培"教师网络学习为例

第一节　宁夏"国培"教师网络学习实施的基本情况

一　网络学习的传统阶段

宁夏回族自治区地处我国西北东部，是全国五个少数民族自治区之一，属于我国西部地区。毗邻陕西省、甘肃省和内蒙古自治区，总面积6.64万平方公里，管辖5个地级市，人口639.5万，其中回族人口228.7万，占宁夏总人口的35.8%①。截至2009年底，中小学学校共计2486所，其中农村中小学校为1969所，占全区中小学学校的79.2%；中小学专任教师总数60217人，其中农村义务教育阶段专任教师44661人，占教师总数的62.5%②。

宁夏回族自治区教育厅、财政厅自2010年开始实施"国培计划"——农村中小学教师网络远程培训项目，截至2014年初已经组织实施了4期，每期项目于每年8月份开始，于次年元月份结束，为期6个月的网络学习。下面对宁夏地区教师网络学习的组织实施工作予以简要介绍。

自2011年开始，笔者有幸作为项目组的成员参与了宁夏"国培计划"远程培训的工作，在每期工作中，笔者主要担任前期调研、远程辅

---

① 宁夏回族自治区基本情况（2012.6）（http://www.nxnews.net/wy/system/2012/07/04/010380252.shtml）

② 吴红军，周福盛：《西部农村教师培训的实践与研究》，宁夏人民出版社2011年版，第4页，45页。

导、远程工作总结，并参与部分项目设计、评估等工作；同时，承担了相应的课题研究工作。对该地区该项工作有较为深入的了解，并收集了大量第一手资料。通过该项工作的参与，结合宁夏的实际实施情况，依据前述关于范式的论述，本研究将宁夏"国培计划"教师网络培训的实施划分为两个阶段：传统阶段和范式转换阶段。

第一阶段，传统阶段（2010 年至 2012 年）。由于远程培训工作刚刚开始，特别是在我们宁夏地区，由于种种原因，教师远程培训还是处于发展的初级时期，无论对于组织者还是教师而言，都还是个新生事物，面临着诸多挑战和困难，该项工作基本是在探索中进行，在教育厅师资处的领导和组织下，项目组全体成员齐心协力，不断探索和总结，保证了该项工作的顺利开展，历经了传统到新突破的发展过程，在第一阶段，项目组主要是以传统的教师培训理念进行设计，即远程培训以面对面的培训设计为指导，注重视频讲座与教师自学的形式，同时采用了培训后的短期集中培训的做法。取得了一定的成绩，但也存在着很多问题。

二　网络学习范式转变阶段

第二阶段，范式转变阶段（2013 年至今）。由于远程培训不同于传统的教师培训，它有着自己的独特性，事实证明，传统的培训理念和方式不适用远程工作的开展，针对第一阶段的教师网络学习的种种问题，2013年初，我们重新调整思路，在教师网络学习范式相关理论的指导下，改变传统范式的思维方式和行动路径，转变为以互动生成的学习观为根本指导思想，采用了现代学习理念，强化远程教育相关理论的指导，从学习观、网络学习理论、网络学习模式三个层面进行了全新的一体化的范式革新设计，创新教师网络学习范式，实现教师网络学习范式的转变。注重教师网络学习共同体的建设和运行，注重专家和参训教师的线上与线下的互动，注重学习过程性资源的生成、聚合与共享等。完全不同于前阶段的单纯传递接受式的学习设计。

为了做好该项工作，在前期调研和顶层设计下，于 2013 年 9 月份，我们分别选取宁夏的四个市县（银川市、石嘴山市、吴忠市、同心县）作为"互动生成式网络学习创新实验区"，选取这四个市县的部分学校（主要以初中、小学为主，由自治区教育厅师资处以及各级教育局，结合本地实际，综合确定项目学校，教育厅师资处联合各远程培训机构，做好本次实验区的顶层设计、实施方案等，各级教育部门及学校负责依据本地实际遴选参训教师，最终确定本次参加学习的教师为11000人，约占宁夏教师总人数的1/7）作为教师网络学习范式创新实验区，实施了"互动生成式网络学习创新实验项目"，着重探索基于共同体的互动生成的教师网络学习范式的理论与实践。在大家的共同努力下取得了较好的成绩、积累了一定的经验。因此，笔者将此认为是范式转换的阶段，是一个好的开始和转型，相信在今后的工作中将不断实现预期的目标。

第二节　调查的思路、设计与实施

一　总体思路

为了更好地做好该项工作，结合本研究的理论论述，本研究对宁夏"国培计划"教师网络学习上述的两个阶段进行个案分析，从范式理论的视角，分析宁夏"国培计划"教师网络学习的发展历程，目的旨在：①从实践层面对本研究提出的教师网络学习范式进行实证分析，力图从实践层面实证和深化本研究提出的教师网络学习新范式的理论观点及其操作模式。②为该地区乃至其他地区开展该项工作或此类工作提供借鉴。

教师网络学习的传统阶段。即以宁夏"国培计划"教师网络学习的第一阶段为主，采用范式理论的思想即从操作层面、理论层面、哲学层面来分析该阶段的范式特点。依据范式理论可知，范式的操作层面是理论、哲学思想的具体体现，是范式外在的、表层的体现，通常以具体的特征表现出来，因而可通过外在的操作层面的具体特征分析，可以得知隐藏在其背后的理论基础及其哲学思想，基于此：对此阶段的范式现状的分析，主要是采用调查、访谈、观察的方法，对其操作层面进行特征分析，在此基础上，结合调查结果及其特征总结，分析其依赖的理论思想；最后，综合操作层面、理论层面的特征分析和总结，对其背后的深层次哲学信念进行深入思考和分析。

教师网络学习范式转变阶段。主要以宁夏"国培计划"教师网络学习的第二阶段为主，对宁夏教师网络学习创新实验区的新范式的实践开展实证研究，对其新范式的实施的效果进行调研和分析、总结经验，为进一步工作提供依据。对于此阶段的分析，也主要采用调查和实地座谈、走访的形式，对新范式的实施效果进行实证分析。

二 设计与实施

（一）设计

本个案研究是在宁夏教育厅师资处的大力支持下进行的，笔者有幸作为宁夏"国培计划"教师远程培训组织的核心成员之一，参与了整个教师网络学习项目的设计、实施、调研和评估以及远程辅导等相关工作，对这一项目的实施情况具有深入的了解。

同时，为了更好地推动该项目的有效实施，笔者有幸申请到了2011年度教育部人文社会科学研究西部和边疆地区青年基金项目"宁夏农村中小学教师远程学习适应性研究"（项目编号：11XJC880003），2011年8月该项目立项，为我们进一步研究和实施教师网络学习提供了有力的支持。课题组系统地学习了国内相关研究成果，依据课题研究的要求，我们制订了翔实可行的研究方案，研究方案的具体内容包括：研究的目的意义、研究目标、研究内容、研究思路、研究方法、研究步骤等，从上述各个方面对课题研究进行了总体计划和安排；按照课题研究的总体方案，我们成立了研究团队，研究团队成员都来自于宁夏"国培计划"特别是远程培训工作的组织和实施人员，并进行了合理分工，安排了各成员的工作任务。依据课题要求和理论分析情况，综合确定了调查对象，设计调查问卷与访谈提纲，通过在宁夏区内的小范围试点预测，对问卷进行了信度与效度分析，经专家修改最终完成了调查问卷和访谈提纲。

依据教师网络学习范式的理论研究，本次调查分为两个阶段：

1. 第一阶段的调查：教师网络学习的传统阶段（2010年至2013年6月）

（1）调查对象

以2010年8月—2011年1月、2011年8月—2012年1月、2012年8月—2013年1月期间参加"国培计划"远程培训的中小学教师为调查对象。本次样本来源较为全面，涉及宁夏农村、县城和城市学校的教师；调查对象来自语文、英语、数学、物理、化学、历史、地理、政治、信息技术、音乐、美术、体育、科学等13个不同学科，小学、初中、高中三个年级段的教师分别占 60.8%、31.2%、8%；学习者的年龄段大部分分布在 25—40 岁，其中 25—30 岁的占 18.8%，31—40 岁的占 49.7%；教龄 10 年以上的占到多数，其中 6—10 年占到 13.1%，11—15 年占到 23.2%，16—20 年占 26.1%，20 年以上占 22.9%；学习者的学历主要为本科学历，占 60.8%，保证了调查样本的多样化。具体详见表 6.1 所示。

表 6.1　　　　　　　　　　调查对象的基本情况

类目	类别	百分比（%）	类目	类别	百分比（%）
性别	男	34.7	是否示范性学校	是	55
	女	65.3		否	45
年龄	25 岁以下	2.9	学校所在地	农村	20.8
	25—30 岁	18.8		乡镇	24.6
	31—40 岁	49.7		县城	32.9
	40 岁以上	28.7		城乡结合	3.5
教龄	3 年以下	6.4		城市	18.2
	3—5 年	8.3	所教学段	小学	54.3
	6—10 年	13.1		初中	31.2
	11—15 年	23.2		高中	6.7
	16—20 年	26.1		完全中学	1.3
	20 年以上	22.9		幼儿园	6.5
学历	本科以上	10.2	网龄	1 年以下	9.7
				1—3 年	26.5
	本科	60.8		4—6 年	29.7
	专科	28.0		6 年以上	34.2
	高中	3	民族	汉族	52.5
	其他	6		回族	38.6
				其他	8.9

（2）调查内容

依据范式理论的界定，通过范式外在的操作层面的具体特征分析，可以得知其内在的理论基础及其哲学思想，基于此，本研究以范式理论为出发点，借鉴这一分析框架，调查的内容主要为：宁夏教师网络学习范式的操作层面，通过对操作层面的特征来分析其范式属于哪种形态。因而，调查的内容分为以下几个方面：①为何而学习：教师的学习动机维持情况。②学习什么：课程资源的建设和应用情况；教师网络学习平台的建设和应用情况。③如何学习：教师的学习方式。（问卷见附录 1，访谈提纲见附录 2、附录 3）

（3）调查方法：问卷调查与实地访谈相结合

1）问卷法。通过实地和网上调查结合的形式共调查了 436 名教师，其中访谈 56 人，问卷调查 380 人，共发放问卷 380 份，回收 336 份，回收率为 88.4%，其中有效问卷 314 份，有效率为 93.4%。

2）访谈法。通过实地访谈、座谈、QQ 在线交流等形式访谈 56 人。访谈内容主要是：教师在整个网络学习过程中的体验、认识、变化；遇到的困难及其解决情况；网络学习的适应程度；网络学习的影响因素等。

问卷的统计采用 SPSS 16.0 和 Excel 统计软件。

为了描述方便，本研究中的"教师"是指参加网络学习的农村中小学教师。

2. 第二阶段的调查：教师网络学习新范式的实践（2013 年 8 月—2014 年 1 月）

为了了解教师的学习情况和学习效果，我们在实验区的项目结束后，对教师进行了调查，调查分为网络在线调查和实地调查（调查问卷见附录 4，访谈提纲见附录 5）。

（1）调查对象

关于第二阶段的调查，主要以创新实验区的项目学校为主，调研的对象是宁夏四个创新实验区：银川市、吴忠市、石嘴山市、同心县的项目学校，旨在了解教师网络学习新范式的实践情况，以及取得的实际效果情况。

（2）调查内容

调研的主要内容为：教师网络学习新范式的实施情况、教师对新范式的总体看法、满意度，学习的效果以及需求和建议等。

（3）调查方法：网络调查、实地调查与访谈相结合

1）网络调研。调研时间为：2013 年 12 月 20—27 日，通过教师网络

学习平台，发布调查问卷，教师在线填写。

2）实地调查、走访。即由教育厅组织专家组，设计调查问卷，深入到项目学校，一方面，进行问卷调查，了解普遍情况，收集量化的第一手数据；一方面，通过实地走访、座谈、深度访谈的方法，深入了解实际情况，收集质性的第一手资料。

（二）实施

1. 第一阶段调查实施情况

由于教师网络学习是分期进行的，在前两期的学习中参加的教师还只是一部分，分布在不同的学校，加之农村学校分布比较分散，因而给调研带来了一定的困难，但我们课题组尽力克服困难，将调研分为三个阶段进行：

2011年12月—2012年2月，赴实地学校进行问卷的发放和访谈，即选取了网络学习开展较好的地区的学校，开展了实地调查和访谈，保证调查样本具有一定代表性。期间于2011年12月下旬，我们进行了问卷的集中发放和访谈，即笔者参与了由教育厅组织的"宁夏教师远程培训后的跟进式集中培训"工作（该项工作是将参加网络学习后的教师代表集中起来，对教师网络学习的情况进行总结，并开展教学设计与实施等实践应用工作；这些教师代表是每个市县（区）在参加当年"国培计划"远程培训的学科教师中原则上按照1%的比例选派的，这些教师都是来自各市县的优秀学员，因而保证了调查样本的全面性和典型性），借此机会，我们进行了问卷调查和访谈。

2012年8月—2013年1月，笔者作为远程辅导教师全程参与了网络学习的辅导工作，因而借助辅导工作进行了网络调研和观察，即对教师网络学习的情况进行跟踪观察，我们对部分教师进行了访谈，收集了教师网络学习的第一手资料。

2013年4月下旬，笔者全程参与了宁夏回族自治区教育厅师资处组织开展的实地调研工作，主要负责本次调研内容的设计、调研的实施特别是访谈工作、调查报告的完成工作等，在调研期间笔者注意收集了有关教师网络学习方面的情况，为本研究收集了翔实的第一手资料。本次调研的目的是深入了解一线教师对"国培计划"项目的真实需求，包括对过去"国培"工作的意见、对本年度工作的建议等。

（1）调研对象

选取了银川市、贺兰县、平罗县、盐池县和南部山区的西吉县、海原县等市县（区）的一定数量的中小学教师为调研对象，既有城市学校也有农村学校包括教学点，所选地区具有代表性，能较好、全面地反映现状与需求。在每个调研的市县选取义务教育段学校、幼儿园8所，其中：中学2所（县城1所，乡镇1所），小学3所（县城1所、乡镇中心小学1所、村小1所），县城幼儿园1所、乡镇中心幼儿园1所，初小或教学点1所。

（2）调研内容

1）态度与动机，即教师对培训持积极还是消极的态度以及是外在还是内在动机等；2）培训所需内容，即专业发展的知识与技能、科研等，主要调查教师对已有培训内容的看法及进一步的需要，这是调研的重要内容之一；3）培训方式，即对目前"短期集中培训、置换脱产研修、远程培训"这几种培训方式的意见与需求；4）培训的时间、地点、考核评价、困难、问题等。

（3）调研方法

采用定量与定性相结合的研究方法。主要采取的方法：1）按照每所调研学校所在教师的30%发放调查问卷，组织教师如是认真地填写问卷。问卷围绕调研内容，对每项内容都设计了相应的题目，在兼顾全面的基础上突出了调研的重点；问卷具有较高的信度和效度。为了保证数据的全面性，我们还设计了访谈提纲（见附录3），设计9道开放题目，围绕培训目标、影响因素、主要困难、培训形式、管理工作、考核、培训者的安排、跟进服务等进行了设计。2）召开座谈会。主要听取学校教师培训基本情况汇报（包括收集调研学校教师自2010年参加各类培训情况，教师培训后的作用发挥情况），参加人员：学校中层管理者、学科教研组长、学科教师。3）组织人员访谈。并选取一定数量的教师进行深度访谈。人员构成：学校校长、中层管理者、各学科教师代表。

同时，2012年3月—2013年5月，本人作为项目主持人之一主持了宁夏教育科学规划"国培计划"专项课题："宁夏中小学教师远程培训后'跟进式'集中培训的实效性研究"（课题批准号：Gpzx2012016；该项目已结题）。本研究中的数据资料都是来自一线教师，能真实地反映教师网络学习的基本情况，其数据和资料及其研究成果能为本研究提供强有力的支撑。

2. 第二阶段调查实施情况

为了了解宁夏四个创新实验区的教师网络学习新范式的实践情况，在项目结束后，宁夏教育厅组织调研组于 2013 年 12 月 20—27 日，对这四个实验区开展了为期一周的实地调研，笔者作为项目组的成员参与了调研的设计和实施、总结工作。

调查分为两部分进行：一是在教师网络学习平台上开展网络调查，本次网络在线调研人数为 2360 人（调研时间为：2013 年 12 月 20—27 日）。二是组织专家组进行实地座谈和访谈。笔者作为主要成员参与了本次调研，调研的学校是：宁夏同心县第一小学、石狮中学；宁夏吴忠市开元小学、汉渠学校（农村学校）；银川市兴庆区第十五中学、兴庆区第十五小学，银川市金凤区第三小学、金凤区丰登回民中学，银川市西夏区第六小学、西夏区第八中学（农村学校）；宁夏石嘴山市第七小学、石嘴山市大武口区第六中学。我们对上述四个实验区的这几所中小学校进行了实地走访和座谈，对部分教师进行了深度访谈。

第三节　宁夏教师网络学习传统阶段的范式分析与反思

依据上述教师网络学习范式理论界定，下面着重对宁夏"国培计划"教师网络学习的第一阶段的实施进行分析。

一　范式分析

（一）操作层面

1. 学习维持

（1）教师态度积极、基本以提高自己等内在动机为主

教师参加"国培"的态度很积极，如图 6.1 所示，大部分都愿意参加培训，自 2010 年以来，有 77.2% 的教师认为自己参加了"国培计划"，从"国培"中受益匪浅；从教师参与"国培"的动机来看，主要是以获得知识充实自己，为了教学工作需要等内在动机为主（见表 6.2）。

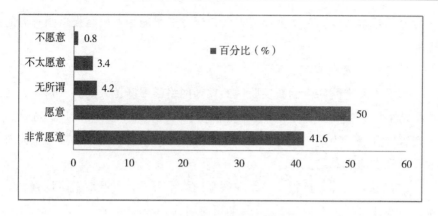

图 6.1　教师参加学习的态度

表 6.2　　　　　　　　　　教师参加网络学习的目的

参加网络学习的目的	样本数	频数	频数百分比（%）
为了教学工作需要	314	128	40.8
为了提职或评职称的需要	314	9	2.9
想获得知识，充实自己	314	159	50.6
是学校要求	314	53	16.9
其他目的	314	2	0.6

（2）教师对网络学习的认识比较到位，但学习体验不佳，进一步参加网络学习的意向一般

1）教师对网络学习的认识程度较好

①大部分教师认为开展网络学习是有意义的、有价值的

一方面，教师比较认同这种学习方式所带来的优势。例如，访谈中教师谈道：

　　"网络学习克服了农村教师信息闭塞，外出学习、培训机会少、接受新观念少的困难，给农村教师成长搭建了平台。"

　　"网络学习这种模式我觉得好：可以不耽误自己学生的教学，边教学边学习，一举两得。而且节省成本，能使更多的偏远教师得到最新的教学理论，并最终运用到自己的教学中去，而且能把自己在教育教学中的困惑与大家交流，让人觉得学习着、关注着并幸福着。"

"与传统培训模式相比，网络学习这种模式为教师提供了一个全新的学习方式，教师的学习不受时间、空间的限制，可以充分利用教师的时间，得到很好的知识补充，大大节约了传统培训中教师所需的资金、时间等，可以随时聆听专家的讲座，可以相互不受限制地交流学习。"

"远程培训给我提供了一个良好的学习机会，因为它不需频繁奔波于学校听课，只需在家自学课件，不需投入大量资金就能得到名师的教诲。"

另一方面，教师认为网络学习对自己最大的收获是"开阔了视野、更新了教育教学理念"。例如，教师谈道：

"通过观看专家讲座的视频，专家们精辟独到的分析又使我知道了教学中该注意什么，怎样的课堂才是有效的课堂。在这里我知道了新课程理念提倡的是一种更开放的学习。作为一名富有教学智慧和创新思想的老师，在教学中应一切从学生的认知出发，注重不同学生不同体验，把'学生为主体'这一理念真正落实到教学中。用我的教学智慧，使我的教学方法能适合能力不同的每一个孩子，让我真正把孩子放在老师心中第一位，使其在自身的基础上都有各自不同的发展。"

"网络研修开辟了一条普通教师与全国知名教育专家，紧密接触的通道，通过这种学习，对我既有教学观念上的洗礼，也有理论上的提升，拓展了我的视野，打开了我的思路，进一步认识了新课程的发展方向和目标，反思了自己以往在工作中的不足。"

"每周新的课程学习开始，都要在第一时间登录学习，看看有哪些专家，讲的和自己的教学实际能否结合，对自己有多大的帮助"；等等。

②教师对网络学习这种学习方式有了自己的认识和理解

大部分教师认为"网络学习是新的学习方式，愿意接受网络学习"；同时，教师对网络学习也有了自己的理解，例如，表6.3的调查表明：大部分教师认同"网络培训蕴含了一种新的学习文化",认同"网上搜索、论坛讨论就是学习"等网络学习理念,认为"网络学习要靠我们自己"、"要加强互动交流"、"网络学习不能实现即时解答",等等。下面是我们的访谈记录:

"刚接触远程教学的时候有点不知所措,不知从哪下手,从哪学起,毕竟有那么多课程,我很迷茫和无所适从,有些不适应。培训后我深深体会到网络学习是自主学习为主的学习过程,在学习过程中,学习需要自主、积极地规划和管理自己的学习进程和活动,所以说远程教育关键是要靠我们自己。"

"在网络学习一开始,我的确不知道该学些什么,也感觉不到网络学习能带给我多大的好处。后来通过和学友们在网络中交流、探讨了解了很多的教育信息,网络学习的最大好处是能和其他学校的教师进行交流。"

"我觉得论坛讨论不错,我觉得这个可以自由放开,真正体现网络的优势才好……取消作业,网络学习以交流为主;不妨这样,让专家做版主,大家就某个问题可以畅所欲言,请专家参与进来。"

"网络学习模式有利有弊,有利的是可以自己安排时间,可以重复听,不懂的时候可以记下来。但相比传统的培训模式有不好的地方就是,有些不懂的不能现场解答,很难当时消化。"

表 6.3   教师对网络学习方式的认识

项目	样本数	平均数	标准差
这是新的学习方式,我愿意接受网络学习	314	2.05	0.921
我愿意尝试将网络学习经验迁移到日常教学之中	314	1.78	0.679
我觉得通过网上搜索、论坛讨论就是学习	314	2.05	1.557
我觉得网络培训蕴含了一种新的学习文化	314	1.78	0.753

注:1 = 完全符合;2 = 比较符合;3 = 不确定;4 = 较不符合;5 = 完全不符合

2)教师对网络学习的体验、总体感受一般

对于教师的总体感受,我们从"教师对网络学习效果的总体感受"

和"教师自我学习状态感受"两个层面来进行描述统计。

从表6.4的统计结果来看：大部分教师对网络学习的总体感受是"总觉得学习效果不是很好"，教师认为网络学习"足不出户就可以开展学习"，但是学习质量难以保证、学习效果欠佳，甚至有部分教师认为"网络学习对自己来说是一种负担"。从教师网络学习的自我状态感受来看，大部分教师有"网络学习一段时间后，感到眼睛和身体不适"和"感到时间精力不足，为学习而学习"的感受。

表6.4　　　　　　　　教师对网络学习效果的总体感受

	样本数	平均数	标准差
我总觉得学习效果不是很好	311	2.01	0.796
网络学习对我来说是一种负担	309	2.90	1.172
我常常找不到需要的学习资源或路径	311	3.19	1.277
面对大量的网络信息感到无所适从	313	2.88	1.268
网络学习一段时间后，我感到眼睛和身体不适	314	2.04	1.038
我感到时间精力不足，为学习而学习	312	2.15	1.155
学习时，我经常被学习内容无关的网站所吸引	311	3.21	1.326

注：1＝完全符合；2＝比较符合；3＝不确定；4＝较不符合；5＝完全不符合

3）教师进一步参加网络学习的意向一般

我们对教师学习方式选择意向进行了调研，调研结果表明（如图6.2所示），仅有12.4%的教师选择网络学习这种学习方式；与此同时，在我们对教师的访谈、座谈中也发现大部分农村教师"希望有机会参加面对面的培训、学习"。教师选择率最高的学习形式依次是：教学观摩、专家讲座、同行经验交流、名校跟班锻炼、案例分析与讨论。由此看来，"观摩、交流、案例、专家、名校跟班"成为教师学习方式的关键词，说明教师一方面需要交流参与式的学习；一方面需要专家、一线名师的引领式学习。如在访谈中发现农村教师多次谈到"建议外出培训，效果更好；多增设置换脱产研修机会"、"多增加外出培训学习的名额，让我们一线教师能够走出大山，面对面聆听专家的讲座，切实转变我们的观念，得到实实在在的收获"等等。

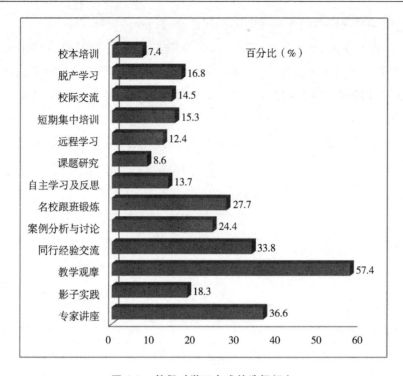

图6.2 教师对学习方式的选择倾向

（3）教师对网络学习的总体适应程度一般

网络学习尚属新生事物，教师面对冷冰冰的机器一时难以适应。表6.5所示，有52.5%的教师认为自己正在适应网络学习，还有部分教师认为自己不太好适应网络学习，12.4%的教师认为谈不上适应，只是完成了任务而已。由此看来教师总体适应性不高。

表6.5　　　　　　　　教师对网络学习的适应程度

	频数	百分比（%）	有效百分比（%）	累计百分比（%）
完全适应	67	21.3	21.3	21.3
正在适应中	165	52.5	52.5	73.9
不太好适应	43	13.7	13.7	87.6
谈不上适应，只是完成了任务	39	12.4	12.4	100.0
样本总数	314	100.0	100.0	

（4）小结

结合上述现状调查分析，从总体层面看，大部分农村教师对网络学习正在适应，教师总体适应性不高；从态度层面看，农村教师对网络学习有积极的认识，认同网络学习方式，对网络学习的优势和功能基本形成共识并予以肯定，认为的确是解决农村教师学习问题的有效方式，但是对网络学习的总体感受不佳，对网络学习效果不是很认同，认为网络学习效果欠佳，因而在行为意向上倾向于面对面的学习，如果有机会还是希望走出去参加面对面的培训、学习，教师希望专家或一线名师参与引领下的交流互动式学习。这一现象值得我们深思。

2. 课程资源

（1）课程结构：课程资源模块与互动模块

在远程教育机构建设方面，依据相关要求，通过公开邀标和评审，2010 年有 5 家机构承担了宁夏农村中小学教师网络学习的平台建设、资源开发、网络信息技术支持及日常教学教务管理工作，它们是：全国中小学教师继续教育网、中国教师研修网、北京大学网络学院、福建师范大学网络学院、中央电教馆。2011 年在充分调研、广泛征求广大教师、指导教师、项目管理人员的基础上，依据择优录用的原则，将培训机构由原来的 5 家精简为 3 家，分别是全国中小学教师继续教育网、中国教师研修网、中央电教馆。2013 年，又增至 4 家（在原来基础上增加了中国教育电视台果实网）。

各远程机构的网络学习平台各有特色，但总体看来都具备下列基本模块：1）课程模块：主要包括"聚焦课堂——课堂教学观察与诊断"、"教师成长——教师如何突破发展高原区"、"教师怎样做教育科研"、"具体学科课程"（包括"具体学科的课堂教学设计、课堂教学策略与方法、课堂教学评价"等）；课程以"视频、案例评析、参考资料、思考活动"等为表现形式；2）互动模块："学科论坛"、"班级论坛"、"个人博客、互动对话、基础教育百科"等，帮助教师开展远程交流。

（2）课程内容：重既定课程预设，轻选修课程建设；重教育教学专业理论知识，轻实践案例；课程资源城市中心、专家中心的取向明显，本土化、生成性课程资源不足

第一，目前提供的课程资源重既定课程预设，轻选修课程建设，表

现在：其一，以整齐划一的必修课程资源为主，对于体现教师个性化选择的选修课程较少。其二，以结构化的课程资源为主，缺少非结构化的课程资源。结构化资源是指按照一定的结构组织设计的、以线性或层次性的表现方式建构的课程资源，如讲座、辅助资料、作业、测试题等；非结构化资源是指那些结构灵活的、来源多元、动态变化的资源，例如：学习平台中的 BBS 论坛资源，书签资源，WIKI 资源，博客资源，网络外部链接①，来自专家、学习同伴的知识、观点和想法等。结构化课程资源为教师提供良好的学习知识，但不利于教师个性化学习和交互展示，因而，为教师提供结构化课程资源不仅给他们知识、理念和技能，更在于激活教师们的思维，引起思考、促进生成，非结构化课程资源体现互动、分享、生成的学习理念，有助于教师开阔视野、实现个性化交互学习。

第二，大部分教师表示，培训理论内容安排过多，具有实操性的、有针对性的案例分析、优质课展示较少，自我展示更少。理论知识易于接受和理解，在网络资源极大丰富的今天，完全可以从网上自学理论知识，在有限的培训时间里，他们更想得到实践应用方面的指导。调研显示：教师对课程内容的选择倾向于"具体学科课程"此类实践性课程，而对于教师成长与科研等理论课程不太关注；教师希望增加培养学生心理健康方面的课程和适切农村学校实际的课程。分析原因主要是：①宁夏近年来招聘了大量特岗教师，一定程度上缓解了师资不足的问题，但这些特岗教师中相当部分是非师范专业毕业，他们对于实践性较强的"教学案例"等课程感兴趣，希望能对自己的教学能力的提高有所帮助。②与东部和城市学校相比，西部农村学校心理健康教育的师资比较缺乏，教师希望增加这方面的课程。③目前，远程学习课程的制作主要还是以城市为中心，对于农村特别是西部农村师生的课堂关注不够，造成课程在一定程度上的"水土不服"，访谈中教师多次建议"希望能制作本地的优秀教师课堂视频、选择'土专家'为我们做课"、"开发适合我们西部农村课堂的教学案例"等。这一点应该是今后课程开发的一个努力方向。

---

① 武法提，熊羽：《网络课程中非结构化学习资源有效应用的思考》，《开放教育研究》，2008 年第 10 期。

第三，课程资源城市中心、专家中心的取向明显，对本土化、生成性课程资源关注不够。表现在：一方面，目前课程建设基本是城市取向的，即课程资源的内容主要是城市优秀教师的课堂实录，或是高校研究者的视频讲座，普遍缺乏本地化的课程资源。而从调研中了解到，教师认为这些城市教师的课堂实录、专家的视频讲座的确很好，对自己的教育教学实践很有启发性，也能提供一些帮助，但在实际实施中觉得不现实，认为专家的理论或城市优秀教师的教学方法距离自己很遥远。主要是由于农村教师所在学校的条件、生源等都与城市学校有差距，这些理念和模式难以在本土生根、发芽、结果，他们最需要的是本土化的课程资源，即教学条件和实践都与自己所在环境比较相似的课程案例是最需要的。由此看来，教师需要本土化的教育教学案例指导，需要将城市或专家先进的教育教学理论与模式能够本土化，使得这些理论和方法能真正帮助农村教师提升专业能力，促进农村课堂教学质量的提升；另一方面，教师学习后，基本没有生成本土化资源，生成性资源不足。教师本身作为一种学习资源没有得到重视，强调接受专家、城市优秀教师的理念与方法，教师远程学习成为一种聆听专家讲座、记录学习笔记、领会专家的理论的过程，作为教师的个体知识、经验知识往往不被重视，难以得到总结和提升。

3. 网络信息技术平台：重支持信息呈现与接收，轻互动协作学习、资源的生成与整合、资源的个性化服务

（1）平台以支持资源呈现为主，实现了资源的跨时空传递，强调对"教"的功能预设

综合看来，目前远程教育机构的学习平台重在支持课程资源的呈现，实现了信息资源的跨时空传递，强调对"教"的功能预设，但对开展协作、互动式学习支持不足。表现在：将制作好的专家视频讲座及其辅助资料等通过网络远程平台传递给了学习者（教师），供教师们点播学习，同时提交规定的作业，虽然开发了论坛，但简单的文字交流很难快速准确地表达网络学习者的本意，系统交互的效率较低[1]，难以开展有效的互动协作学习。

---

① 孙传明，路红，廖龙龙：《基于云操作系统的网络互动学习平台开发研究》，《中国远程教育》，2012 年第 6 期。

（2）对教师学习过程中的生成性资源关注不够

远程平台仅作为一种传递知识的媒体工具、学习信息的承载物，支持学习内容的呈现、信息管理等，对于学习者（教师）本身作为课程资源没有得到重视，对教师在学习过程中或学习后的生成性资源的整合利用支持不足，例如，教师在学习中产生的鲜活的资源（我的教学故事、研修日志、教学设计、提出的问题、问题探讨、问题分析、问题解决方案等），没有从技术层面进行及时的分类、聚合，从而形成新的资源库和问题库，以便进一步加工和利用。

（3）对教师学习的个性化支持不足

学习者（教师）面对大量的远程学习资源，往往难以快速找到适合自己个性特点的资源，当前远程学习平台具备一些学习跟踪的功能，主要是记录学习者（教师）的学习时间、登录频次等，对于学习路径、学习偏好等基本没有涉及，但这些数据的分析有利于建模教师的学习风格，从而能够为他们进行个性化资源的推送服务，当然这是未来学习平台需要努力的方向，我们期许能够从技术层面为学习者（教师）提供智能的资源推荐服务，这样有助于提高他们的学习效果。

4. 教师的学习方式

对于远程学习方式，国内外比较有代表性的观点有两类：一是强调自主学习，即在远程学习环境中主要是自我控制的、相对独立的学习行为[①]；二是强调交互学习，认为远程学习环境中发生着两种交互行为，即学习者与学习资源的个性化交互行为、学习者与参与者的社会性交互行为[②]。

我们比较倾向于第二种理解。远程学习是技术支持下的学习，离不开学习理论的指导和信息技术的支撑，它是学习理论和信息技术融合的产物：随着学习理论的发展特别是社会建构主义、分布式认知、联通主义的发展，越来越强调学习的社会本质，同时，Web 2.0 技术注重以用户为中心的生产参与和交流协作。于是，在学习理论与技术的双重推动下，远程

[①] 彭文辉，杨宗凯，黄克斌：《网络学习行为分析及其模型研究》，《中国电化教育》，2006 年第 10 期。

[②] 王丽娜：《网络学习行为分析及评价》，硕士学位论文，陕西师范大学，2009 年，第 10 页。

学习不仅仅关注个体意义的自主学习，而且更加关注学习过程的互动和参与，强调学习者与学习者、助学者和教师等之间的交互。远程学习成为媒体技术支持下的教与学的双向交流、相互作用的过程，"交互"与"媒介构成了远程教育教学过程的重要要素，基于媒介的交互是远程教育区别传统教育的主要特征"①，以各种媒体为中介的有效"互动"是远程学习质量的重要保证，互动水平和质量反映着学习者的学习水平，也直接影响学习效果。

因此，学习者的远程学习方式，应当包括个性化交互学习和社会性交互学习，前者主要是学习者与学习平台和学习资源的人机交互行为，体现为学习者登录平台情况、对学习平台中各模块的参与倾向与参与程度等；后者是学习者借助交流工具进行的学习者与参与者之间的人际交互行为，具体体现为基于论坛等交流讨论、学习求助等。二者的关系是相互作用、相互依存，共同支撑着远程学习的运行，注重一方而轻视另一方都是不科学的：人机交互是远程学习的基础，学习者通过人机交互获得相应的知识，是个体意义的认知过程；人际交互是关键，远程学习者在进行个体学习的同时需要与他人的交流互动，一方面在与他人的互动过程中达到思想的交流、知识的深入理解；另一方面在与他人的交往中获得集体归属感、认同感，避免远程学习的孤独感。这种人际上的互动非常有助于学习者的学习，是促进远程学习的重要条件。因此，远程学习是人机互动和人际互动相互作用的过程，这就要求我们：一方面，应给予学习者独立自主的空间，使他们灵活安排自己的学习，进行基于人机互动的独立自主学习；另一方面，应注重双向通信和交流互动，有效开展人际互动，避免学习者的孤独感，促进学习的深化和发展。

农村中小学教师远程学习中同样存在人机交互（教师与远程学习平台中的课程资源的交互）和人际交互（基于远程论坛、对话等互动工具进行的教师与教师、教师与专家及辅导教师之间的互动），两种交互是相辅相成、相互作用的关系，对教师远程学习发挥着各自不可替代的作用。基于此，我们对教师远程学习方式的分析从人机交互和人际交互两个方面进行。

---

① 陈丽：《远程教育学基础》，高等教育出版社2004年版，第54页。

（1）教师远程学习：以人机交互为主

1）教师登录平台的总体情况

登录频次。如表 6.6 所示。41.7% 的教师都能每天登录平台 1 次，36% 的教师每天登录若干次，说明教师参与网络学习比较积极，平台使用频率较高。

表 6.6 教师登录网络学习平台的频次统计

	频次	百分比（%）	有效百分比（%）	累计百分比（%）
每天登录若干次	113	36.0	36.0	36.0
每天 1 次	131	41.7	41.7	77.7
平均 3 天 1 次	56	17.8	17.8	95.5
平均 5 天 1 次	5	1.6	1.6	97.1
平均 1 周 1 次	6	1.9	1.9	99.0
平均 10 天 1 次	1	0.3	0.3	99.4
10 天以上 1 次	2	0.6	0.6	100.0
Total	314	100.0	100.0	

对平台的适应程度。如表 6.7 所示。首先，教师对整个学习要求、进度安排和考核很清楚，大部分教师能熟练使用平台、快速找到所需要的资源或路径，教师之间差异不显著；只是在学习的初期，有部分教师找不到注册码、注册路径、"学科论坛"等情况，因此要注重网络学习的开始阶段的引导和帮助，让教师快速熟悉平台，特别是对首次进行网络学习的教师要给予帮助。其次，适应平台所花费的时间与教师年龄、信息素养有直接关系，年龄较大、无网络学习经历、计算机技能不足的教师在适应平台方面花费的时间较长。因此要注重对这部分教师的帮助和引导。

表 6.7 教师对网络学习平台的适应情况

	样本数	平均数	标准差
花费很长时间熟悉网站功能	313	2.54	1.168
对整个培训要求、流程和考核很清楚	314	1.98	0.848
熟练使用平台提供的各种功能	313	1.93	0.862

续表

	样本数	平均数	标准差
常常找不到需要的学习资源或路径	311	3.19	1.277
面对大量的网络信息感到无所适从	313	2.88	1.268

注：1＝完全符合；2＝比较符合；3＝不确定；4＝较不符合；5＝完全不符合

2）教师在平台中各模块的参与情况

①部分教师对信息公告模块关注度不高

在信息管理模块，大部分教师比较关注学习成绩，不定期地进行查看，对于成绩不合格的作业，教师会积极地修改完善后再提交；部分教师对信息公告模块的关注度不够：笔者在参与辅导的过程中发现，有的教师不关注学习指南，特别是平台的操作指南，出现了学习时往往找不到指定路径的现象；有的教师不关注公告，调查显示37.6%的教师登录平台后经常关注公告，大部分教师不关注公告，导致就近期的计划安排和提示全然不知，经常出现学习进度滞后、不明确任务、不按时交作业等现象。

②课程模块的参与度高，交互模块的参与度低

从表6.8来看，教师在平台上参与度最高的是视频讲座、案例评析等课程模块，经常参与的占72.4%、60.5%；其次是项目论坛、参考资料、思考与活动，经常参与的人占56.5%、55%、48.7%；而对于互动对话、个人博客、基础教育百科经常参与的人数占36.2%、16%、24.1%，参与相对较少。

表6.8　　　教师对平台中的课程和交互模块的总体参与情况

所占比例（%） 选项 题目	经常参与	偶尔参与	没有参与
项目论坛	56.5	41.2	2.3
基础教育百科	24.1	61.2	14.7
个人博客	16	52.4	31.6
互动对话	36.2	53.1	10.7
视频讲座	72.4	24.7	2.9
案例评析	60.5	37.4	2.1

续表

所占比例（%）\选项 题目	经常参与	偶尔参与	没有参与
参考资料	55	41.4	3.6
思考与活动	48.7	47.7	3.6

由此看来，教师登录平台主要是进行视频课程的学习，完成与学习有关的任务，而对于学习任务中没有要求的内容如互动对话、个人博客、基础教育百科等，教师一般不参与。从我们对"平台登录的影响因素"调查来看也证实了这一点，60.5%的教师认为登录平台是学习任务要求，其次有33.1%的教师认为是学习的氛围；45.2%教师登录平台后经常做的事情是视听课程，其次是进入讨论区发布学习任务要求的帖子、提交作业、查看作业反馈情况，有7.3%的教师随机做一些事情。

（2）人际交互不足

1）交互主要发生在学习者（教师）之间，教师的协作意识和协作能力一般

从交互的对象看，交互主要发生在教师之间。如表 6.9 所示，61.7%的教师偶尔与专家或辅导教师进行交互；为了保证学习的顺利进行，网站专门设有咨询服务模块，主要针对教师在学习过程中的问题进行咨询。但是调查表明（图 6.3），只有 6.4%的教师对这一功能使用过，教师在网络学习中遇到问题之后，主要咨询或求助的对象是学伴、周围的同事，只有 14.3%的教师咨询辅导教师，还存在一些教师不知道咨询谁的情况；从教师的沟通方式来看，如图 6.4 所示，教师主要是通过学习平台中的讨论区来沟通，其次是通过 QQ（群）等，沟通和求助的对象主要还是学习同伴。有教师谈道"有些辅导教师不太关注教师的学习，有些地方不明白，只能请教同伴"。这说明，一方面教师倾向于与周围熟悉的人或同伴进行交互，与辅导教师等咨询服务人员之间还存在心理上的距离；另一方面也说明了辅导工作不到位。这就启示我们要采取相应的措施营造良好的交互氛围，缩短和消除他们心理上的距离，扩大和提高交互的范围与质量。

表 6.9　　　　　　　　　　　被调查对象与辅导教师或专家的互动情况

	频数	百分比（%）	有效百分比（%）
经常互动	43	13.7	13.8
偶尔互动	192	61.1	61.7
没有互动过	76	24.2	24.4

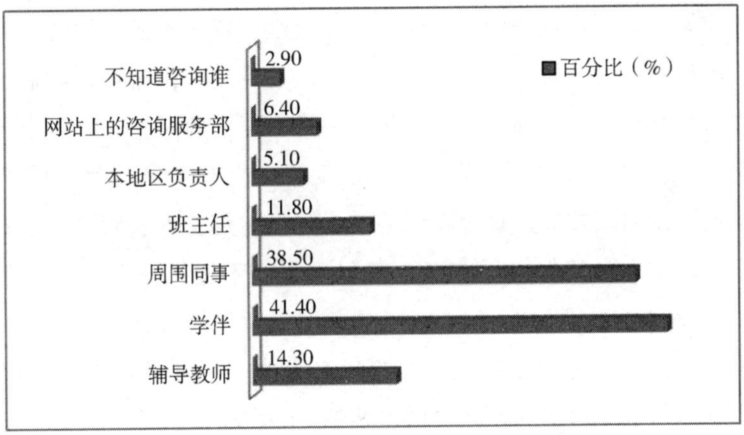

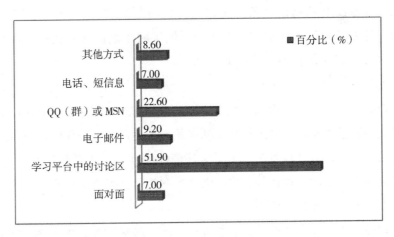

图 6.3　教师在网络学习中遇到问题主要咨询或求助对象

图 6.4　教师与辅导教师或学伴之间的沟通方式

2）教师之间的交互频率不高，交流讨论流于形式

教师之间的互动以学习平台中的论坛为主，因此，我们主要分析论坛的互动情况。从论坛的使用分析来看，教师之间的互动有如下特征：

①注重数量，忽视质量

从数量的层面看，教师在讨论区发表帖子比较积极，基本都完成了既定的任务。培训方案中安排教师在学习期间需要发表 10 个主题帖，20 个回帖（包括主题在线研讨的回帖）。培训结束后，通过网站的统计数据来看，教师基本都完成了既定的任务即学习要求发布的帖子数量。

从质量的层面看，论坛讨论基本流于形式，质量有待提高。从发表帖子的内容看，教师在论坛中的讨论以已有教学、管理等经验的信息交流为主，反映网络学习的较少，科研和专业发展关注较少，而且多数是泛泛而谈，以信息交流为主，知识建构不足，缺乏有深度的讨论，大部分帖子只是提出问题，回应者很少。从交互的深度看，交互层级（每个帖子之后都有不同数量的跟帖数，这里将跟帖一次记做 1 层交互，跟帖 2 次记做 2 层交互，跟帖 n 次记做 n 层交互）较低，程度不深：一方面，少数帖子达到 10 层左右，大部分帖子在 4—6 层，回复为 0 的帖子也占到了相当比例；另一方面，讨论缺乏深度，讨论以自发为主，话题零散，提出问题多，回答问题少。对于讨论区内的主题帖，69.7% 的教师只回复自己感兴趣的帖子，19.1% 的教师随机选择帖子回复；同时也存在着发帖人与回帖人之间基本没有互动的现象，发帖人提出问题后就很少与回复者互动，52.5% 的教师在讨论区中的一个主题下回了帖子之后将对此主题持续关注，也有 27.7% 的教师只是偶尔关注。

②自发为主，引导不足

教师在论坛中的讨论以自发为主，缺乏临场感，辅导教师对讨论的参与和引导明显不够。教师发布帖子基本是为了完成要求的任务，发布的话题比较零散，部分教师发布的帖子为培训的感言，或者复制他人的发言，或者是网上粘贴的一段话等，也有教师发布的是已提交的作业。

③互动以熟悉的个体为主

教师喜欢选择自己熟悉的对象进行互动，据观察，这些熟悉的对象基本都是来自本校参加网络学习的同事，而校际的互动、更大范围的互动基本没有发生，教师的互动范围很有限。这一方面说明参加学习的教师还不够熟悉，没有形成良好的人际氛围；另一方面说明教师在网络学习的同时也有交往的需要。

(二) 理论层面

从理论层面来看。一方面，在理论基础方面，仍以行为—认知主义学习理论为指导，教师网络学习是一种教育教学知识接受的过程，整个培训学习是围绕着教师应该掌握什么样的技能和知识来开展的，并通过外部知识的输入来完成对教师的培训。所坚持的基本理论是：所学习的知识完全来自于学习者本身（教师）的外部，将知识、技能的获得和使用分离，即教师通过视听远程视频课程，完成一定课时的学习，然后将其应用实践到自己的课堂教学中去。这种学习理论忽视了教师学习的复杂性，忽视教师工作所处的实际的教育情境等，在理论基础方面是行为—认知取向；另一方面，在基础理论方面，是教育理论规范教育实践的知识取向。即强调对专家知识的学习，强调专家知识的权威可信、普遍适用，能够对教师的教育教学实践进行规范和指导，作为教育实践者的教师，通过不断学习这些理论知识以使自己的教育教学更加符合科学性。在这种理论取向下，教师学习成为排除自己任何经验和个体意见，忠实地学习和履行教育专家、教育研究者们的理论和规则的过程。

(三) 哲学层面

从教师网络学习的操作层面及其理论层面的特征分析可以看出，宁夏传统阶段教师网络学习的组织在学习观上是客观主义的，教师网络学习是以教育专家为业务核心的政府、教育行政部门、教育技术企业等组织支持的共同体，教育专家是教师学习知识的来源，教师作为核心的利益相关者是缺位于共同体中的，教师基本不参与与自身密切相关的学习项目的设计工作，教师是被设计、被学习与被发展的对象。具体体现在学习观上。

1. 为何学习：学习的工具理性

对于本次教师培训，国家专门组织专家开发了课程指南，主要是专业理念与师德、专业知识、专业技能三个维度。从本次培训课程的开发来看，重点还是在专业知识与技能方面，对于教师师德的课程主要还是从专业的角度去设置，总体看来其人文关怀不足。主要表现在：其一，注重对教师专业化知识与技能的培训，缺少对教师作为人的存在的生命的关怀，还是将教师作为"工具化"的人去看待；其二，忽视教师心理素质的关注。从实地调研中大部分教师反映现有的课程中缺少心理健康教育的课程，仅有的课程也主要是针对学生而开发的，而对于教师的心理健康教育方面的课程几乎没有涉及，教师迫切希望能够加大这方面的课程。

2. 学习什么：专家与城市取向

从实地调研来看，特别是农村教师普遍反映：一方面，教师认为"专家的理论讲座太多，实践案例太少"，"专家的理念很好，但实施起来有困难、不现实"，"希望能与专家多交流、能面对面地领会到专家的指导"，等等。这些心声集中体现了教师希望能将理论落实到自己的实际课堂中，希望能得到专家真正的实践引领，同时，也反映出教育教学理论的生产脱离于实践，教师没有真正参与教育教学理论与知识的生产，因而这种外来的强加于教师那里的理论往往和教师具体的教学情境形成了偏差甚至矛盾，以至于出现"教师培训时很激动，回到学校时很迷茫，学习到的先进理念用不上，培训是培训，工作是工作，学习与工作两张皮"；另一方面，城市取向的学习忽视特别是农村教师的实际，教师通过学习发达城市优秀教师的课堂视频实录或者脱产参加城市培训机构组织的学习，但是他们学习的东西往往缺乏本土化，难以得到应用。调研中大部分农村教师反映，城市特别是发达城市的教师的教学的确很好，但是"他们所面对的学生、他们的教学条件、教学氛围等与我们存在着差异，因而他们的教学方法、教学理念等未必适合我们的实际"，"我们希望能学习身边的优秀教师的课堂教学，他们的教学更加接近我们"。由此来看，教师希望能有本土化的、本地化的学习对象，这更加贴近自己的教学实际。

3. 如何学习：呈现接受

从教师的学习方式来看，相当部分的教师往往采取比较"经济"的——"视听课程＋提交作业"的这种单一的传递接受方式开展学习，甚至存在"挂网＋复制粘贴作业"的现象，即教师登录平台后打开视频课程播放，而自己干别的事情或者离开，过一段时间回来点击一下保证课程点击率，或者找他人"代挂"、"代交作业"等。由此看来，教师网络学习以传统的"视听"为主，仍然是被动的个体意义上的接受式学习，群体意义上的交流互动很少进行，这种学习方式不适合成人学习的特点，不符合网络学习发生的基本规律。这种呈现接受的学习观，只强调知识的系统传递和高效率的接受，忽视了教师既是学习者又是学习资源的特殊性，忽视了教师经验的存在，忽视了教师的个体理解以及实际的教育情境，因而是造成教师学习应付、被动的深层次根源。

4. 网络信息技术的定位：服务于呈现接受的工具

有什么样的学习观就有什么样的网络信息技术应用，在这种客观主义学习观的指引下，在此教师网络学习范式中，网络技术只是充当了一种传递呈现的工具，是教师学习信息的承载物，是为知识的呈现和传递而服务的，实现了教师学习知识的跨时空呈现、信息传递、知识表征、信息管理等基本功能。在学习内容上，主要以视频录像为主，远程课程从头至尾基本上是专家的视频讲座或城市发达地区教学名师的课堂实录，作为学习者的教师，一方面要按照远程课程的统一进度要求（一般为三个月时间）开展学习，教师所能支配的就是自主安排学习时间和学习地点，教师的自主学习即为视听课程＋提交作业，关于教师与教师之间、教师与专家之间等的交互则很少进行。因此，总体看来，网络技术是外在于教师的工具体系，与教师的发展没有内在关联，着重强调网络信息技术对知识的呈现和传递的桥梁作用，只是将传统的面对面的专家讲座电子化、网络化，实现了"人灌"到"网灌"的转变，但教师的学习方式并没有改变。

二　范式反思

（一）小结

教师对网络学习有积极的认识，认同网络学习方式，对网络学习的优势和功能基本形成共识并予以肯定，但是对网络学习的总体感受不佳，不认同网络学习效果，在行为意向上倾向于面对面的学习。

（二）反思

1. 组织者层面

（1）设计理念：客观主义的传递接受学习观

综合上述分析，宁夏传统阶段的教师远程培训是基于客观主义的学习观的，将教师作为教育理论规训的对象，从课程内容的设置、学习活动的设计、学习评价等方面都是基于传统传递接受式的设计和组织理念，即将传统面对面的专家讲授、教师听讲的学习培训形式移植到网络中，网络技术只是充当了传递课程资源的工具，没有发挥网络的交流互动的优势。从学习理论层面看，教师的学习是基于行为—认知取向的，注重对教师的理论知识和传授，技能的训练，注重既定课程的统一性，重视同而忽视异，教师仍是被动的接受者。从教师的学习方式看，教师采取的是"视听＋

提交作业"的学习方式，互动交流基本没有发生，学习后的应用也基本没有发生，为了学习而学习，为了任务而任务，学习的成效一般。将网络信息技术作为呈现的工具，忽视了学习活动设计、忽视了学习支持和学习辅导的建设和实施。总之，这种基于客观主义的以专家为中心的教师网络学习范式是教师学习低效的根本原因。

（2）客观主义的课程理念：结构化、城市取向的专家课程，忽视了教师个性化需求和主体性，相当程度上导致了学习的低效

课程是教师学习的对象，课程的质量关乎教师远程学习的效果。目前客观主义的课程理念，忽视了教师个性化需求和主体性，相当程度上导致了学习的低效。这种课程建设理念存在如下缺陷：第一，忽视了远程学习的特性，远程学习中除了大规模、灵活性、自主性这些基本特性外，观照学习者差异，体现个性化、互动性、生成性应该是远程学习相比线下面对面学习的更大优势，但由于远程教与学的行为分离，对学习者的独立学习和自我管理能力要求很高，且学习者缺乏面对面的交流与交往，往往会影响远程学习效果，因而需要将线上与线下结合起来，开展混合式学习。第二，缺少对成人学习特点的观照。成人学习是基于问题解决，带有明确的实践性、实用性；是自主个性化，针对自身实际的自主的、选择性学习过程；是注重合作、交往的学习[①]。教师远程学习也属于成人学习范畴，应当体现成人学习的特点，观照教师的个性化需求和学习主体性、实践性，注重开展合作、交往的学习。第三，未体现信息化学习理念。信息化学习是个性化的、情境的、开放的、灵活的[②]，"视听＋提交作业"的教师远程学习形式，是被动的个体意义上的接受式学习，显然不适应信息时代的学习理念，不符合远程学习规律。因此，客观主义的课程理念下，教师远程学习难以取得好的学习效果，应当遵循远程学习的规律、关注成人学习的特点，体现信息化的学习理念。

（3）学习支持服务：重技术支持服务，互动性支持服务与引导不足

由于远程学习的教与学的时空分离使得学习者会遇到传统面对面学习

---

① 纪河：《远程教育中成人学习特性的研究》，《中国远程教育》，2004 年第 15 期。

② 杨晓宏，贾巍：《现代学习理念导向下的数字化学习资源构建研究》，《中国电化教育》，2013 年第 3 期。

者所没有的或更加复杂的困难，因而为学习者提供如技术、学习、咨询、交流互动等方面的服务与支持是保障学习质量的重要因素。学习支持服务一般包括技术性支持服务（提供学习过程中遇到的平台操作、下载上传等技术问题的帮助；学习硬件环境的支持等），互动性支持服务（针对远程学习缺乏情感交流而提供的，如线上：创设学习社区、学习小组、工作坊，开展破冰、交流交往、咨询等；线下开展一定数量的面授、集中跟进指导等）。

总体看来，远程机构基本具备支持服务意识，但提供的服务不够全面，将学习支持服务仅仅理解为提供技术帮助，各远程机构都强调具备24小时技术服务功能，这为教师学习基本解决了技术操作上的后顾之忧，但对于如何开展网上助学等学习性、交互性支持服务做得不到位。囿于客观主义学习观，教师网络学习仅仅完成了学习资源的跨时空传递，无论从组织方式还是教师的学习方式层面基本都是完成了信息资源的呈现和接受，学习活动设计以控制学习者为主要特征，教师线上和线下学习都缺乏互动支持，组织引导不够，没有针对其学习情况进行适当的引导与干预。如教师谈道"不能很好地跟专家互动，只是一味地学习，效果总的说不太好"，"学习情况不能及时反馈"、"希望加强互动这个环节"。调查显示，教师认为影响其参与论坛的因素排在前四位的是：需要花比面对面交流更多的时间和精力、在参与和讨论中得不到满意的回复、没有专家的引导和参与、缺乏对课程论坛使用的引导。说明一方面教师在论坛中的交互能力有待提高；另一方面教师缺乏足够的组织和引导。

其主要原因有两方面。其一，缺乏专业的辅导队伍。远程辅导必须遵循远程教育的规律，不但要有学术性也要有在线辅导的专业性。目前辅导队伍学术性有余但专业性不够。教师远程辅导队伍的整体素质急需提高，从实际的实施来看，辅导队伍在构成、学习辅导的理念、能力方面距离要求还相差甚远：在队伍的构成上，基本是以教研员、教育行政部门的人员、部分中小学教师、部分高校教育背景的教师来担任，这些多学科背景的人员组成，理论上能够提升辅导质量，但从实际实施来看，这些辅导人员普遍缺乏远程教育方面的理论与实践知识，特别是对远程学习支持服务等方面的理论与实践知识比较缺乏，还不具备相应的学习支持服务和辅导能力，教师线上学习基本没有开展相应的互动活动，一定程度上造成了教师网络学习的低效性。当然，远程机构在每期的教师远程培训前都要开展针对辅导教师的培训，笔者也参与此培训，发现培训内容主要是熟悉学习平台的功能和路径，熟悉批阅作业，而对于如何助学、提供支持服务等基本未涉及；其二，教师学习后没有进行相关的实践应用活动，网络学习结束后仅仅是完成了所要求的作业，对于教学实践则基本没有开展，学校层面也没有组织相应的实践应用教研活动，教师与专家的互动对话基本没有发生。

（4）学习评价单一：标准单一，导向单一，评价主体单一

首先，评价以数量为标准。目前评价指标只是以课程学习的时间和作业完成的数量为依据，对质性指标关注不够，这样会导致教师完成作业重数量而轻质量；其次，评价导向以完成作业为主，交流互动关注不够。对教师在课程学习时间、作业方面的权重占 80%，论坛研讨只占 10%—20%；最后，评价的主体是组织方，缺少教师所在学校的监督评价。教师学习实际状况如何，所在学校最具发言权，但目前学校在教师网络学习中的主体地位和监督评价功能没有得到很好地发挥，相关机制没有建立起来。因此，改革评价导向，关注质量，提高参与性、加强交流互动，真正体现网络学习优势和成人特点，是重要思路。

（5）学习与应用"两张皮"

远程培训为教师提供了优质的学习资源，特别是优秀教师的课堂案例，将这些先进的教学理念和优秀的教学案例应用到教师的课堂教学中，提高教师的自身素质和教学水平，最终受益学生，这是开展远程培训的根本所在。但是从实际调查来看：一方面，教师很少将远程培训中的所得应用到自己的教学实际中，仅仅是完成学习任务而已；另一方面，教师在远程培训后缺乏相应的跟进指导，往往难以将自己远程培训所学有效应用到教育教学中去。由此一来，大部分教师往往是为了学习而学习，疲于应付培训任务，出现学习动力不强劲的状况。

由于种种原因，大部分参训教师所在的学校对于教师网络学习的认识和理解不到位，具体体现在：从学校层面只是对教师网络学习提供网络、督促等象征性的支持，但没有开展基于网络学习资源的校本教研活动，没有认识到从校本教研的层面促进教师的网络学习，没有将学习和应用有机地结合起来，认为网络学习是教师自己的事情，应用不应用也是教师自己

的事情，这样一来，教师在网络学习后，开展课堂教学应用的时候，一方面是个体的孤独摸索，缺乏交流和互动，逐渐失去了学习应用的兴趣和信心；另一方面，由于学校层面的缺位，来自外部的专家引领等的缺位，致使网络学习在某种程度上成为教师的负担，严重地影响了教师网络学习的质量和持续开展。

2. 教师层面

（1）传统客观主义学习观

教师关于网络学习的理解仍旧是客观主义的学习观，即仍然是生产消费思维模式，认为学习就是接受专家的理论然后应用到实践中，教育教学理论的生产是专家的事情，学习应用是自己的事情，这种传统的学习观在教师中大量存在，以至于出现两种情况：

第一种情况：教师认为专家的理论是好，但要本土化适合自己的需要，而本土化由谁来做，教师认为是专家的事情。这就出现，课程资源中设置一定数量的理论课程并不受教师欢迎，教师认为这些理论要么没多大用处要么就是离自己太远。从组织者的角度来看，设计理论课程是极其必要的，目的旨在引领教师，激活教师的思维，拓展教师的视野，提高教师的教育教学认识水平，通过理论学习，教给教师一般原理，而具体操作则是教师要根据自己的实际教育情境进行灵活的设计，这样一来课程资源只是源头活水，是"渔"而非"鱼"，旨在抛砖引玉，给教师很大的发挥空间，有助于激发教师的创造力，有助于形成个性化的教学风格和教学模式等。因此，基于一般原理的教师学习对教师的要求比较高，要求教师具有将理念的落地和本土化的意识和能力，教师要具备探究和创新精神。但从实际调研来看，一方面，组织者没有对理论课程的学习设计相应的具体目标；另一方面，大部分教师没有理解理论学习的实质，因此，造成了对理论学习的误解，影响了教师学习的效果。

第二种情况：教师普遍喜欢具体的教学案例，但大部分教师认为案例要与自己的实际教学严格符合，反之则认为课程资源对自己没有价值，学习的积极性较低。我们在与一线教师对案例的设计和功能进行讨论的时候，大部分教师希望得到案例，"你要给我案例，理论讲得再好，那么究竟我应该怎么做"。而且将案例与自己的教学一一对应，认为案例应当是"一个萝卜一个坑"，一定要与自己的学科和具体的教学高度的结合，具有针对性和适切性，这样的案例才是好的案例，否则对自己的教学没有什么帮助，就不想再学习了。例如，在某学习网站的教育技术培训课程中，某初中老师认为"案例大都是小学的案例，对我们初中老师的学习没有多大意义"。由此看来，教师对案例的看法有两个潜在的逻辑：一是课程资源一定要有具体案例，否则培训没有什么意义；二是要给我案例，我照着做。那么，案例由谁来做？教师认为，理论是专家的事情，案例更是专家的事情，应用是我的事情。这是一种典型的生产—消费思维模式。是为了案例而案例，对案例背后的思维方式、基本原理及其理论方法等并不关注，这与我们培养创新型、发展性教师的目标是相背离的。只有极少数的教师认为案例是提供了一种思维和实践的方法，关键是在于如何应用，例如，我们在调研中，某初中教师认为案例太陈旧，从时间维度来看，是2001 年左右的案例，而某小学老师则认为，"案例不过时，对教学有帮助，希望增加一些好的案例"，"讲了这么多年，我们也在实施，关键是在于你怎么去用，培训中的探究型的课例也讲的大概是这些，关键是我们自己如何去用的问题，所以不存在新旧的问题"。

（2）部分教师不适应网络学习

对于教师不适应的主要原因，我们做了进一步调查，调查如表6.10所示，教师认为不适应网络学习的主要原因有：自己的网络学习能力不强（占 25.5%），学习方式变了（占 20.4%），学习观念变了（占 14%），学习环境变了，社会、经济、文化原因（分别占 13.4%）等。由此看来，教师已经认识到网络学习不仅仅是学习环境的改变，更是学习方式、学习观念的改变，认识到自身的网络学习能力还不强，需要进一步适应网络学习；另外，社会、经济、文化等原因也是造成自身不适应网络学习的原因之一。

表6.10　　　　　　　教师认为自身不适应网络学习的主要原因

主要原因	样本数	频数	频数百分比（%）
学习环境变了	314	42	13.4
学习方式变了	314	64	20.4
学习观念变了	314	44	14.0
自己网络学习能力不强	314	80	25.5

续表

主要原因	样本数	频数	频数百分比（%）
学习指导者带来的障碍	314	13	4.1
组织管理不当	314	30	9.6
社会、经济、文化原因	314	42	13.4
身体不适	314	16	5.1

（3）教师计算机和网络基本技能较弱，影响网络学习

调查表明，虽然教师日常使用计算机或网络的频率较高（如表6.11所示），有59.2%的教师认为自己经常使用，但有53.8%的教师认为自己的计算机或网络操作水平一般（如表6.12所示）。由此看来，教师的计算机和网络基本技能还有待于进一步提高，一定程度上影响着教师网络学习的顺利进行，在访谈中有教师谈道：

> "这种新颖的培训方式设置比较复杂，对于那些电脑知识不足的教师会出现进入不了（网络视频）课堂，发表不了文章等情况。"
>
> "网络研修进入较困难，平台操作方法不熟悉，不知如何进行操作，走了不少弯路，导致热情不够，应设置学习指南。"
>
> "由于自己认识不到位，操作不熟（练），有时不能及时地参与研修讨论，不能发表自己独特的见解，导致培训学习不够扎实，没有与专家进行沟通交流。"

表6.11　　　　　　　　　　**日常使用网络或计算机的频率**

	频数	百分比（%）	有效百分比（%）	累计百分比（%）
经常	186	59.2	59.2	59.2
偶尔	116	36.9	36.9	96.2
不用	12	3.8	3.8	100.0
Total	314	100.0	100.0	

表6.12　　　　　　　　　　**教师计算机和网络的操作水平**

	频数	百分比（%）	有效百分比（%）	累计百分比（%）
很好	37	11.8	11.8	11.8

	频数	百分比（%）	有效百分比（%）	累计百分比（%）
较好	91	29.0	29.0	40.8
一般	169	53.8	53.8	94.6
较弱	17	5.4	5.4	100.0

（4）学习时间无保证，影响教师网络学习的情感体验和行为选择

是什么原因造成教师对网络学习情感体验不佳和选择网络学习的行为意向一般？探索其背后的原因，对于网络学习质量的提升和持续发展具有重要意义。为此，我们进一步对教师进行了访谈，发现：时间因素和信息化硬件条件是影响教师对网络学习情感体验的重要因素。工作生活忙碌的教师，往往难以挤出学习时间，在参加网络学习的过程中会有不佳体验，在行为倾向上表现比较敷衍，对网络学习的认识也比较偏颇；无可以自由使用的电脑和网络的教师对网络学习情感体验不佳。

我们对教师在学习过程中的困难进行了调查（如表 6.13 所示），教师认为学习困难排在前三位的是："没有足够的学习时间"，"网速慢，视频播放不流畅"，"上网不够方便"。

86.6% 的教师认为没有足够的学习时间，学习时间不足是第一大问题。如访谈中教师谈道：

"时间紧，学习任务重，有很多知识无法一下接纳。"
"工作与学习有矛盾，没有现场学习那么好的效果。"
"很辛苦，很累，白天工作晚上节假日学习，影响生活。"
"由于时间的关系，听专家讲座的时间不够，有时正听着，上课或者学生的事情耽误，为此，我经常是晚上听讲座，并且记下有些不懂的，第二次再听。这样就好多了。"

表 6.13　　　　　　　　教师网络学习中的主要困难

因素	样本数	频数	频数百分比（%）
没有足够的学习时间	314	272	86.6

续表

因素	样本数	频数	频数百分比（%）
我的计算机操作不熟练，影响讨论和作业的完成	314	115	36.6
有困难时不知找谁帮忙解决	314	151	48.1
我在网络上向老师求教问题，常常没有反馈	314	124	39.5
上网不够方便	314	156	49.7
网速慢，视频播放不流畅	314	170	54.1
学校领导不支持我的网络学习	314	17	5.4
学校学习环境和氛围不佳	314	95	30.3
我觉得网上学习没有氛围，有孤独感	314	51	16.2

对于学习时间难以保证的原因我们做了进一步的调查，调查表明（如表 6.14 所示）：导致教师网上学习时间难以保证的首要因素是工作任务重（占 67.8%），访谈中教师多次谈道"日常工作很忙，工作压力大，难以保证学习时间"，农村学校师资学科性短缺，一线教师课时多，任务重，使能够参与学习的时间与有限的网络学习时间形成了矛盾。调研中也发现：部分教师对网络学习有敷衍应付，采取"挂网"的方法应付学习，"挂网"就是将电脑打开，专家讲座的视频在播放，而学习者离开或者干其他的事情，过一会儿回来再点击一下视频课程（说明：为了监控教师的网络学习时间，远程培训机构在网络信息技术平台方面做了设计：教师学习每隔 15 分钟要对学习课程上相应的按钮进行点击一次，因而就出现了上述教师只"点击"但并不学习的"挂网"现象）。

表 6.14　　　　　　导致教师网络学习时间难以保证的因素

因素	样本数	频数	频数百分比（%）
工作任务重	314	213	67.8
家庭事务多	314	38	12.1
学习平台不方便	314	41	13.1
网络速度或网络故障	314	81	25.8
自己的网络学习能力不高	314	23	7.3
不喜欢在网络上学习	314	8	2.5

例如，访谈中教师多次谈道：

"教学任务重，没有更多的时间（进行）网上学习。"

"主要是每天的工作繁重，网络质量较差，在教学期间进行培训使教师有点力不从心。"

"从主观上讲还是认识和态度不够，有不求甚解的思想，再加上平时工作任务重、繁杂、无法静心思考，好多内容只是谈论到了皮毛。"

"在网络学习过程中遇到的比较大的困难是平时教学工作忙，任务繁重，学习时间紧，仓促，只能挤时间，自己进行调剂，尽量参与学习。"

"自己带的教学班和行政任务太多，用在培训上的时间过于紧张，这样影响学习的效果，希望培训的时间再长一点。"

某学校管理人员谈道：

"由于我们农村学校教师比较少，教师'一个萝卜一个坑'，甚至于'一个萝卜几个坑'（是指一个老师一般兼任好几个学科或好多班的教学任务），这造成大多数教师都是牺牲休息时间在家里完成学习任务。而人的精力有限，同时，家庭琐事、教师自己孩子的监管等也缠绕着教师。因此，很多教师为了完成远程培训学习任务，都是将网络打开，采用挂网、随时点击的方法完成学时任务。"

"我们座谈时，少数教师也谈到网络学习中，一些专家讲座、视频课例对自己帮助很大，这也说明培训还是有一定效果的。但是整体而言，教师实际收效难以评估。"

"大多数教师因工作繁忙，无暇顾及远程培训，这就直接导致了完不成培训任务或培训无实效。45 岁以下教师本身在教学一线担着重岗，教育教学任务很重，他们恰恰又是培训的直接对象，工学矛盾在他们之中显得尤为突出。"

(5) 农村学校信息化硬件条件不足，影响教师网络学习的情感体验

和行为选择，制约着网络学习的开展

从表 6.13 的调查结果看，"网速慢，视频播放不流畅"，"上网不够方便"是教师网络学习的第二大困难。农村学校的信息化硬件条件不足，可供教师自由使用的电脑和网络普遍较少，在相当程度上影响着教师网络学习的开展，影响着教师对网络学习的情感体验和行为选择。

网络学习实现了"跨时空"传播，将优质的教育教学资源输送给农村地区，但设备不足是目前农村基础教育信息化中的突出问题。近年来，国家高度重视，加大投入，实施了农村远程教育等教育信息化工程，使得农村的教育信息化条件得到了较大改善，资源匮乏的问题得到了缓解。但是总体看来，农村基础教育信息化的发展还处于起步阶段，需要做的工作还很多，特别是硬件基础设施的建设需要进一步加强。在调研中，农村教师反映最多的是设备少的问题，调研显示，如："网速慢、容易断线等网络配置问题"（54.1%）和"上网不方便"（49.7%）的情况较为突出，学校办公室机子不足、有的老师家里无电脑或者上不了网。特别是偏僻山区教师不具备上网学习条件，且电脑也很少，制约和影响了远程培训工作的质量、效果及受益面。

如农村某教师谈道：

"电脑不够用，一个办公室五六个人一台电脑，影响了学习时间。"

如在调研中有老师反映：

"农村缺少设备，往往不能完成基本培训任务。""有的老师为了完成培训作业不得不到镇上的网吧去，学习难以保证。"

再如，原州区的负责人谈道：

"我区学校硬件设施不均衡，特别是刚撤并搬迁成立的新学校和山区小学没有电脑，有些学校网络又不畅通，致使教师学习存在问题，不能按时、按进度完成学习任务，不仅给班级辅导教师工作带来麻烦，同时也给管理工作造成很大困难。教师对'国培'平台熟悉度不够，导致各项任务不能及时完成。"

红寺堡地区师资培训中心的负责人给笔者提供了他们的调查结果："从我们发放的200份调查表中统计，有72.5%的教师是在家中完成培训任务的，有13%的教师因家中没有电脑，选择在学校上网，只有14.5%的教师是在学校完成学习任务的。从调研中得知，教师之所以选择家中上网，主要原因有三：一是在校教学任务重，没有时间上网学习；二是学校电脑少，轮不上；三是学校网速慢，难以进行流畅的学习。可以说，硬件设施的欠缺仍然是制约远程培训的主要原因之一。"

另外，重复培训的现象在某些农村地区比较突出。我们在对宁夏海原县的调研中了解到这一情况，该县师资培训中的负责人谈道：

　　"由于我们县农村学校比较多，但农村学校的电脑配备不足，大多数地方上不了网，特别是农村教学点也比较多，教学点基本都不能上网，有的地方也没有电脑，这样一来，每年要完成远程培训任务的话，只能是抽取有条件的学校教师参加学习，因而重复培训的比较多。"

综上分析，"无自由使用的电脑和网络"、"没时间"成为教师谈得最多的词汇，这一问题值得我们深思，应该引起我们的重视，想办法解决这些问题，是持续有效推进教师学习工作的关键。

（三）改进的思路：范式转变是根本出路

1. 呈现接受的学习范式是造成教师学习低效的根本原因

1）关于教师工学矛盾的"纠结"、硬件设备不足、计算机技能弱的思考

众所周知，网络学习具有众多优势，其中一大优势就是：能够解决教师的工学矛盾，使得教师不出门就可以实现优质资源的学习；但从调研来看，教师普遍反映：没有时间！时间问题成为第一大问题。开展远程学习是为了解决教师学习时间问题，但却带来了新的时间问题。那么，是不是给予教师充分的时间就能够实现较好的学习呢？答案是不确定的。硬件的不足是客观存在的，但随着国家信息化的进一步投入特别是2014—2017

年即将实施的"中小学教师信息技术应用能力提升工程"等,将会逐步改变硬件不足的问题,另外,随着计算机的逐步普及,教师拥有个人电脑的数量也在增加,而且,调研中也发现,愿意学习的教师能够克服困难,特别是一些偏远农村地区的教师,普遍反映外出学习的机会很少,对于网络学习这种形式比较肯定,学习的积极性较高,如"到镇上的网吧"学习等克服困难的精神和热情着实让人感动。因此,硬件的问题不是问题。关于教师计算机技能的问题,随着信息化的深入,以及网络学习平台的人性化设计的进步,教师的计算机技能不成问题。

2)问题的核心:主客二元的学习范式值得反思

总体看来,目前教师网络学习范式仍然是客观主义的,在学习内容上是以城市、专家为中心的;在学习方式上是以传递接受为主的,这是一切问题的根源。在这种学习观的指导下,网络学习成为一种传递接受的过程,教师的内在学习积极性没有被调动起来,学习的动力没有被激发,学习对教师来说是一件没有意义、没有价值、没有解决实际问题的事情,在相当程度上成为一种负担,成为一种应付的任务。这样一来就出现了"为了学习而学习"的现象,教师往往会找各种理由如"没有时间"、"硬件不足"、"技能一般"等。

2. 促进范式转换是提高教师网络学习的根本出路

基于以上分析,我们认为,应从主客二元的学习观下的呈现接受的学习范式转变为以主客一体的学习观为指导的互动生成的学习范式,真正调动教师的学习积极性,激发他们内在的学习动力,使得学习成为解决他们实际问题的、有意义的、交流互动的、生成的、自我展示的和自我提高的过程。基于此,我们在 2013 年的前期设计中,坚持新的学习观,在教师网络学习的课程资源、学习方式、学习平台、动机激发等方面实施了新的学习理念,促使教师学习范式的转变。

第四节 宁夏教师网络学习范式变革尝试:
互动生成式学习实践

一 专家与教师互动生成的学习范式的实施

针对网络学习的种种问题,2013 年,我们联合相关远程培训机构,重新调整思路，创新教师网络学习模式，笔者作为此次方案设计的核心成员之一，既作为设计者也作为研究者的身份，全程参与了项目的设计与实施。我们于本年度9月份分别选取银川市、石嘴山市、吴忠市、同心县四个市县区的部分学校作为"互动生成式网络学习创新实验区"，实施了"互动生成式网络学习创新实验项目"，着重探索基于共同体的互动生成的教师网络学习范式，在大家的共同努力下取得了一定的成绩、积累了一定的经验。本次参加实验的远程培训机构为：华东师范大学开放教育学院、中国教师研修网、全国中小学教师继续教育网、中国教育电视台果实网。其中，华东师范大学开放教育学院负责石嘴山市的教师教育技术能力网络培训；中国教师研修网负责吴忠市的学科网络培训；全国中小学教师继续教育网负责银川市的教育技术能力网络培训；中国教育电视台果实网负责宁夏同心县的学科网络培训。本研究以下所出现的相关图片、截图来自于上述远程培训机构实施此次项目的学习网站，在此不再一一列举，特此说明。

（一）为何学习：学习动机的激发

依据互动生成的学习范式的思想，教师的学习不仅要关注其专业知识的学习，更要关注教师的内在发展，对教师进行人文关怀，激发教师内在的潜力。因此，在实验区，我们提出了两大教师网络学习动机激发策略：其一，学习内在需要动机激发策略，即对教师内在真实需要的满足；其二，自我展示的动机激发策略。

1. 学习内在需要动机激发策略：关注教师内在需要，从关注分数的运动式学习走向关注教学的常态性研修

在传统段的实施期间，教师的学习动力主要来自对学习后分数的获取，获取合格的分数、拿到相应的证书，从而为各种晋升做准备，这种外在的学习驱动是工具理性的，将学习看作是一种获取外在发展目的的工具，这是教师学习出现应付现象的主要原因。为此，在本次的学习设计中，我们特别关注教师的真正内在需要，将教师教育教学中的问题、真实的发展需求作为学习设计的起点，调动教师的学习积极性，使网络学习从关注分数的运动式学习走向关注教学的常态性研修。我们主要采取组建网络共同体的形式，形成教师网络学习家园。在此环境中，以教师的真实问题解决为主，采用互动生成的学习模式，真正使教师的学习成为解决自身问题的有效途径，这样教师觉得学习对自己非常有意义，从而能够持续认

真地开展学习。

2. 自我展示的动机激发策略：关注教师学习体验的内在自觉，弘扬主体与自我展示

互动生成学习范式的一个基本思想就是尊重教师的个体需要，关注教师学习体验的内在自觉，真正体现作为人的存在；依据马斯洛需要层次理论，自我实现、得到他人的尊重是人的高层次需要，每个人都有自我精彩的一面，人人都渴望得到他人的认可，于是，我们从此观点出发，关注教师学习体验的内在自觉：弘扬主体与自我展示。即通过网络平台让每个参与学习的教师都能够展示自我，将自己的最亮丽的一面、自己的优势展示出来，与他人交流和学习，获得愉快的学习体验。

一方面，采用推荐“精华帖”、“优秀作业”、“教学故事”等，开展“展示自我”活动等方法，激发教师学习的内在自觉（如图 6.5 所示）。例如，对教师在论坛中发布的受到高度关注的帖子推荐为精华帖，对教师在网络学习平台上发布的作业、我的教学故事等进行评选和推荐，将优秀的教师教学课例等发布到网络平台上供大家学习，从而引起大家的关注，以此激发教师学习的积极性。

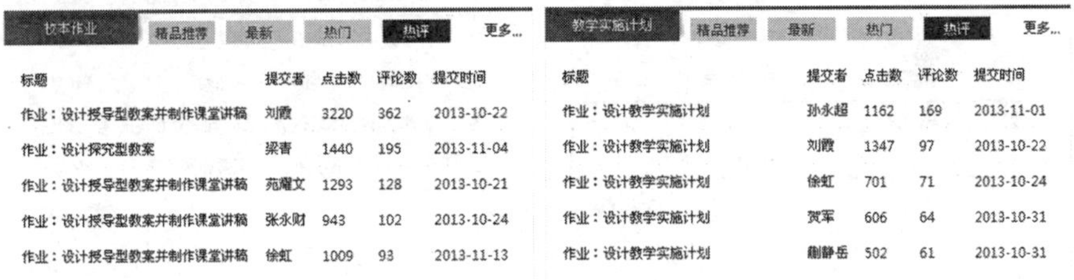

标题	提交者	点击数	评论数	提交时间
作业：设计授导型教案并制作课堂讲稿	刘霞	3220	362	2013-10-22
作业：设计探究型教案	梁春	1440	195	2013-11-04
作业：设计授导型教案并制作课堂讲稿	苑耀文	1293	128	2013-10-21
作业：设计授导型教案并制作课堂讲稿	张永财	943	102	2013-10-24
作业：设计授导型教案并制作课堂讲稿	徐虹	1009	93	2013-11-13

标题	提交者	点击数	评论数	提交时间
作业：设计教学实施计划	孙永超	1162	169	2013-11-01
作业：设计教学实施计划	刘霞	1347	97	2013-10-22
作业：设计教学实施计划	徐虹	701	71	2013-10-24
作业：设计教学实施计划	贺军	606	64	2013-10-31
作业：设计教学实施计划	蒯静岳	502	61	2013-10-31

图 6.5 对教师优秀学习产品的推荐

另一方面，通过推荐“明星学员”、“三榜：光荣榜、奋进榜、加油榜”等方式，激发教师学习动力。例如，华东师范大学开放教育学院开展了“明星学员”和“明星辅导教师”的推荐活动[①]，为表彰积极学员，树立学习典型，在培训中期，由辅导教师推荐本班学习明星，并在学习平台上进行了展示。极大地调动了教师的学习积极性。再如，中国教师研修

① 华东师范大学开放教育学院：《“国培计划（2013）”——宁夏中小学教师教育技术远程培训项目绩效自评报告》，宁夏回族自治区教育厅内部资料 2014 年，第 16—20 页。

网以区县为单位，对教师的学习情况反馈进行了创新，不再是简单地公布每个区县的学情，而是制定了“三榜”——光荣榜、奋进榜、加油榜[①]：在光荣榜中展示学情领先优秀的区县，在奋进榜中，表扬相比前阶段进步最大的区县，在加油榜中，鼓励还比较落后的区县继续加油。项目组在项目进行过程中推出了“排行榜”（如图 6.6 所示），在排行榜中对于“协作组”、“个人”、“学校”、“活动”进行了排名。协作组、个人可以通过排行榜查询自己在全县、全省甚至是全国的排名，为每一位教师、每一个协作组、每一所学校找到自己在研修中的“位置”和努力的方向，大家可以学习排名靠前的协作组与个人的研修经验与成果。

个人排行榜

贡献度 活跃度 魅力度

排名	真实姓名	区域	贡献指数
1	赵惠锋	宁夏回族自治	44860
2	杨琦	安徽省安庆市	35171
3	黄佩华	广东省广州市	30143
4	侯世民	宁夏回族自治	28162
5	徐双燕	河南省新乡市	23820
6	卢柏莉	新疆吐鲁番地	23593
7	初中语文协作	安徽省宣城市	21050
8	甘晓妮	陕西省西安市	18719
9	马利勇	宁夏回族自治	18106
10	肖慧芳	宁夏回族自治	17979

完整榜单>>

教研组排行榜

影响力

排名	名称	区域	影响力指数
1	小学低段数学教研	河南省新乡市	13050
2	宁夏吴忠市校本教	宁夏回族自治	9246
3	荔湾区小学综合实	广东省广州市	8477
4	开发区中心学校英	安徽省安庆市	8222
5	陕西省小学语文协	陕西省	7494
6	马莲渠中学 理化	宁夏回族自治	6508
7	外小五年级语文组	河南省新乡市	6290
8	陕西省小学数学协	陕西省	5164
9	商埠街小学体育教	河南省郑州市	4764
10	商埠街小学数学组	河南省郑州市	3990

完整榜单>>

图 6.6 宁夏“国培”校本项目全国名列前茅（2013 年 12 月 25 日数据排名）

（二）学习什么：课程资源

依据“国培计划”课程标准（试行）要求：教师学习的课程内容包括三个维度，即专业理念与师德，专业知识，专业能力[②]。首先，充分依据教育部课程标准的要求，各大远程培训机构都开发了上述三个维度的课

① 中国教师研修网：《“国培计划（2013）”——宁夏回族自治区农村骨干教师远程培训项目绩效自评报告》，宁夏回族自治区教育厅内部资料 2014 年，第 25—26 页。

② “国培计划”课程标准（试行）（http：//www. moe. gov. cn/publicfiles/business/htmlfiles/moe/s4650/201210/143211. html）

程资源，为教师学习提供了丰富的资源；在此基础上，2013 年各机构还对课程资源进行了一些改革，做了一些有益的尝试，主要体现在：

1. 在专业知识学习的基础上，进一步加强了教师师德、人文精神的培育

在专业学习的同时强调师德为先和理念更新，通过师德修养的课程学习，促使教师进一步理解爱岗敬业、教书育人、为人师表的师德内涵。本次课程资源建设方面，着重强化教师师德、人文精神培育，例如，华东师范大学开放教育学院开发了"教师专业伦理"、"身边的师德故事"等师德教育课程（如图 6.7 所示）；中国教师研修网开发了"心理健康"，包括"阳光教师标准 12 条"、"如何搞好同事关系"等主题。全国中小学教师继续教育网推出了"教师职业道德的自我修养"、"克服职业倦怠，实现教师二次成长"等系列专题；等等。这些师德教育课程，为教师提供了丰富的精神食粮，对于教师的人文精神提升提供了很大帮助。

图 6.7 教师人文教育课程资源片段

（资料来源："国培计划（2013）"——宁夏教师网络学习创新实验区
项目绩效评估报告（华东师大篇））

2. 在继续做好模块化专业课程建设的基础上，突出了选修课程的建设

此次在课程资源方面，加强了选修课程的建设，为教师提供多样化的学习资源。单一的学习资源不利于教师自主性的发挥，各远程培训机构都

不同程度地加强了选修课程的开发和建设。例如，华东师大开放教育学院开发了必修和选修相结合的课程[①]：在教师专业知识模块，必修课为“培训准备”和“初识教育技术”，选修课为“信息技术教育的文化原理”；在教师能力课程方面，必修课为“教学媒体与资源利用”、“授导型教学设计”、“探究性学习的设计”等；选修课为“信息技术与各学科课程整合案例评析”等。再如：全国中小学教师继续教育网在保证教育部课程标准要求的基础上，还增加了拓展性课程资源，这些资源主要有[②]：“学科百科”、“学科咨询”、“博文园地”等。

3. 加强了本土资源的生成、聚合和利用

在教师学习的过程中产生了大量的生成性资源，通过网络平台将这些生成性资源进行聚合、分类和整理，重新呈现于网络平台上，供大家学习交流之用。这些生成性资源来自同行之间的思考、来自专家的精彩点评和指导、来自跨时空的互动交流成果，因而是教师喜闻乐见的身边资源，是教师比较受欢迎的学习资源。基于此，本次实验区各大远程培训机构都在此方面进行了改革，加大了生成性资源的建设和利用。例如，我们利用网络学习平台对教师学习过程中的资源进行了聚合和分类呈现（如图 6.8 所示），供教师学习交流；同时，对教师群体合作生成的资源进行了聚合和利用，如图 6.9 所示。

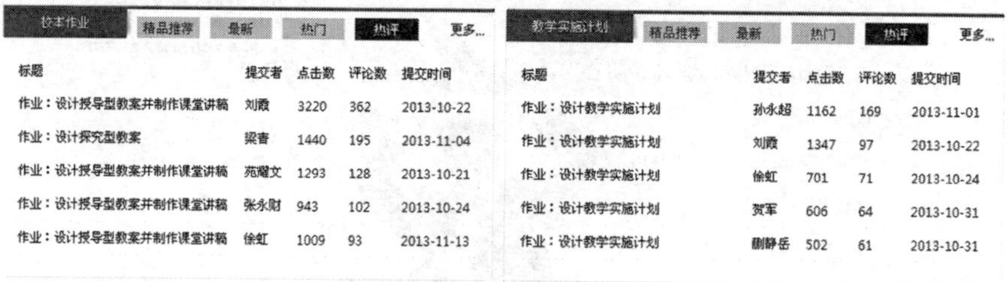

校本作业　精品推荐　最新　热门　热评　更多...

标题	提交者	点击数	评论数	提交时间
作业：设计授导型教案并制作课堂讲稿	刘霞	3220	362	2013-10-22
作业：设计探究型教案	梁青	1440	195	2013-11-04
作业：设计授导型教案并制作课堂讲稿	苑耀文	1293	128	2013-10-21
作业：设计授导型教案并制作课堂讲稿	张永财	943	102	2013-10-24
作业：设计授导型教案并制作课堂讲稿	徐虹	1009	93	2013-11-13

教学实施计划　精品推荐　最新　热门　热评　更多...

标题	提交者	点击数	评论数	提交时间
作业：设计教学实施计划	孙永超	1162	169	2013-11-01
作业：设计教学实施计划	刘霞	1347	97	2013-10-22
作业：设计教学实施计划	徐虹	701	71	2013-10-24
作业：设计教学实施计划	贺军	606	64	2013-10-31
作业：设计教学实施计划	蒯静岳	502	61	2013-10-31

图 6.8　教师个体性生成性资源

再如，在此次实验区宁夏石嘴山市的教师教育技术能力远程培训中，

---

① “国培计划”（2013）宁夏农村中小学教师教育技术能力远程培训——培训课程框架（http：//2013nx. hdsd. webtrn. cn/cms/course/1020. htm）

② 全国中小学继续教育网：《语文学科频道》（http：//courses. teacher. com. cn/default. aspx？ subject = 31）

图 6.9 教师群体合作性生成性资源

注重对大量生成性资源的整合和利用，特别是专家视频答疑、专家微访谈答疑、文字答疑记录、优秀简报、优秀作业等，将这些资源进行了汇编，整理加工成为供教师进一步学习使用的本土化资源。如图 6.10 所示，内容包括："师德篇"、"授导型作业"、"授导型教案"、"专家视频答疑"、"专家微访谈答疑"等。

图 6.10 教师生成性资源汇编

（资料来源："国培计划（2013）"——宁夏教师网络学习创新实验区项目绩效评估报告（华东师大篇））

（三）网络技术支持：网络学习平台的改进

本次实验区在网络学习平台方面做了较大改进，力争体现互动生成的学习观。即既支持教师开展互动式学习，也支持生成性资源的聚合和呈现。

1. 互动方面：在常规的班级论坛、学科论坛等基础上，新增如下功能：一是建立教师工作室；二是开发微访谈平台，为教师和专家的沟通搭建桥梁

（1）建立教师工作室，促进互动交流。平台为每个使用者搭建了个人工作室，教师、辅导教师、管理员的所有操作都在工作室中实现，无须再在多个页面下操作，极大方便了使用者，也促进了学习的互动交流。如图 6.11 所示。

图 6.11　教师网络学习个人工作室

（2）采用新技术，开发微访谈平台，构建教师与专家等的沟通交流渠道，开展微访谈互动。目前国内视频答疑系统存在网络流量限制、可接入点数少的问题，针对此，华东师范大学开放教育学院参照目前大众媒体中较为出色的新浪微访谈系统，开发了微访谈平台（如图 6.12 所示），搭建了在线答疑系统，通过"教师问"、"专家答"的形式实现交流。这是积极吸纳最新网络技术的发展成果并有效应用教师学习的做法，取得了良好的效果。

下面就微访谈互动对话列举一、二①：

---

① 华东师范大学开放教育学院：《"国培计划（2013）"——宁夏中小学教师教育技术远程培训项目绩效自评报告》，宁夏回族自治区教育厅内部资料 2014 年，第 20—22 页。

图 6.12　教师微访谈平台

教师：多媒体在小学语文课中如何应用及提升？

专家：多媒体集图片、声音、图画、文本、动画、影视等多种媒体为一体，图文并茂，声像俱佳，可丰富学生感官体验；多媒体扩大了学生的阅读面，丰富了知识面；多媒体可创设和再现情境，从而发展学生思维能力，加深对事物的理解。

教师：怎样在教学过程当中有效使用多媒体？

专家：首先教师才是真正的魔法师，正确认识多媒体在教学中的位置，避免追求表面，处处滥用，多媒体是为课堂教学服务的，注重信息技术与学科有效整合。

2. 资源生成方面：为教师、辅导人员开发了支持资源生成的工具，提供资源生成和个性化聚合与推送服务

（1）为教师开发了支持资源生成的工具

这些工具能够支持互动学习、资源分类聚合、数据自动记录、评价等。具体包括（如图 6.13 所示）：讨论工具、问答工具、资源下载工具、资源分享工具、辩论工具、协作文档、视频工具、评价工具、课程工具、问卷工具，等等。

（2）为辅导教师提供了资源的聚合和推送的工具

为了给教师提供生成性资源的聚合推送服务，各机构也开发了相应的支持工具。例如，如图 6.14 所示，辅导人员可以利用该工具对教师在学

图 6.13　支持教师进行资源生成的活动工具

习的过程中产生的资源或者是上传的优秀学习资源进行分类聚合，促成本土资源的生成，进一步充实和丰富资源库。

图 6.14　为辅导人员开发的生成性资源聚合分类工具

　　与此同时，应根据教师在各学习环节的不同需求，及时地将相应的生成性内容推送至教师面前，比如作业完成环节，在教师未完成作业前，只能显示作业要求，无法看到其他教师提交的作业，以保证他们独立思考，自主完成作业。当教师完成作业提交后，系统自动将同班学员和同学科学员的作业推送过来，便于彼此相互学习、点评。如图 6.15 所示。

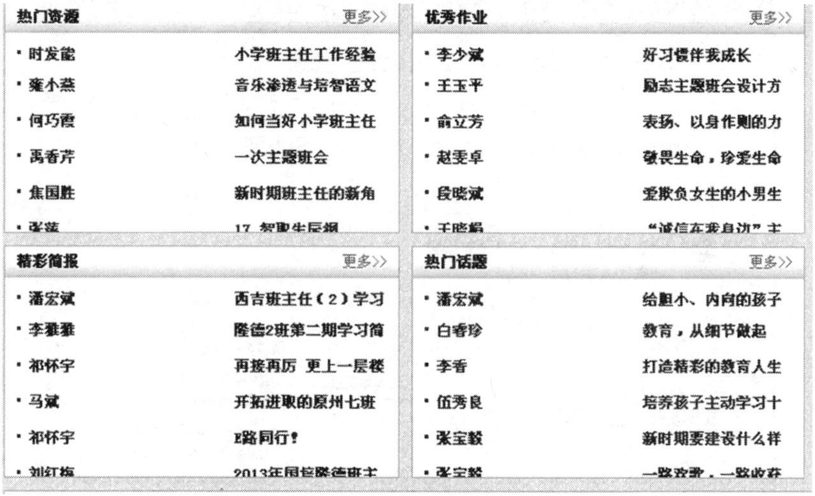

图 6.15　为教师提供的生成性资源及时推送服务

　　3. 技术支持与管理方面：增强了全程技术支持服务和人性化管理功能

　　（1）全程的技术支持服务

　　技术支持服务。各个网站都为辅导教师和教师提供了 7×24 小时的技术保障服务，在各个网站的首页的醒目位置都提供免费电话咨询服务、电子邮件、QQ 群等服务。都有专人值班，节假日也不例外。从技术上保证教师学习的顺利进行。例如，中国教师研修网建立了线上和线下客服小研团队，是保证学习者（教师）在遇到问题时能及时得到解决。线上有"小研伴你行"、"小研在线"及时解答教师在线学习中遇到的问题；线下有客服电话、管理 QQ 群全天引导，全程帮助教师进行网络平台学习体验。如图 6.16 所示。

　　提供与专家、辅导人员互动的支持服务。成立了专家、辅导团队在线值班的服务互动机制，为教师网络学习提供智力支持和帮助。即每天安排国培学科专家进行在线值班，专家和辅导人员分为日间值班和夜间值班，教师可以在网络平台上进行"日间提问"与"夜间提问"（如图 6.17 所示），教师分学科进入本学科的答疑页面，留下自己遇到的学科问题。此外，项目组将"专家在线"的窗口设置得更加明显，使教师可以一目了然，快速找到入口。

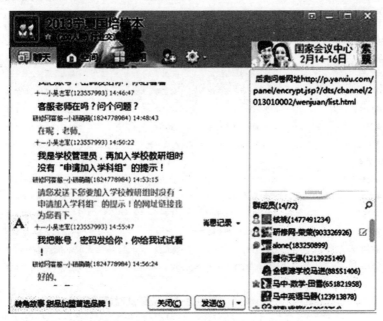

图 6.16　技术支持服务

图 6.17　专家在线支持服务

（2）学习过程有序导引

为了使教师网络学习有序进行，本次在网络平台方面尝试将学习内容按环节有序组合，环环相扣，并通过技术手段引领教师必须在完成上一环节后才可以进入下一环节的学习或操作。引导教师按照培训设计的进度开展学习，以避免跟不上学习进度而延误学习。

（3）学习过程监控

由于部分教师在学习过程中存在"挂网"（即将电脑打开，播放学习内容而离开或者干其他的事情）的现象，各机构都设计了相应的技术干预策略，例如，华东师大开放教育学院设计了在线学习时间提醒功能（如图6.18所示），每隔15分钟系统就会弹出"是否继续学习"的提示，如点击否或不进行任何操作，学习时间都不会累加，这样防止教师在学习过程中的恶意挂机而增加学习时间的行为。

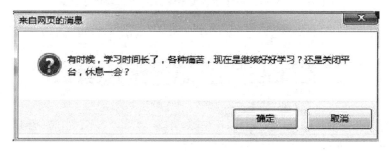

图6.18 教师在线学习时间提醒

（四）如何学习：专家与教师互动生成的学习模型的实践

1. 组建教师网络学习共同体：学科区域协作组

（1）组建方式

他组织同质方式。即在教育厅主导下，各市县教育局、远程培训机构具体负责，学校为主要实施主体，依据本地的实际，组建基于学科的区域协作网络学习团体，简称"学科区域协作组"。具体操作模式为：教育厅制定宏观指导下，各市县教育局及学校依据本地实际，总体安排参加网络学习的教师，各远程机构依据参训人数及学科实际，提供技术支持，建立学科区域协作组，如图6.19所示。

自组织异质方式。建立教师网络学习工作室（如图6.20所示）。即每个教师都有自己的网络学习空间——工作室，教师在这个工作室里，可

图 6.19　学科区域协作组（资料来源：中国教师研修网）

图 6.20　教师网络学习工作室（资料来源：中国教师研修网）

以实现跨学科的互动交流，可以建立自己的学习资源，可以自发地建立自己的学习团队，与本地区、全国的同行，或其他学科的教师，开展跨时空、跨地域、跨学科的交流和学习。

（2）共同体的构成及其主要职责

共同体的构成是：学习者（教师）、协作组组长、专家组、辅导人员、班主任、技术服务组等构成。

学习者（教师）是指参加网络学习的教师，是学习的主体，他们按照学科建立学科协作组。积极参与各种网络学习活动，完成相应的学习任务，达到学习目标。

协作组组长一般由骨干教师、教研员等担任，主要负责本协作组的各种教研活动。一方面，积极引导教师网络学习，结合本地教师和教学实际，参照项目实施方案及活动安排，发起和开展各种学习活动，如设计研讨主题，组织线上或线下学习活动，组织本地或跨区域的资源分享和交流等；另一方面，通过小组简报、小组公告等形式及时对教师的问题进行引导解决，并传达上级部门及远程培训机构的各种信息和通知。

专家组：由教育专家、教育技术专家、教研员、一线教学名师、具有丰富的义务教育阶段教学经验的骨干教师组成。专家组不仅承担各学习专题的讲授与示范，同时对教学过程进行专业引领，采取多种方式为参训教师进行教学示范、在线辅导、作业点评和互动答疑，等等。

辅导人员包括：地方高校相关研究者、一线优秀学科教师、教研员等；主要职责是：一方面，协助学科协作组组长开展各种研修活动；另一方面，负责教师网络学习的引导工作，并负责批阅作业，辅导答疑，协助专家进行答疑和指导等工作。

班主任主要由具备丰富班主任工作经验的骨干教师、教研员等组成。主要是负责教师学习的学业管理等工作，负责项目的整体组织与管理，统筹项目进程与安排，负责研修活动方案制订、项目简报、通知和总结的撰写等。

2. 基于共同体的互动生成学习任务设计与实践

（1）"学用转化"的学习任务设计与实践

我们围绕资源走进课堂，促进教师"学用转化"的目标，对"学用转化"五步循环模式（见第四章的图4.4）在实验区进行了实地应用。下面予以具体阐述。

1）学习网上课程资源

一方面是师德人文类课程的学习。一边学习，一边完成学习反思，完成相应的学习活动，并将学习产品上传到网上供大家交流。如，中国教师研修网在此部分推出了"规划自我，争做好老师"的学习设计，即在观看学习了师德案例后，由参训教师联合所教班级的班主任，组织学生开展"我心目中的好老师"征文活动，并从学生的征文中选择一份对自己触动较深的，在这份征文后面写下自己关于如何做好老师的感言；华东师范大学开放教育学院关于这部分推出了"师德故事观后感"的学习设计。学习之后完成"规划自我，争做好老师"、"师德观后感"等学习产品，并上传至网络进行交流。如图 6.21 和图 6.22 所示，是教师学习后完成的优秀作品，这部分学习作品已整理、分类，形成生成性资源，进入学习资源库，成为教师进一步学习交流的本土化资源。

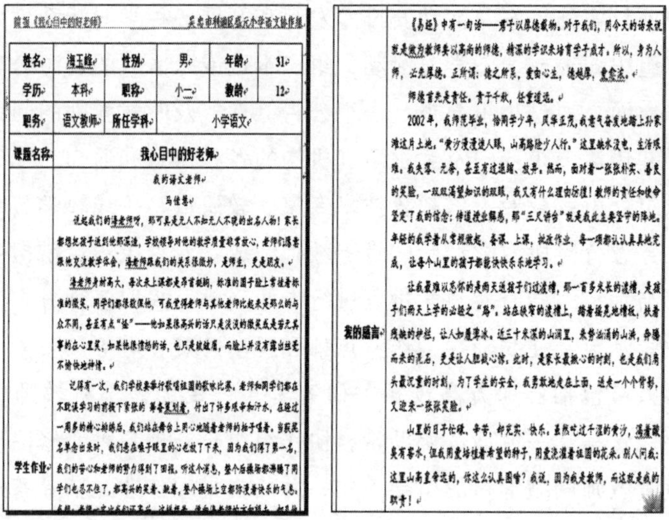

图 6.21　教师师德课程学习后完成的学习产品（资料来源：中国教师研修网）

图 6.22　教师"师德观后感"汇编（资料来源：华东师大开放教育学院自评报告）

　一方面是教育教学专业知识的学习。主要是学习先进的教育教学理念、教学方法、经典的教学案例等。边学习、边思考（写日志、写思考）、边交流（与专家、辅导人员及其他学习者进行互动）。如图 6.23 所示。

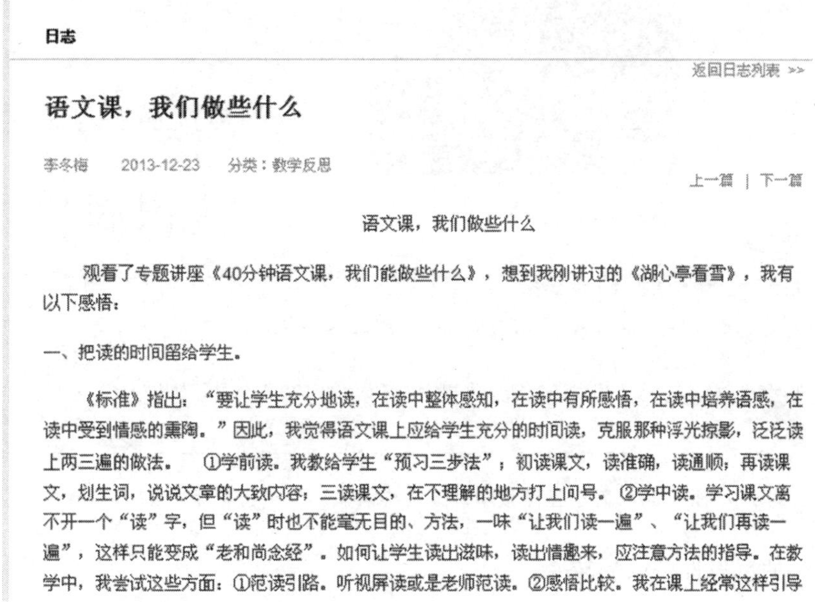
日志

返回日志列表 >>

语文课，我们做些什么

李冬梅　2013-12-23　分类：教学反思

上一篇 | 下一篇

语文课，我们做些什么

观看了专题讲座《40分钟语文课，我们能做些什么》，想到我刚讲过的《湖心亭看雪》，我有以下感悟：

一、把读的时间留给学生。

《标准》指出："要让学生充分地读，在读中整体感知，在读中有所感悟，在读中培养语感，在读中受到情感的熏陶。"因此，我觉得语文课上应给学生充分的时间读，克服那种浮光掠影，泛泛读上两三遍的做法。　①学前读。我教给学生"预习三步法"：初读课文，读准确，读通顺；再读课文，划生词，说说文章的大致内容；三读课文，在不理解的地方打上问号。②学中读。学习课文离不开一个"读"字，但"读"时也不能毫无目的、方法，一味"让我们读一遍"、"让我们再读一遍"，这样只能变成"老和尚念经"。如何让学生读出滋味，读出情趣来，应注意方法的指导。在教学中，我尝试这些方面：①范读引路。听视屏读或是老师范读。②感悟比较。我在课上经常这样引导

图 6.23　教师网络学习日志

2）设计教学—网上交流—再设计再交流，形成新的教学设计

具体实施流程为：

①教师在学习完相关课程后，开始以新的理念和方法设计自己的教学。在这一阶段，以市县为主，组成专家队伍，深入到一线学校，在专家的指导下，学科教师同备一堂课，将学习到的新理念应用到教学设计中，完成相应的教学设计，然后上传到网络学习平台上。

②协作组对教师上传的教学设计进行互相交流和评议。一方面，可以就本市县区域内进行交流研讨活动，区域内协作组就教师的教学设计进行互动评议，提出修改和完善建议等；另一方面，可以邀请全国范围内的专家、同行就教师的教学设计开展网络交流和评议，实现更大范围的交流互动，促进教师教育教学知识和能力的提升。如图 6.24 所示。

③再设计再交流，形成新的教学设计。针对上述互动评议中，专家和同行提出的评议意见，对教学设计进行再设计、再修改，使得教学设计从"原设计阶段"到"同伴互学互评"的协同备课阶段，再到"新设计阶

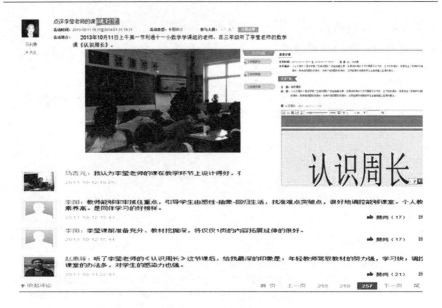

图 6.24　网络互评教学设计（资料来源：中国教师研修网）

段"的反思性备课的转变。

3）新教学设计应用、反思、再提升，形成本土化精品资源库

①新教学设计实践课堂。首先，教师带着将上述形成的新教学设计去上课，教师、评课专家同堂观课；其次，教师上课完成后，专家、教研员、教师一起评课，教师对自己的教学开展自我评价，同行之间展开互评、研讨交流，专家等对教师的课堂教学进行引领指导。

②反思、再提升。针对研讨交流的成果，大家就该课的教学设计、教学实施等，进一步反思、修正、完善、再提升。

③提交成果，网络互动投票，进入资源库。经过上述一个完整的流程后，最终形成完整的教学设计和实施方案，将这些成果再上传到网络学习平台上，经过"网络投票"、"专家评审"等环节（如图 6.25 所示），进行分类整理，放入生成性学习资源库（如图 6.26 所示），这一资源库：一方面是经过打磨后的精品课程，是融先进教育教学理念和实践案例为一体的成果；一方面，是来自教师身边的本土化学习资源，对于教师的学习极具指导和借鉴价值。因此，不但成为教师学习的本土化资源，也实现了教师作为资源建设主体的新理念，既促成了资源的更新和生成，也极大地调动和激发了教师学习和创造的积极性及其内在动力。

图 6.25 网络互动投票（资料来源：中国教师研修网）

图 6.26 生成的本土化精品资源库（资料来源：中国教师研修网）

（2）关于"真实问题解决的学习"任务实践

基于"真实问题的解决"的学习方面，宁夏采取的措施是：个性问题通过网络解决，个性问题未能解决的，由各协作组负责整理、分类，形成共性问题。针对共性问题立项研究—开展课题研究—形成成果，进入学习资源库。下面予以分别阐述。

1）针对共性问题立项研究

对于教师未能解决的个性问题，教师可以通过网络将这些个性问题上传到指定的空间，在辅导教师的组织下，与专家、优秀教师、教研员、其他学习者（教师）等开展互动交流，对这些个性问题进行归类、归纳，最终形成具有普遍意义的共性问题，将这些共性问题形成研究选题；在此基础上，成立研究小组，研究小组由指导专家和教师组成，即为每个研究小组配备 1—2 名的指导专家，教师在专家的引领下，通过协作开展课题研究，共同完成研究任务。

2）开展课题研究

依据宁夏的实际，教师网络学习在每年的 8 月份开始，教师经过三个多月的网络学习，一般是在学习结束时开展课题研究。具体操作流程是：

首先，在教师学习结束后，由指导教师对所在研究小组的课题进行指导，完成开题报告。其次，由教育厅师资处统一组织安排，由各市县教育局负责具体实施，组成区内专家团队，赴各市县对教师课题研究进行开题指导，提出课题研究的指导意见。最后，课题小组在其指导教师的指导下，以所在学校为依托，开展实地行动研究；在这期间，指导教师经常深入教学一线，给予本小组课题研究方面的实地指导，与教师一起完成课题研究项目。在这一过程中，各级部门及相关方通过网络学习平台为课题研究提供各种支持，如及时发布各种信息，及时公布各研究小组的进展，并就研究过程中存在的困难和问题予以及时协调和解决，保证教师的研究顺利进行。

3）形成成果，进入学习资源库

经过一段时间的研究（一般是半年到一年），各研究小组在指导教师的指导和帮助下，完成研究任务；在此基础上，由教育厅牵头，再次组织专家团队，深入各市县，在当地教育部门的组织安排下，各研究小组在指定时间集中到达指定地点，开展结题答辩工作（如图 6.27 所示）。对于通过课题答辩的成果，再经过专家审议、修正和完善，形成具有指导意义的本土化成果，存入科研库，以供教师学习交流使用。

图 6.27　教师课题研究答辩现场

二 应用的效果、经验分析与反思

为了了解本次创新实验区教师网络新范式的实施及其取得效果情况，在项目结束后，我们组织专家组对实验区的学校进行了实地调研，具体调研设计和实施如前面第六章第二节所述。

（一）取得的总体效果

1. 构建了区域网络学习社区和各学科学习共同体，实现了跨时空的互动，增强了学习效果

与以往呈现接受式的网络学习不同，本次实验区采取互动生成的学习模式，组建网络学习团体、建立个人学习工作室，为教师学习搭建了跨时空的网络学习平台，实现了教师与全国专家、教研员、一线的优秀教师、高校研究者之间的互动和交流，使本不相识的老师们走在了一起，在协作组里交流思想、共享资源、分享信息、结识益友，共同探讨本学科领域的问题、共同学习彼此的教育教学思想和方法，等等。从网络学习平台上教师发布的学习日志，以及我们的学习后回访的资料来看，教师对这种基于网络学习共同体的互动生成学习范式给予了高度评价，互动、协商、对话、分享、生成的信息时代新学习观深入人心，使得大部分教师经历了愉快的网络学习体验，形成了网络学习的意识、提高了教师网络学习的能力。下面是我们调研的资料和网络日志摘录：

宁夏吴忠市利通区裕民小学 X 老师谈道：

> "在网上，我还接触到更多同行，和他们展开交流，解决了自己的许多困惑，也拉近了我们之间的距离。如果自己有什么困惑，也可以直接发到论坛中，求得其他老师的帮助。有许多辅导老师也尽心竭力，把自己宝贵的教学经验拿出来与我们交流。我感到，有了网络这个交流平台，大家相互交流，自己的许多困惑得到了解决，使自己进一步反思自己的教育教学，提高教育教学工作。"

宁夏吴忠汉渠中学的 Y 校长谈道：

> "这种互动式的网络学习使我获益匪浅，我是教化学的，通过这

次网上学习，我发现网络课程中所讲的实验课的上法和我的不一样，我就认真学习，然后应用到自己的实验教学中，结果失败了，我就在网上提出问题，有很多专家为我解答，还有全国的同行和我交流，我真的很兴奋，在网络上有这么多优秀的人一起来解决我的问题，我就把他们的建议和方法应用进来，经过改进、不断试验，实验终于做成功了，后来我把这种方法整理发表了，还获得了教学奖（这些进步），与网络学习是分不开的。"

宁夏教育技术 16 班的 Z 老师写道：

"在每一次的网上互动交流研讨中，我们都会结合自己的教学实际谈体会。每一个话题都会引发小组成员的热议，每天都有不小的收获。在交流中大家各抒己见，使我有了更宽阔的视野，掌握更高的教学技能。因此研讨交流充实了我，让我获得了进步。我将把自己学到的、感悟到的应用于实践，只有这样才能让自己的工作更加得心应手，使教学效果更上新台阶。"

农村某小学英语学科的 L 老师谈道：

"网络学习中专家的讲座和互动给我的记忆最为深刻，与专家面对面的学习中得到了最新最专业的理论知识和教育理念，使我得到了很大提高，也对网络学习有了更深的了解。"

2. 增强了教师网络学习体验，形成了网络学习的意识，基本具备了网络学习能力；同时改进了教师教学行为，提高了教师教学能力水平

如表 6.15 的调查结果显示：一方面，通过本次实验区互动生成学习范式的实践，教师对网络学习经历了较佳的学习体验，形成了网络学习的自主意识，大部分教师基本具备了网络学习的能力，被动学习的状况得到了明显好转；另一方面，通过互动生成学习范式的实践，特别是通过"学用转化"、"真实问题解决"等学习任务的实施，实现了理论与实践的

统一，真正实现了学用转化，实现了教师学习的真正参与，解决了教师许多教育教学问题，使他们改进了教学行为，提高了教学能力水平，真切感受到了这种互动生成的学习所带来的成功喜悦。

表 6.15　　　　　　　　　　互动生成式学习所带来的教师变化

符合程度（%） 项目	非常 符合	符合	一般	不符合	非常不 符合
本次网络学习对我来说是一次愉快的学习经历	48.50	47.14	3.63	0.60	0.13
通过本次学习，我的网络学习意识进一步增强	45.64	48.00	5.61	0.58	0.17
通过本次学习，我的网络学习技能有所提高	40.67	48.13	8.19	2.86	0.15
通过本次学习，我对教师职业有了更深的理解	52.80	41.20	5.45	0.53	0.02
通过本次学习，丰富了我的专业知识	54.00	42.53	3.19	0.21	0.07
通过本次学习，我的专业技能有所提高	49.67	46.55	3.13	0.48	0.17
我愿意再次参加网络学习	53.60%	42.22%	3.53%	0.48%	0.17%

西夏区第八中学的语文学科 M 教师谈道：

"这次实验区的网络学习搞得很好，比以前'国培'搞得更好，这种学习协作组的共同体形式很有效，很有学习氛围，大家可以畅所欲言地交流，大家在网上形成一个团队，你帮我助，共同完成学习任务，比以前那种一个人在电脑前学习的形式好多了，我们学校的学习氛围很浓，大家一致认为很受益，对我们教师能力的提高、我们学生的发展都很有帮助，希望这样的网络团队式学习能够坚持搞下去。"

再如，秦渠中学 N 老师在网络空间里写道：

"这次培训学习的机会，我非常珍惜。我每天坚持紧跟学习进度，通过学习课程，丰富了自己的教育理论知识，使自己在师德修养、教育理念、教学方法等各方面有更大幅度的提升，也解决了我在实际教学中遇到的很多疑难问题，同时也学会了如何调节自己，做好新时代的教师。虽然，平日里工作很忙，学习的时间也必须得一点一滴的积累，抽空上网看资料学习、参加论坛、写日志，慢慢也养成了一种（网络学习的）习惯。以后继续坚持网络学习，将所学到的知识与理论应用到实践中，并且充分发挥自身的优势，做一个称职的好老师。"

3. 形成了动态的资源生成机制，生成了大量本土化的学习资源，为教师持续学习提供了支持

如前所述，本次实验区以互动生成的学习观为指导，以教师为资源建设主体为理念、采取教师学习、实践、反思，专家引领、互动、交流、生成精品资源的机制，例如：一方面充分利用网络技术优势，对教师学习过程中的研修行为都进行详细记录，从撰写日志、分享资源、点评资源，主持或参与研修活动等，按照贡献度、活跃度、魅力度等对教师在平台上的学习情况进行跟踪、统计排序，并对过程性资源进行聚合、分类、整理等，生成可供学习的资源；另一方面，对实践应用后的学习成果进行学习共同体加工、提升，生成精品资源，供大家进一步学习使用。如华东师大开放教育学院负责的实验区产生了"专家视频答疑、专家微访谈答疑、文字答疑记录、优秀简报、优秀作业等"生成性资源，并对这些资源进行了汇编。中国教师研修网在本次实验区生成了大量的学习资源，如教师共撰写教育日志 47520 篇、分享的教学资源共 99911 条，被点评的资源 3550 条，教师基本养成了坚持撰写日志、分享资源、点评资源的良好反思分享习惯。中国教育电视台果实网负责的实验区也生成了大量有价值的学习资源，主要是针对幼儿教师的培训资源，如《加速度圆舞曲》、《小老鼠打电话视频》、《小动物过桥》等等。

在互动生成学习观的指导下，本次实验区建立了大量生成性学习资源库，这些资源是教师喜闻乐见的本土化资源，是教师经过学习实践后加工生成的，来自教师身边的学习资源，很受教师的欢迎。网络培训结束并不

意味着学习的结束，学习平台依然为教师长期开放，通过本次学习实验区建立的学习协作组等网络学习共同体是教师实现持续学习的宝贵的人力资源，各种生成性的学习资源是教师持续学习的宝贵财富，教师在今后的工作中继续可以登录平台开展学习。如，继续可以：a. 书写教育教学日志，发布到网络学习平台上或自己的个人学习空间里，供大家交流学习；b. 浏览和学习各种协作组的资源，包括个人工作室或其他区县、其他省的协作组，实现全国范围的跨时空学习交流，关注感兴趣的话题，添加好友，建立和丰富学习圈，进一步积累人际资源；c. 参加学科协作组等各种网络学习团体的学习活动，包括收看专家讲座、参加专题研讨等。如定期会邀请本学科专家进行专题讲座，参加本学科举办的各种网络研修活动等。

4. 培养了一批网络研修骨干力量，提高了各参训学校的校本研修管理水平，为持续开展教师网络学习奠定了坚实基础

互动生成式教师网络学习的有效开展离不开基层学校的支持和有效组织，通过本次实验区网络互动生成学习范式的有效实施，极大地历练了本区域的教师网络学习组织者，使他们得到了快速成长，其网络学习的组织和设计能力都有了很大提高，使每一位项目学科骨干树立了新的互动生成的学习观，基本具备网络环境下开展教师学习的设计、组织和指导能力，基本具备了组织和开展线上与线下结合的各类研修活动的能力。如马莲渠中心学校数学研修组组长 H 老师讲道：

　　"本次培训以网络校本研修为主，数学组要有自己的研修活动，并且这些活动要与学习平台的学习内容相符合，与教学实际相结合。于是，我结合平时教学实际，适时发布了几个研修活动，如'数学教学中如何培养学生良好的学习习惯'、'以学定教，设计教学——观导读课程大家谈'、'因幸福而爱岗——师德大家谈'、'小议提升教师专业素养'，等等。这些活动吸引了许多老师驻足留言。特别值得一提的是'因幸福而爱岗——师德大家谈'这个研修活动，目前参与人数达到2400 多人，评论达到6000 多条，许多省外老师因为看到这个研修活动的价值主动申请加入我校数学研修组。到目前有 5 名外省老师成为我组成员，我的粉丝达到 140 多人，我组活跃度居全区前 10 名。"

学校是教师学习的基层支持者，能否为教师提供积极有效的支持是教师网络学习取得成功的关键。互动生成学习范式的持续开展，需要改革传统的校本研修管理制度与提升管理水平。项目组通过指导各学校制定和修改本地的校本研修管理制度，使之更加适应技术环境下的各种新形势，通过组织校本研修管理经验交流活动，提高了各参训学校的校本研修管理水平，为以后的常态化学习提供了制度保障。

（二）来自教师的反馈

1. 教师对互动生成学习范式中的学习动机激发策略实施效果的反馈

依据前面论述可知，互动生成的网络学习范式中学习动机激发策略有：一是，学习内在需要动机激发策略，即对教师内在真实需要的满足；二是，自我展示的动机激发策略，即强调对教师的自我展示。通过本次实验区该学习动机激发策略的实施，取得了较好的效果。

（1）关于学习内在需要动机激发策略之实施效果

即关注教师的内在需求的满足，主要体现在整个培训的学习设计是不是真正符合教师的需要，从前面关于学习的整体效果来看，此次互动生成的网络学习范式是能够很好地体现和满足教师的真正内在需要的，能够激发教师的学习积极性的，这从以下关于课程资源、学习模式的有效性反馈方面都能够得到佐证。

（2）关于自我展示的学习动机激发策略之实施效果

一方面，对教师学习过程中产生的学习资源，利用网络技术平台的优势，进行了聚合和整理并分类呈现，如热门帖、精华帖、热评作业、优秀成果展示等形式，将教师的学习成果予以及时展示（本节前面已予以交代，见本节图 6.6、图 6.7、图 6.9、图 6.10、图 6.11 等所示），给每个人展示自我、呈现精彩的机会和平台，事实证明，这种策略是有效的，不仅激发了教师的学习动力，而且产生了大量的生成性学习资源。

另一方面，对教师学习进行动态跟进，及时反馈。在本次学习中，各大远程机构及时总结教师的学习情况，并及时发布和反馈学习情况，每次学情会告知教师、管理者及指导者近期的项目动态，通报最新的学情，展示教师学习的优秀成果，并部署下一阶段的工作重点。

通过这两方面的激励措施，产生了喜人的学习成果，也得到了教师的高度肯定。

从学习成果来看。本次学习中，教师学习课程认真，撰写作业质量高、参与研讨活动积极、分享资源积极等，涌现出大量的学习成果。例如①：中国教师研修网截至 2013 年 12 月 30 日，共有参训教师 3045 名，已实现全员参训学习，参训率学习率均达 100%；已完成各考核项目、成绩合格的学员 3040 名，合格率高达 99.83%。共提交作业 14311 篇，发起话题 6241 条，组织和参与各类活动 26347 个，发表各类评论 151287 条，上传各类资源 18313 条，发布培训简报 165 期。共 34 篇优秀班级简报、100 篇优质资源、328 篇优秀作业、43 条精彩话题被推选至培训专区页面进行展示；培训期间项目组发起多次教学及教务活动，截至 2013 年 12 月 30 日，项目组收到参与"教师梦之声"大型征文活动的宁夏作品达 72 篇；参与"携手研修 精彩绽放"微课评选活动的宁夏作品多达 144 篇；参与"研修网事——感动 2013"年度人物评选活动的宁夏老师 14 人，在全国各个省份内名列前茅，成果突出。华东师大开放教育学院负责的实验区也取得了可喜的成绩，教师教育技术能力远程培训参训学员人数 3389 人（数据截至 2013 年 12 月 20 日），学员登录率 100%，学习率 100%，合格率 100%，发帖量为 109548 条，与专家交流问题数为 448 个。全国中小学教师继续教育网负责实验区的教师教育技术能力培训项目，参加该项目的教师数量为 3765 人（数据截至 2014 年 1 月 5 日），教师学习合格率为 99.96%；本项目 801 名参训教师的课程学习考核全部合格。中国教育电视台果实网负责的实验区，取得了如下成绩，培训教师 801 人，项目生成了一些物化成果：参训教师共提交"三同三案"磨课教案 2361 篇（数据截至 2013 年 11 月 18 日），教学反思 719 篇，参与集体备课 786 人，参与主题研讨 1541 人次，提交发展规划 951 篇，教育叙事 1210 篇，研修感悟 1301 篇，发表电子成长档案袋 5686 个。总之，较之以前，学习成果都有了大幅提升。

从教师的反馈来看。教师认为这种形式非常好，自己的学习成果得到了展示，受到了他人的关注，得到了同行的认可，收获了专家的点评。例如，在访谈中，吴忠市语文学科 K 教师谈道：

---

① 资料来源：《"国培计划（2013）"——宁夏教师网络学习创新实验区项目绩效评估报告》（内部资料），宁夏教育厅师资处 2014 年。

"驱使我每天上网浏览、学习的动力不仅是获取自己所需要的知识和技能，还有就是，我想看看我发的帖子有没有人关注，我提出的问题是否有人回答，我的作品是不是得到了专家或同行的关注、热评呀啥的，也喜欢看协作组里其他老师的帖子、提出的问题等，当然也希望自己提交的资源、作业之类的能得到更多的投票，能获得金牌资源呀什么的，总之，还是比较喜欢这种学习形式的，呵呵（笑）。"

2. 教师对互动生成学习范式中课程资源的反馈

（1）总体满意度

关于教师对课程资源满意度的调查显示：97.77%的教师对本次培训的课程内容感到满意或非常满意，92.92%的教师对本次培训的课程呈现方式感到满意或非常满意，86.4%的教师对培训课程的学习进度安排表示满意或非常满意。如图6.28所示（以下数据来自"国培（2013）"——宁夏教师网络学习创新实验区项目绩效评估报告和本课题组的实地调研）。

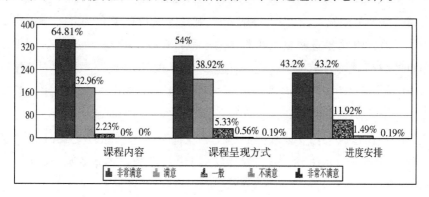

图 6.28 对课程资源的满意度测评结果

（2）具体模块的反馈

1）课程内容方面

教师对课程内容总体认为较好，对课程内容的三个维度（专业理念与师德、专业知识、专业能力）的内容设置总体比较满意，我们从课程内容的新颖性、针对性、适用性三个方面对教师进行了问卷调查，调查结果如表6.16所示。

表6.16　　　　　　　　　　　　教师对课程内容的满意度

满意度（%） 项目	非常满意	满意	一般	不满意	非常不满意
新颖	47.81	49.20	2.45	0.52	0.02
针对性强	48.28	48.64	2.60	0.45	0.03
适用性强	47.60	48.65	3.20	0.48	0.07

总体看来，教师对这三个维度的课程设置比较满意，这次实验区在继续强化专业知识、专业能力课程的基础上，进一步加强了人文、师德类课程，从调研来看，教师对师德、人文教育类课程很赞同，表现出了很高的学习热情。例如，我们在石嘴山市实验区的调研中了解到，教师对华东师大开放教育学院开发的"身边的师德故事"课程给予了高度评价，希望以后能开发更多此类课程。下面是我们实地调研的时候，教师们的谈话，这里摘录几条。

石嘴山市大武口区第六中学的语文学科A老师谈道：

"这次师德的课程我看了好几遍，特别是师德故事'讲台前的我'，观看后让我很感动、很震撼，故事里面的校长对那个孩子说，'我能为你做点什么？'……让我很有感触，我就想，教育的本质是服务，是尊重每一个生命，尊重每一个学生，是对孩子们的关爱，我想我能为我的学生服务什么、做点什么，特别是那些学困生，我以后（在）这方面要做得更好！"

该校八年级美术学科B老师谈道：

"师德课程中的三个视频，我印象很深，对我触动很大，让我明白一个道理，作为老师要善待每一个孩子，每一个孩子都是闪亮的存在，都有他们自身的优势，我们老师要善于发现和引导孩子，要给他们爱，要带动孩子走向成功。"

该校班主任C老师谈道：

"我看了'地球上的星星'这个故事后，很有感触，其实在没有学习这个课程的时候我们也在这样做（类似这样善待学生的事情），学习了之后会更坚定、一如既往地去做，平时的时候对不爱学习的孩子、学困生会忘记了（教育、关爱他们），学了之后（我）有了更多的耐心。"

数学学科 D 老师谈道：

"师德课程中有一个故事题目是'死亡诗社'，学习后让我很受启发。讲的是一个另类的老师被开除了，孩子们站在桌子上表示抗议。我就想，我们是在教学生'顺从'，包括教师也是在'顺从'，权威、领导来了，我们就是顺从。"

当然，教师们也提出了一些建议，希望课程内容更加完善。例如：微课程资源再增加一些，小学科课程资源仍需加强建设；多提供一线最新教学动态和案例的视频资料，开阔教师的眼界；等等。

2）课程呈现方式

总体来看，教师对课程的呈现方式是持肯定态度的，大部分教师对课程呈现方式表示满意。如表 6.17 所示。

表 6.17　　　　　教师对课程呈现方式的满意度

满意度（%） 项目	非常满意	满意	一般	不满意	非常不满意
课程介绍明晰	58.67	38.72	1.87	0.40	0.34
文本搭配合理	58.31	38.15	1.85	0.96	0.73
研讨主题合理	54.67	40.98	2.19	1.86	0.30
作业设计合理	54.76	40.85	2.11	1.97	0.31
形式灵活	55.60	40.28	2.35	0.98	0.79

3）进度安排

由图 6.29 的调研结果可知，教师对课程进度安排总体表示满意。教师对课程进度安排也提出了一些中肯的建议，如：希望视频会议答疑时间尽可能安排在周末、工作日晚上，能保证高度的出勤率，有教师谈道"有时不能聆听大师的精辟的见解，有点遗憾"；有教师建议"作业间隔长一点，这样让教师有一个思考的时间，能独立完成较高质量的作业"；等等。

3. 教师对互动生成学习范式中网络技术平台的反馈

教师对网络学习平台在互动方面、资源生成方面以及技术支持服务与学习管理方面的改进和新增功能给予了较高评价，调查结果如表 6.18、表 6.19、表 6.20 所示。

（1）互动方面

表 6.18　　　　　　　　　　教师对互动工具的满意度

满意度（%）　　　项目	非常满意	满意	一般	不满意	非常不满意
个人工作室	39.51	32.87	20.25	5.53	1.84
微访谈平台	39.12	35.15	19.62	4.96	1.06

（2）资源生成方面

表 6.19　　　　　教师与辅导人员对资源生成的支持工具的满意度

满意度（%）　　　项目	非常满意	满意	一般	不满意	非常不满意
支持教师资源生成的学习工具	48.12	43.72	5.07	2.06	1.03
支持辅导人员的资源生成工具	50.21	42.15	6.62	0.96	0.06

（3）技术支持与管理方面

表 6.20　　　　　　　教师对技术支持与学习管理的满意度

满意度（%）　　　项目	非常满意	满意	一般	不满意	非常不满意
全程的技术服务	51.48	44.60	2.78	1.09	0.05
学习过程有序导引	54.31	42.15	2.52	0.96	0.06
学习过程监控	51.23	44.35	3.26	1.14	0.02

4. 教师对互动生成学习模式的效果反馈

（1）总体满意度

调查结果如图 6.29 所示。99.81% 的教师对本次学习感到满意。其中，49.91% 的教师表示非常满意，42.83% 的教师表示满意，7.07% 的教师表示一般。

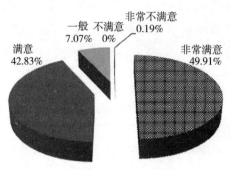

图 6.29　对培训整体满意度测评结果

（2）教师对互动生成学习模式的具体实施之满意度

1）教师对互动生成式学习模型的具体实施之满意度

调查结果显示，教师对互动生成式学习是有效的，改变了以往单一的呈现接受式学习，教师对这种学习模式表现出较高的满意度，如表 6.21 所示。

表 6.21　　　　　教师对互动生成式学习模型的具体实施之满意度

满意度（%）　项目	非常满意	满意	一般	不满意	非常不满意
区域协作组	53.31	43.72	2.87	0.06	0.04
学用转化的学习任务设计与实施	52.22	42.98	3.85	0.90	0.05
真实问题解决的任务设计与实施	53.89	41.98	3.19	0.86	0.08

大部分教师认为互动生成这种学习模式具有如下优势：

①学习活动设置与日常工作结合密切，从工作中来，到工作中去，对

专业能力提升非常有帮助，而且不增加工作负担。

②给教师一个不同领域探讨的平台，在不同的教学中有不同的教学理念和方法，提出异议和办法，给予自身学科的教师共同探讨，一起解决问题的平台。给我留下印象最深的是我在这次活动中结识了很多优秀的教师及他们对自己工作的指导，以及学习的方法与技巧。

③专家指导团队全年在线指导学校研修活动。

④服务团队每天晚上有人在线值班，遇到问题可以及时得到解决。

⑤培训内容切合教育教学实际，讨论问题也是实践中容易出现的问题，大家有话可说，而且能解决我们的实际问题，特别是一些信息技术方面比较专业的技能，在实践中帮助最大。

例如，同心县第二小学的 E 老师谈道：

> "这段时间的网络研修，最大的收获就是一课三案的备写。最初的教案经过上课后发现这样或那样的不足，通过同伴们听课，评课，自己的感悟，再接再厉修改打磨，再上课，再研究。如此三番一篇精品打磨教案就出炉了。当然了，精品教案还不是最后的定局。我认为，真正的精品课堂都是白玉微瑕的课堂，真正的炉火纯青尚需不断的磨炼。"

与此同时，教师对该学习形式给予了厚望，提出了改进的建议与意见，主要有：

①希望今后的培训能多安排一线教师到教学理念新、教研氛围浓、教学质量好的学校听课学习。理论和实际的联系再紧密些。

②这种形式的继续教育可否长期坚持，它的价值会更好。专家指导和课例展示部分是否让我们长期共享会更好。希望今后项目组能给我们更多的学习机会，不断提升我们的教育教学能力。最后，谢谢项目组领导及同仁们的辛勤劳动!

2）教师对整个学习活动的组织之满意度

调查显示：94.79% 的教师认为本次学习中教务活动丰富多彩，94.41% 的教师认为本次学习指导清晰有效，91.81% 的教师认为学习反馈及时、明确。如图 6.30 所示（来自"国培（2013）"——宁夏教师网络学习创新实验区项目绩效评估报告)。

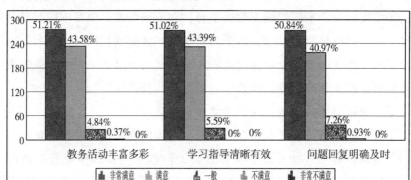

图 6.30　教师对整个学习活动的组织之满意度

（三）经验分析

1. 做好"三结合"，保障互动生成的一体化学习模式的有效实施

（1）课程学习与在岗实践结合：在学习中要求教师将所学课程同步应用于当前教学实践的相应环节。

（2）预设课程与生成性活动课程结合：在专家引领指导下，分阶段进行引领式主题研修活动，并鼓励在网络学习活动中形成生成性资源并进行推优共享。

（3）更新理念与拓展技能相结合：课程以教学各项重要技能和操作方法为抓手，不仅规范教学行为，并且领会"学生为本"、"德育为先"、"能力为重"等教育教学理念。

2. 提供服务延伸

（1）持续的学习支持服务

培训有终点，学习无止境。不仅要在每次培训中为教师提供丰富的教学资源和优质的教学服务，而且在每一次网络学习结束后，也为教师提供持续的跟进服务，继续开放学习平台，为各级教育行政部门搭建网络学习社区，供各地教育行政部门和广大教师继续使用，为教师学习提供持续性专业支持和技术保障。

（2）跟进式网络学习社区

经过长期积累，我们拥有了一批专业的网络教研团队，这其中既有全国知名的专家名师，也有在历次培训学习中脱颖而出的一线教师，他们长年活跃在网络学习的各大社区。据此可以积极调动这些力量，组织各类网络研修活动，聚焦教育教学热点难点，为一线教师提供分享交流的平台。

（四）反思与建议

1. 注重教师学习的参与质量

在学习过程中发现部分老师的跟帖留言中存在过度借鉴的现象，在今后的培训学习中要进一步引导教师说自己的话，真正提高参与质量。

2. 合理统筹工作，解决工学矛盾

针对工学矛盾问题，建议组织培训的教育行政机构统筹安排，尽量避免多个培训项目同时开班，并规定在同一时间段内，每个教师只需参加一项培训。根据本地实际情况，积极推行固定时间与弹性时间相结合、集体活动与个体活动相结合的方式开展培训活动。

第七章　研究总结

第一节　研究的主要结论

本研究从范式理论出发，结合教师网络学习研究和实践的现实，提出了互动生成的教师网络学习范式，并以宁夏为个案，对互动生成的学习范式进行了实证分析。研究结果表明，互动生成的学习范式是有效的教师网络学习范式，为教师网络学习的研究和实践提供了借鉴和行动框架。主要研究结论为：

一　理论层面

（一）为什么要研究教师网络学习范式：是教师网络学习实践和研究的需要

教师网络学习还是个新生事物，才刚刚起步，面临诸多挑战、存在一些问题：从实践层面来看，教师学习的组织者习惯了传统环境下教师学习的组织实施，面对网络环境下的教师学习，仍旧是传统的学习组织理念和方法，从理念到具体操作都没有遵循网络学习规律，因而造成了教师网络学习效果的低下。从研究层面来看，目前还没有对教师网络学习进行范式研究，有的只是操作层面的探索，缺乏综合操作、理论、信念的一体化的范式研究。因此，研究教师网络学习范式问题，抓住了教师网络学习问题的实质，对于开展教师网络学习具有理论和现实意义。

（二）什么是教师网络学习范式。结合库恩等人的范式理论，分析了范式的结构及转变等，并由此提出了教师网络学习范式的结构、论述了教师网络学习范式转变的本质

1. 教师网络学习范式的基本结构

教师网络学习范式是由学习观、网络学习理论、网络学习模型这三个

层面构成的统一体。学习观是教师网络学习范式的最高层，是教师网络学习范式的指导思想；教师网络学习理论位于范式的中间层，是联结学习观与学习实践的桥梁；教师网络学习模型位于范式的最底层，是融学习观及其理论的操作模型。这三个层面构成了教师网络学习范式的基本结构，是相辅相成的有机整体，其中学习观是教师网络学习范式在哲学认识论高度上的根本认识，是教师网络学习范式的决定因素。

2. 教师网络学习范式转变的本质

教师网络学习范式转变的本质是学习观的变革，即有什么样的学习观就有什么样的学习范式形态，学习观的改变是实现教师网络学习范式转变的决定因素。

（三）教师网络学习范式的基本形态：主客二分视野下的学习范式（专家中心的教师网络学习范式、教师中心的教师网络学习范式）、主客一体学习观视野下的互动生成的教师网络学习范式

1. 学习观

学习观是教师网络学习范式的决定因素，有什么样的学习观就有什么样的教师网络学习范式。那么，学习观是什么？由哪里来？学习观视野下的教师网络学习范式是什么？

学习观是人们对学习的全面的、根本的看法和认识。"全面"是指从全局的、整体的、综合的视角出发，对"为什么学习"、"学习什么"、"如何学习"三大问题的系统回答；"根本"是指对学习的认识应当从哲学层面进行形而上的本体论思考。

学习观来自哪里？研究认为，应当从哲学层面来界定学习观。这是因为：一方面，学习是人类的一种认识活动，是认识者与认识对象之间的一种活动，学习在深层次上是人类在哲学层面的认识论的体现，人类是如何认识世界的，深刻影响着人类的学习观。另一方面，西方学习理论主要关注学习是如何发生的、学习动机等方面，缺乏对学习的价值、意义，以及学习什么的系统思考；同时，学习理论在本质上都有其深刻的哲学认识论基础，是哲学认识论的体现。因此，本研究从哲学层面来考察学习观是对学习全面而深刻的认识，是超越了学习理论的形而上的系统认识。

2. 学习观视野下的教师网络学习范式

学习观视野下的教师网络学习范式。a. 通过对学习观的哲学考察发现，

学习观主要有主客二分的学习观（即客观主义学习观、主观主义学习观）和主客一体学习观。b. 主客二分学习观视野下，存在专家中心的呈现接受式教师网络学习范式和教师中心的网络学习范式。专家中心的教师网络学习范式注重学习是工具目的、是以专家等知识为主的生产消费模式，是以呈现接受为主要学习方式；教师中心的学习范式则注重学习的人文目的，注重教师个体经验，是以教师自我导向的学习方式为主；主客一体学习观视野下，是互动生成的学习范式，是工具理性和人文理性的统一，是专家知识和教师知识的整合，强调学习是在专家和教师互动过程中的生成。

（四）教师网络学习范式转变

1. 从主客二分到主客一体的互动生成

研究认为，主客二分的教师网络学习范式要么是专家独白，要么是教师为主的独自探索，难以解决教师学习问题，只有从主客互动的关系出发，既重视专家的理论引领，也重视教师的经验和实践，只有将二者结合起来，在平等互助的关系中，促使双向建构与互动生成，实现共同发展。因此，走向互动生成的教师网络学习范式是教师学习与发展的必然选择。

2. 促进教师网络学习范式转变的路径

从学习观的转变着眼，促进范式转换；从理论层面着手，加强理论创新，为教师网络学习提供指导；从有形的操作模式入手，促进无形的理念变革，推动学习范式转变；从实践运用处着力，加强操作模式的实践检验，提升学习范式的有效性；从学习环境建设着手，加强教师学习的信息化环境构建。

二　实践层面

在实践层面以宁夏为个案，研究分析了宁夏"国培"教师网络学习范式及其范式转变的初步情况，从实践层面对本研究提出的教师网络学习范式进行了实证分析。首先，依据教师网络学习范式的理论界定，通过调查、行动研究等方法，对宁夏"国培"教师网络学习范式的现状进行调查分析，指出了该范式是"专家中心"的传统学习范式，是造成学习效果低下的根本原因；其次，在此基础上，提出应当应用"专家与教师互动生成的网络学习范式"，并选取了宁夏本地四个市县区的部分学校作为"互动生成的教师网络学习范式"的创新实验区，对此进行了实践尝试，通过项目结束后的调研得知，该学习范式初步取得了良好的效果：教师对互动生成学习范式中的学习动机激发策略、课程资源与网络学习平台的改进、互动生成学习模式的实施等给予了较高评价，教师总体满意度较高；同时，通过此次实践也获得了一定的成绩：构建了区域网络学习社区和各学科学习共同体，实现了跨时空的互动，增强了学习效果；增强了教师网络学习体验，形成了网络学习意识，基本具备了网络学习能力；同时改进了教师教学行为，提高了教师教学能力水平；形成了动态的资源生成机制，生成了大量本土化的学习资源，为教师持续学习提供了支持；培养了一批网络研修骨干力量，优化了各参训学校的校本研修管理水平，为持续开展教师网络学习奠定了坚实基础。综合看来，事实证明专家与教师互动生成的教师网络学习范式是适合教师网络学习发展需要的，今后应进一步推进和完善，从而促进教师专业发展。

第二节 研究创新

一 研究视角的创新

其一，本研究从范式理论的视角出发，研究教师网络学习问题，为教师网络学习的研究提供了方法论和理论依据。库恩范式理论不仅仅是一种理论体系，更是一种方法论，为我们分析教师网络学习问题提供了一种独特的视角和分析框架，在研究视角上具有创新性；其二，依据范式理论分析，学习观是教师网络学习范式的决定因素，因此，本研究从学习观着眼，研究教师网络学习范式，是研究视角的又一创新。

二 研究内容的创新

其一，通过借鉴范式理论的思想和方法论，首次对教师网络学习从范式的三个层面进行了系统的研究，突破了以往只是从某一个层面来研究的局限，在研究内容上具有创新性；其二，提出了教师网络学习范式的结构，提出了学习观是教师网络学习范式的决定因素，并从哲学认识论的视角研究了学习观，界定了学习观的内涵，是研究内容上的创新；其三，首次研究了学习观视野下的教师网络学习范式及其转变问题，提出了互动生成的教师网络学习范式，并进行了相关实践研究，为教师网络学习提供了可借鉴的理论和实践参考。

第三节 研究的反思与展望

本研究从理论和实践层面对教师网络学习范式进行了初步探索，提出了教师网络学习范式和范式转变理论，并以宁夏为个案，对教师网络学习范式理论进行了实证研究，对于该地区和其他地区的教师网络学习工作的开展具有借鉴意义，对于教师网络学习的研究和实践具有理论借鉴和实践参考意义。

今后需要对教师网络学习问题进行更加微观层面的研究，如教师网络学习的具体实施问题，教师信息化学习模式、方法等问题。

参考文献

一　著作类

（一）中文著作

1. 叶澜，白益民，王丹，陶志琼：《教师角色与教师发展新探》，教育科学出版社 2001 年版。

2. 林正范，肖正德等：《教师学习新视野——生态取向的理论与实践》，教育科学出版社 2013 年版。

3. 马立，顾志跃，朱仲敏：《信息技术环境下创建区域性教师学习共同体的理论与实践研究》，高等教育出版社 2012 年版。

4. 陈俊珂等：《中外教育信息化比较研究》，科学出版社 2007 年版。

5. 何菊玲：《教师教育范式研究》，教育科学出版社 2009 年版。

6. 罗眠：《管理学范式理论的发展》，西南财经大学出版社 2005 年版。

7. 欧阳康：《人文社会科学哲学》，武汉大学出版社 2001 年版。

8. 胡森：《教育研究的范式》，人民教育出版社 1998 年版。

9. 叶澜：《教育研究方法论初探》，上海教育出版社 1999 年版。

10. 李芒：《技术与学习——论信息化学习方式》，科学出版社 2007 年版。

11.《马克思恩格斯全集》第 23 卷，人民出版社 1972 年版。

12. 许良：《技术哲学》，复旦大学出版社 2004 年版。

13. 南国农，李运林，祝智庭：《信息化教育概论》第二版，高等教育出版社 2011 年版。

14. 陈维维：《技术生存视域中的学习力》，教育科学出版社 2010 年版。

15. 马克思：《资本论》第 1 卷，人民出版社 1975 年版。

16. 石中英：《知识转型与教育改革》，教育科学出版社 2001 年版。

17. 桑新民：《学习科学与技术——信息时代大学生学习能力培养》，高等教育出版社 2012 年版。

18. 桑新民：《学习科学与技术——信息时代大学生学习能力培养》，高等教育出版社 2004 年版。

19. 《马克思恩格斯全集》第 12 卷，人民出版社 1962 年版。

20. 《马克思恩格斯选集》第 1 卷，人民出版社 1995 年版。

21. 陈其荣：《自然哲学》，复旦大学出版社 2004 年版。

22. 齐振海，袁贵仁：《哲学中的主体和客体问题》，中国人民大学出版社 1992 年版。

23. 马克思：《资本论》第 1 卷，人民出版社 1963 年版。

24. 何克抗：《教育技术学》，北京师范大学出版社 2002 年版。

25. 王永昌：《实践活动论》，中国人民大学出版社 1992 年版。

26. 李美凤：《技术视野下的教师发展论》，教育科学出版社 2011 年版。

27. 陈照雄：《当代美国人文主义教育思想》，五南图书出版公司 1986 年版。

28. 施良方，崔允漷：《教学理论：课堂教学的原理、策略与研究》，华东师范大学出版社 1999 年版。

29. 宋元林等：《网络文化与人的发展》，人民出版社 2009 年版。

30. 李超元：《凝视虚拟世界》，天津社会科学院出版社 2004 年版。

31. 何克抗，郑永柏，谢幼如：《教学系统设计》，北京师范大学出版社 2002 年版。

32. 朱旭东：《教师专业发展理论研究》，北京师范大学出版社 2011 年版。

33. 陈丽：《远程教育学基础》，高等教育出版社 2009 年版。

34. 丁兴富：《远程教育学》第二版，北京师范大学出版社 2009 年版。

35. 熊才平：《教育在变革——论信息技术对教育发展具有革命性影响》，科学出版社 2013 年版。

36. 郑葳：《学习共同体——文化生态学习环境的理想架构》，教育科学出版社 2007 年版。

37. 赵勇：《传统与创新——教育与技术的关系漫谈》，北京师范大学出版社 2006 年版。

38. 吴红军，周福盛：《西部农村教师培训的实践与研究》，宁夏人民出版社 2011 年版。

39. 郑燕祥：《教育范式转变：效能保证》，上海教育出版社 2006 年版。

40. 张敏：《教师学习的理论与实证研究》，浙江大学出版社 2008 年版。

41. 张志伟：《西方哲学十五讲》，北京大学出版社 2004 年版。

42. 金炳华：《哲学大辞典》（分类修订本）（上册），上海辞书出版社 2007 年版。

43. 江怡：《理性与启蒙——后现代经典文选》，东方出版社 2004 年版。

44. 徐国梁：《网络环境下教师培训模式的变革》，上海大学出版社 2007 年版。

45. 杨卉，冯涛：《教师网络研修活动设计方法与技术》，北京师范大学出版社 2012 年版。

46. 周蔚，陈乃林：《成人网络学习与教学模式研究》，中国人民大学出版社 2010 年版。

47. 周志毅：《网络学习与教育变革》，浙江大学出版社 2006 年版。

48. 任友群，王旭卿：《创建学习新平台》，广东教育出版社 2006 年版。

49. 徐斌艳：《学习文化与教学设计》，教育科学出版社 2012 年版。

50. 纪河：《成人网络学习》，东南大学出版社 2010 年版。

51. 黄伟：《教师网络学习》，首都师范大学出版社 2012 年版。

52. 李永培等：《做更好的教师：生态校本研修的实践探索》，华东师范大学出版社 2012 年版。

53. 张诗亚：《云时代学习——探索与思考》，西南师范大学出版社 2012 年版。

54. 王洁，顾泠沅：《行动教育：教师在职学习的范式革新》，华东师范大学出版社 2007 年版。

55. 顾小清:《面向信息化的教师专业发展:行动学习的实践视角》,教育科学出版社 2006 年版。

56. 彭文波:《教师学习策略研究》,世界图书出版公司 2013 年版。

57. 彭文辉:《网络学习行为分析及建模》,科学出版社 2013 年版。

58. 武法提:《目标导向的网络课程设计》(修订版),中央广播电视大学出版社 2012 年版。

59. 倪牟双,邵志豪:《学习方式与学习活动设计》,天津教育出版社 2013 年版。

60. 武法提:《网络教育应用》,高等教育出版社 2003 年版。

(二) 外文著作

1. [美] 托马斯·库恩:《科学革命的结构》第四版,金吾伦、胡新和译,北京大学出版社 2003 年版。

2. [美] T. S. 库恩:《科学革命的结构》,李宝恒、纪树立译,上海科学技术出版社 1980 年版。

3. [美] D. P. 约翰逊:《社会学理论》,国际文化出版公司 1988 年版。

4. [美] 肯尼斯·贝利:《现代社会研究方法》,许真译,上海人民出版社 1986 年版。

5. [德] 哈贝马斯:《作为"意识形态"技术与科学》,学林出版社 1999 年版。

6. [法] 笛卡儿:《谈谈方法》,王太庆译,商务印书馆 2000 年版。

7. [德] 马丁·布伯:《我与你》,陈维纲译,生活·读书·新知三联书店 1986 年版。

8. [加] 大卫·杰弗里·史密斯:《全球化与后现代教育学》,郭洋生译,教育科学出版社 2000 年版。

9. [德] 马丁·布伯:《我与你》,陈维纲译,生活·读书·新知三联书店 2002 年版。

10. [德] 霍克海默,阿多尔诺:《启蒙辩证法》,渠敬东、曹卫东译,上海人民出版社 2003 年版。

11. [德] 伽达默尔:《哲学解释学》,夏镇平、宋建平译,上海译文出版社 2004 年版。

12. ［瑞士］安德烈·焦尔当，裴新宁：《变构模型——学习研究的新路径》，杭零译，高文审校，教育科学出版社 2010 年版。

13. ［丹］克努兹·伊列雷斯：《我们如何学习：全视角学习理论》，孙玫璐译，教育科学出版社 2010 年版。

14. ［美］Harold D. Stolovitch，Erica J. Keeps：《交互式培训》，派力译，企业管理出版社 2012 年版。

15. ［美］托马斯·库恩：《结构之后的路》，邱慧译，北京大学出版社 2012 年版。

16. ［美］卡罗琳·J. 斯奈德，米歇尔·阿克－霍切瓦尔，克丽丝滕·M. 斯奈德：《生活在混沌边缘：引领学校步入全球化时代》第二版，郑旭东、丁煜、李曙华译，桑新民校，教育科学出版社 2011 年版。

二 论文类

1. 肖丽萍：《国内外教师专业发展的研究评述》，《中国教育学刊》，2002 年第 5 期。

2. 申继亮，费广洪，李黎：《关于中学教师成长阶段的研究》，《天津师范大学学报》（基础教育版），2002 年第 3 期。

3. 操太圣，卢乃桂：《教师专业发展新范式及其在中国的萌生》，《教育发展研究》，2002 年第 11 期。

4. 吴永军：《促进教师专业发展：范式、途径、方法》，《当代教育科学》，2007 年第 12 期。

5. 周钧：《美国教师专业发展范式的变迁》，《比较教育研究》，2010 年第 2 期。

6. 王凯：《教师学习：专业发展的替代性概念》，《教育发展研究》，2011 年第 2 期。

7. 肖正德，张素琪：《近年来国内教师学习研究：盘点与梳理》，《全球教育展望》，2011 年第 7 期。

8. 李志厚：《西方国家教师学习研究动态及其启示》，《外国教育研究》，2005 年第 8 期。

9. 焦建利：《数字技术支持的教师学习：研究与项目综述》（上），

《远程教育杂志》，2008 年第 4 期。

10. 樊香兰等：《逻辑与走向：当代教师教育道路的演变》，《教育研究》，2009 年第 10 期。

11. 刘学惠等：《教师学习的分析维度与研究现状》，《全球教育展望》，2006 年第 8 期。

12. 何克抗：《关于〈中小学教师教育技术能力标准〉》，《电化教育研究》，2005 年第 4 期。

13. 苗逢春：《〈中小学教师教育技术能力标准（试行）〉：内容解读与实施建议》，《人民教育》，2005 年 Z2 期。

14. 郝丹，曹凤余：《关注中小学教师教育技术能力建设》，《中国远程教育》，2006 年第 6 期。

15. 何克抗：《正确理解"中小学教师教育技术能力培训"的目的、意义及内涵》，《中国电化教育》，2006 年第 11 期。

16. 柯清超：《面向混合学习的教师教育技术能力培训模式研究》，《电化教育研究》，2008 年第 2 期。

17. 缪蓉，施枫：《教师教育技术能力培训的三要素模式》，《现代教育技术》，2010 年第 3 期。

18. 张生等：《中小学教师教育技术能力培训过程中的评价方式研究》，《中国电化教育》，2007 年第 4 期。

19. 马玉慧，郭炯：《我国中小学教师教育技术能力培训评价指标体系的构建》，《中国电化教育》，2011 年第 12 期。

20. 张屹，马静思，周平红，范福兰，白清玉：《中小学教师信息技术应用能力现状及培训建议》，《中国电化教育》，2015 年第 1 期。

21. 张屹，刘美娟，周平红，马静思：《中小学教师信息技术应用能力的现状评估——基于〈中小学教师信息技术应用能力标准（试行）〉的分析》，《中国电化教育》，2014 年第 8 期。

22. 单丽：《提升中小学教师信息技术应用能力的培训课程开发实践》，《中国电化教育》，2015 年第 2 期。

23. 袁磊，侯晓丹：《美国〈AECT 标准（2012 版）〉与我国〈中小学教师信息技术应用能力标准（试行）〉的比较研究》，《中国电化教育》，2015 年第 5 期。

24. 吴全会：《联合国教科文组织〈教师信息和传播技术能力标准〉解读》，《中国信息技术教育》，2008 年第 4 期。

25. 缪蓉，张晓雷：《从教师教育技术能力评估到高级教师资格认证——美国教师评价体系的启示》，《中国电化教育》，2010 年第 10 期。

26. 余胜泉：《教育信息化生态观与新技术教育应用的科学发展》，《基础教育参考》，2006 年第 9 期。

27. 魏宁：《让技术有效地支持教学——北京市面向信息化教师专业发展基地综述》，《教育信息技术》，2005 年第 6 期。

28. 郭绍青，王珠珠，陈美玲：《农村远程教育中教师能力水平与学校应用发展研究》，《电化教育研究》，2007 年第 11 期。

29. 郭绍青，金彦红，赵霞霞：《技术支持的教师学习研究综述》，《现代教育技术》，2012 年第 4 期。

30. 赵健，郭绍青：《设计专题学习网站提升教师信息化教学能力》，《电化教育研究》，2011 年第 1 期。

31. 马立，郁晓华，祝智庭：《教师继续教育新模式：网络研修》，《教育研究》，2011 年第 11 期。

32. 贾巍，张天荣：《农村中小学教师远程学习行为的调查与分析——以宁夏"国培计划"远程培训为例》，《继续教育研究》，2013 年第 4 期。

33. 孔维宏：《中小学教师远程培训的问题分析与对策研究》，《中国电化教育》，2011 年第 5 期。

34. 丁月：《中小学教师网络研修存在的问题与对策》，《江苏教育研究》，2014 年第 13 期。

35. 任毅：《中小学教师远程培训的问题与对策探析》，《中国电化教育》，2012 年第 10 期。

36. 李凤兰：《远程培训在线教学支持的问题及对策研究》，《中国电化教育》，2011 年第 7 期。

37. 武丽志，李立君：《培训、学习与发展——教师远程培训平台的际代研究》，《中国电化教育》，2014 年第 11 期。

38. 姚勇娜，武志丽：《教师远程培训平台功能的对比研究》，《广州广播电视大学学报》，2015 年第 2 期。

39. 袁南辉:《教师远程培训平台的开发与应用》,《中国电化教育》,2009 年第 8 期。

40. 李辉:《现代中小学教师远程培训模式研究与探索》,《中小学教师培训》,2008 年第 3 期。

41. 毕超:《教师远程培训模式及其应用策略》,《北京教育学院学报》(自然科学版),2013 年第 8 卷第 4 期。

42. 汤跃明,张锦华:《中小学教师远程培训学习支持服务系统的构建探讨》,《中国教育信息化》,2009 年第 8 期。

43. 贾巍,路宏,黄兰芳:《农村中小学教师远程学习互动特征研究——以宁夏"国培计划"远程培训为例》,《教育学术月刊》,2013 年第 4 期。

44. 王陆:《信息化教育研究中的新内容:互动关系研究》,《电化教育研究》,2008 年第 1 期。

45. 熊建辉,赵丽:《全球视野中的教师专业发展与能力建设》,《开放教育研究》,2007 年第 13 卷第 1 期。

46. [瑞典] Limin Gu Ola Lindberg:《技术支持的教师专业发展——瑞典的政策、文献和近期行动》,《远程教育杂志》,2009 年第 4 期。

47. 章苏静,肖飞生:《南非教师教育信息化进展研究》,《中国电化教育》,2009 年第 2 期。

48. 蔡守秋:《法学研究范式的革新》,《法商研究》,2003 年第 3 期。

49. 林闽钢:《论社会学危机的内涵:社会学中的库恩主义思潮评述》,《学海》,2002 年第 2 期。

50. 张文显,于宁:《当代中国法哲学研究范式的转换》,《中国法学》,2001 年第 1 期。

51. 姚慧琴:《经济学领域的范式与范式危机——兼论中国经济学的范式形成》,《统计与信息论坛》,1998 年第 3 期。

52. 李芒:《信息化学习方式的历史审视》,《电化教育研究》,2006 年第 5 期。

53. 盛群力,胡平洲:《技术进步与学习方式的转变》,《远程教育杂志》,2003 年第 5 期。

54. 贾巍,杨晓宏:《教师远程学习适应性的内涵与构成要素探析》,

《电化教育研究》，2013 年第 6 期。

55. 高丹丹，张际平：《技术给学习带来什么》，《电化教育研究》，2008 年第 7 期。

56. 祝智庭，贺斌：《智慧教育：教育信息化的新境界》，《电化教育研究》，2012 年第 12 期。

57. 张建伟，陈琦：《从认知主义到建构主义》，《北京师范大学学报》（社会科学版），1996 年第 4 期。

58. 谭敬德，陈清：《建构主义学习理论的认识论特征分析》，《现代教育技术》，2005 年第 6 期。

59. 陈琦，张建伟：《建构主义学习观要义评析》，《华东师范大学学报》（教育科学版），1998 年第 1 期。

60. 曾文婕：《学习哲学：学习研究的新走向》，《全球教育展望》，2008 年第 6 期。

61. 王文兵等：《构建一种新的哲学文化观》，《天府新论》，2005 年第 4 期。

62. 张华：《学习哲学论》，《全球教育展望》，2010 年第 6 期。

63. 桑新民：《学习究竟是什么：多学科视野中的学习研究论纲》，《开放教育研究》，2005 年第 1 期。

64. 郝贵生：《哲学也要研究"学习"》，《天津师范大学学报》（哲学社科版），1994 年第 4 期。

65. 石向实：《论发生认识论的主体与客体关系的理论》，《内蒙古社会科学》（文史版），1995 年第 5 期。

66. 潘知水：《马克思对象化理论概念辨析》，《甘肃社会科学》，1994 年第 1 期。

67. 高文，任友群：《知识的生产与习得的社会学分析》，《华东师范大学学报》（教育科学版），2004 年第 2 期。

68. 鲁品越：《生成论规律观与马克思主义哲学原理建设》，《哲学动态》，2008 年第 5 期。

69. 石中英：《波兰尼的知识理论及其教育意义》，《华东师范大学学报》（教育科学版），2001 年第 2 期。

70. 屈林岩：《学习理论的发展与学习创新》，《高等教育研究》，

2008 年第 1 期。

71. 钟启泉，有宝华：《发霉的奶酪——〈认真对待"轻视知识"的教育思想〉读后感》，《全球教育展望》，2004 年第 10 期。

72. 贺天平：《哲学视野下主客体关系的嬗变》，《科学技术与辩证法》，2009 年第 1 期。

73. 靳健：《主客一体——中西哲学合璧发展的时代际遇》，《甘肃社会科学》，2013 年第 5 期。

74. 张永宏：《本土知识与科学知识：差异、联系和互借》，《思想战线》，2010 年第 6 期。

75. 赵汀阳：《知识、命运和幸福》，《哲学研究》，2001 年第 8 期。

76. 朱新卓：《专业：教师生存状态与教育问题的一个分析视角——兼答教师职业为什么要专业化》，《教育理论与实践》，2004 年第 5 期。

77. 俞国良，曾盼盼：《论教师心理健康及其促进》，《北京师范大学学报》（人文社会科学版），2001 年第 1 期。

78. 楚江亭：《"文化自觉"与教师教育研究的价值选择》，《教师教育研究》，2007 年第 4 期。

79. 武法提，黄玲：《行为目标导向下以学科为中心的网络课程设计》，《中国电化教育》，2008 年第 8 期。

80. 毛齐明：《后现代视野中的教师学习》，《咸宁学院学报》，2005 年第 5 期。

81. 武法提：《表现性目标导向下以活动为中心的网络课程设计》，《中国电化教育》，2008 年第 6 期。

82. 杨晓宏，贾巍：《基于利益相关者视角的农村中小学现代远程教育工程应用效益评估研究》，《电化教育研究》，2013 年第 10 期。

83. 赵明仁，黄显华：《建构主义视野中教师学习解析》，《教育研究》，2011 年第 2 期。

84. 瞿堃，顾清红：《网络时代的远程教育——分布式学习》，《中国电化教育》，2000 年第 2 期。

85. 余胜泉，杨现民，程罡：《泛在学习环境中的学习资源设计与共享——"学习元"的理念与结构》，《开放教育研究》，2009 年第 1 期。

86. 顾小清：《教师专业发展：在线学习共同体的作用》，《开放教育研究》，2003 年第 2 期。

87. 王陆：《大学支持下的校本研修教师专业发展模式》，《中国电化教育》，2005 年第 3 期。

88. 郭绍青，樊敏生：《利用网络学习社区构建城乡互动教师培养新模式》，《中国电化教育》，2009 年第 9 期。

89. 胡庆芳：《教师的学习特征》，《上海教育》，2005 年第 12 期。

90. 杨现民，余胜泉：《泛在学习环境下的学习资源进化模型构建》，《中国电化教育》，2011 年第 9 期。

91. 黄兰芳，贾巍：《农村中小学远程教育应用：现象、归因与建议——以宁夏为例》，《教学与管理》，2013 年第 12 期。

92. 裴淼，李肖艳：《成人学习理论视角下的"教师学习"解读：回归教师的成人身份》，《教师教育研究》，2014 年第 6 期。

93. 杨晓宏，贾巍：《现代学习理念导向下的数字化学习资源构建研究》，《中国电化教育》，2013 年第 3 期。

94. 程罡，徐瑾，余胜泉：《学习资源标准的新发展与学习资源的发展趋势》，《远程教育杂志》，2009 年第 4 期。

95. 张建伟：《网络协作探究学习的设计》，《中国电化教育》，2003 年第 9 期。

96. 武法提，熊羽：《网络课程中非结构化学习资源有效应用的思考》，《开放教育研究》，2008 年第 10 期。

97. 孙传明，路红，廖龙龙：《基于云操作系统的网络互动学习平台开发研究》，《中国远程教育》，2012 年第 6 期。

98. 彭文辉，杨宗凯，黄克斌：《网络学习行为分析及其模型研究》，《中国电化教育》，2006 年第 10 期。

99. 纪河：《远程教育中成人学习特性的研究》，《中国远程教育》，2004 年第 15 期。

三　学位论文

1. 何菊玲：《教师教育范式研究》，博士学位论文，陕西师范大学，2008 年。

2. 毛齐明：《教师有效学习的机制研究》，博士学位论文，华东师范大学，2010年。

3. 孙传远：《教师学习：期望与现实》，博士学位论文，上海师范大学，2010年。

4. 陈新文：《教师专业化及其发展》，硕士学位论文，华中师范大学，2003年。

5. 沈书生：《教师教育技术能力培训项目设计研究》，博士学位论文，南京师范大学，2008年。

6. 顾小清：《面向信息化教师专业发展研究》，博士学位论文，华东师范大学，2004年。

7. 王卫军：《教师信息化教学能力发展研究》，博士学位论文，西北师范大学，2009年。

8. 山珊：《基于学习共同体的中小学教师教育技术能力培训模式设计与实证研究》，硕士学位论文，东北师范大学，2012年。

9. 谈成访：《中小学教师教育技术能力培训中过程性评价研究》，硕士学位论文，南京师范大学，2007年。

10. 鲁萍：《基于 PBL 的师范生教育技术能力培训网络平台研究》，硕士学位论文，华中师范大学，2007年。

11. 高金枝：《农村教师信息技术应用能力"四位一体"培训模式研究》，硕士学位论文，沈阳师范大学，2014年。

12. 闫小倩：《矩阵培养模式下中学学科教师信息技术应用能力培训研究》，硕士学位论文，内蒙古师范大学，2013年。

13. 林雄：《农村中小学教师远程培训实施问题研究 ——以宁德市中学教师远程培训为例》，硕士学位论文，福建师范大学，2008年。

14. 吴雪敏：《中小学教师远程培训的问题与对策研究 ——以2011年重庆市中小学教师远程培训为例》，硕士学位论文，西南大学，2013年。

15. 焦伟婷：《中小学教师在教师远程培训中的学习态度现状研究——以中小学教师教育技术能力远程培训为例》，硕士学位论文，陕西师范大学，2010年。

16. 宋海沂：《中学教师远程培训平台的分析与设计》，硕士学位论文，华东师范大学，2009年。

17. 李连峰：《河北省农村中小学教师远程培训模式研究》，硕士学位论文，河北大学，2011 年。

18. 李银玲：《教师远程培训中在线干预设——环境适应的视角》，博士学位论文，华东师范大学，2008 年。

19. 张超：《教师远程培训的学习干预研究》，博士学位论文，华东师范大学，2010 年。

20. 陈彤：《基于绩效的中小学教师远程培训支持服务体系研究——以"国培计划"江西省农村骨干教师远程培训项目为个案》，硕士学位论文，江西师范大学，2012 年。

21. 赵健：《网络环境下城乡互动教师学习共同体构建与运行研究》，博士学位论文，西北师范大学，2011 年。

22. 李美凤：《广义技术视野下的教师发展研究》，博士学位论文，南京师范大学，2008 年。

23. 周成海：《客观主义—主观主义连续统观点下的教师教育范式：理论基础与结构特征》，博士学位论文，东北师范大学，2007 年。

24. 冯苗：《论教育场域中的对话》，博士学位论文，东北师范大学，2008 年。

25. 操太圣：《院校协作过程中的教师专业性：香港与上海的比较研究》，博士学位论文，香港中文大学，2003 年。

26. 林安琪：《赛博人际管理促进学习力提升的研究：关联主义的视角》，硕士学位论文，江西师范大学，2009 年。

27. 李杏丽：《小学教师学习动机问题研究》，硕士学位论文，东北师范大学，2013 年。

28. 庄丽丽：《广州市初中教师参加继续教育学习动机现状及对策研究》，硕士学位论文，华南师范大学，2005 年。

29. 王丽娜：《网络学习行为分析及评价》，硕士学位论文，陕西师范大学，2009 年。

四 外文文献

1. Fuller, F., "Concerns of teachers: A developmental conceptualization". *American Educational Research Journal*, Vol. 6, No. 2, March 1969, pp. 207—226.

2. Fullan, M., "Change the Terms for Teacher Learning" *National Staff Development Council*, Vol. 28, No. 3, 2007, pp. 35—36.

3. Fullan, M., *The New Meaning of Educational Change* (4th edition), New York: Teachers College Press, 2007, p. 283.

4. Zhang, D. & Nunamaker, J. F., "Powering E - Learning In the New Millennium: An Overview of E - Learning and Enabling Technology", *Information Systems Frontiers*, Vol. 5, No. 2, 2003, pp. 207—218.

5. William J. Boone and Hans O. Andersen, "Training science teachers with fully - interactive, distance education technology", *Journal of Science Teacher Education*, Vol. 6, No. 3, 1995.

6. K. K. Ebel, E. T. McDonnell, C. K. Probart, "Use of Distance Education to conduct Nutrition Curriculum Training for Elementary Classroom Teachers", *Journal of the American Dietetic Association*, Volume 96, Issue 9, Supplement 1, September 1996.

7. Martin Valcke, Isabel Rots, Marjolein Verbeke, Johan van Braak, "ICT teacher training: Evaluation of the curriculum and training approach in Flanders", *Teaching and Teacher Education*, Volume 23, Issue 6, August 2007.

8. Jong Hye Kim, Soon Young Jung, Won Gyu Lee, "Design of contents for ICT literacy in - service training of teachers in Korea", *Computers & Education*, Volume 51, Issue 4, December 2008.

9. Salih Usun, "Information and communications technologies (ICT) in teacher education (ITE) in the world and Turkey: (a comparative review)", *Procedia - Social and Behavioral Sciences*, Volume 1, Issue 1, 2009.

10. Leonard Annetta James A. Shymansky, "A Comparison of Rural Elementary School Teacher Attitudes Toward Three Modes OF Distance Education for Science Professional Development", *Journal of Science Teacher Education*, Volume 19, Number 3, June 2008.

11. Bo - Anders Jonsson, "A case study of successful e - learning: A web - based distance course in medical physics held for school teachers of the upper secondary level", *Medical Engineering & Physics*, Volume 27, Issue 7,

September 2005.

　　12.　Mark Blaug, Eeonomic History and History of Eeonomic, Sussex: Wheatsheaf Books, 1986.

　　13.　Einstein, A. , *The World I See It*, New York: Philosophical library, 1949, p. 15.

　　14.　Ribes, Bruno. , *Domination or sharing? Endogenous Development and the Transfer of Knowledge*, Paris: Unesco Press, 1981, p. 65.

　　15.　Polanyi, M. , The study of man, London: Routledge & Kegan Paul, 1957, p. 12.

　　16.　Sternberg, R. J. &Horvath, J. A. , ed. *Tacit Knowledge in Professional Practice: Researcher and Practitioner Perspectives*, London: Lawrence Erlbaum Associates inc, 1999. p. 236.

　　17.　Ribes, Bruno. , *Domination or sharing? Endogenous Development and the Transfer of Knowledge*, Paris: Unesco Press, 1981, p. 73.

　　18.　Arthur W. Combs, "Teacher Education: The Person in the Proeess", *In Edueational leadership*. April 1978, p. 558.

　　19.　Pajares, M. , "Teachers'beliefs and education research: Cleaning up a messy construct", *Review of Educational Research*, Vol. 62, No. 3, 1992, pp. 324—326.

　　20.　Hutchins E. L. Klausen T. , *Distributed cognition in an airline cockpit. In: Engestrom Y; Middleton D. ed. Cognition and Communication at Work*, New York: Cambridge University Press. 1996, pp. 15—34.

　　21.　Posner, G. J. , Strike, K. A. , Hewson, P. W. & Gertzog, W. A. , "Accommodation of a scientific conception: Toward a theory of conceptual change", *Science Education*, Vol. 66, No. 2, 1982, pp. 211—227.

　　22.　Dawley, L. , Rice, K. & Hinck, G. , "The Status of Professional Development and Unique Needs of K—12 Online Teachers", (http://www.inacol. org/research/docs/goingvirtual 3. pdf.)

五　未刊文献

1. 祝智庭:《教育信息化理论与实践模式》，全国教育科学"十五"

规划国家重点课题"教育信息化理论与实践模式"总课题组年度检查及成果展示会，2004 年。

2. 祝智庭：《教育技术的研究场分析》，北京师范大学教育技术学院学术报告，2005 年 6 月。

3. 华东师范大学开放教育学院：《"国培计划（2013）"——宁夏中小学教师教育技术远程培训项目绩效自评报告》，宁夏回族自治区教育厅内部资料 2014 年。

4. 中国教师研修网：《"国培计划（2013）"——宁夏回族自治区农村骨干教师远程培训项目绩效自评报告》，宁夏回族自治区教育厅内部资料 2014 年。

5. 华东师范大学开放教育学院：《"国培计划（2013）"——宁夏中小学教师教育技术远程培训项目绩效自评报告》，宁夏回族自治区教育厅内部资料 2014 年。

6. 《"国培计划（2013）"——宁夏教师网络学习创新实验区项目绩效评估报告》（内部资料），宁夏教育厅师资处 2014 年。

六　电子文献

1. 《教育部关于推进教师教育信息化建设的意见》（http：//www. edu. cn/20021119/3072463. shtml）

2. 《教育部关于加快推进全国教师教育网络联盟计划组织实施新一轮中小学教师全员培训的意见》（http：//www. moe. edu. cn/publicfiles/business/htmlfiles/moe/moe_ 366/200410/4335. html）

3. 《教育部关于启动实施全国中小学教师教育技术能力建设计划的通知》（http：//www. edu. cn/ji_ chu_ 771/20060323/t20060323_ 150612. shtml）

4. 《教育部、财政部关于实施"中小学教师国家级培训计划"的通知》（http：//www. gpjh. cn/cms/sfxmbuwen/584. htm）

5. 美国教育部：《National Education Technology Plan 2004》（http：//www. ed. gov）

6. 《The Evolution of NETS for Teachers》（http：//cents. iste. org/teach-ers/t_ timeline. html）

7. 印度政府计划委员会：《Eleventh Five Year Plan》（http：//www. planningcommission. nic. in）

8. 《教育部关于实施全国中小学教师信息技术应用能力提升工程的意见》（http：//www. moe. edu. cn/publicfiles/business/htmlfiles/moe/s7034/201311/159042. html）

9. 基于卫星的多级教育网络（http：//nemed – network. org/）

10. 《客体》（http：//baike. baidu. com/view/562873. htm）

11. 宁夏回族自治区基本情况（2012. 6）（http：//www. nxnews. net/wy/system/2012/07/04/010380252. shtml）

12. "国培计划"课程标准（试行）（http：//www. moe. gov. cn/publicfiles/business/htmlfiles/moe/s4650/201210/143211. html）

13. "国培计划"（2013）宁夏农村中小学教师教育技术能力远程培训——培训课程框架（http：//2013nx. hdsd. webtrn. cn/cms/course/1020. htm）

14. 全国中小学继续教育网：《语文学科频道》（http：//courses. teacher. com. cn/default. aspx？subject＝31）

附录1:教师网络学习情况调查问卷

老师您好!

为了了解您的网络学习情况,提高学习效果,特设计如下问卷。

本问卷采用不记名方式,对您的回答我们将严格保密,请将您的答案填写在相应的地方,衷心感谢您的参与!

一、您的基本信息 (请将符合您的信息填写在括号中)

性 别 ( )	A. 男 B. 女 民族 ( )
年 龄 ( )	A. 25 岁以下 B. 25—30 岁 C. 31—40 岁 D. 40 岁以上
现有学历 ( )	A. 本科以上 B. 本科 C. 专科 D. 高中 E. 其他
教 龄 ( )	A. 3 年以下 B. 3—5 年 C. 6—10 年 D. 11—15 年 E. 16—20 年 F. 20 年以上
网 龄 ( )	A. 1 年以下 B. 1—3 年 C. 4—6 年 D. 6 年以上
您所教的学科 ( )	A. 语文 B. 数学 C. 英语 D. 物理 E. 化学 F. 历史 G. 地理 H. 生物 I. 信息技术 J. 美术 K. 音乐 L. 体育 M. 科学 N. 其他
您所教的学段 ( )	A. 小学 B. 初中 C. 高中 D. 完全中学 E. 幼儿园
学校所在地 ( )	A. 农村 B. 乡镇 C. 县城 D. 城乡结合 E. 城市
您学习的网站是 ( )	A. 继续教育网 B. 中国教师研修网 C. 中央电教馆学习网
您所在的学校是否是示范性中/小学( )	A. 是 B. 否

二、请根据您在网络学习中的真实感受，填写或打"√"

1. 参加这次远程培训前，您的计算机操作水平：（　　）

A. 非常好　　　B. 较高　　　C. 一般　　　D. 较弱

2. 在这次远程培训中，您有没有可以自由使用的电脑和网络：（　　）

A. 有　　　　　B. 无

3. 参加这次远程培训前，您有无网络学习经历：（　　）

A. 有　　　　　B. 无

4. 您日常使用计算机或网络的频率：（　　）

A. 经常　　　　B. 偶尔　　　　C. 不用

5. 对于参加教师培训活动，您的态度是：（　　）

A. 非常愿意　　　　　B. 愿意　　　　　C. 无所谓

D. 不太愿意　　　　　E. 不愿意

6. 您参加这次培训的目的是：（　　）

A. 我参加远程培训是为了教学工作需要

B. 我参加网络学习是为了提职或评职称的需要

C. 我参加网络学习是想获得知识，充实自己

D. 我参加网络学习是学校要求

E. 其他_____

7. 在培训过程中，您登录培训平台的大致频率是：（　　）

A. 每天登录若干次　　　　　B. 每天 1 次　　　　　C. 平均 3 天 1 次

D. 平均 5 天 1 次　　　　　E. 平均 1 周 1 次　　　　　F. 平均 10 天 1 次

G. 10 天以上 1 次

8. 您登录培训平台后，首先做的事情通常是：（　　）

A. 查看公告　　　B. 浏览课程　　　　　C. 进入讨论区

D. 提交作业　　　E. 查看作业反馈情况　　　F. 浏览其他学员的作业

G. 随机　　　　　H. 其他_____

9. 您对下列模块的满意度如何？（可多选）

满意的是_____　　　　不满意的是_____

最有价值的是_____

A. 课程内容　　　　B. 研修日志　　　　C. 我的教学故事

D. 教学设计与反思　　　E. 作业　　　　F. 辅导教师的工作

G. 主题在线研讨　　　H. 远程培训的考核方案

I. 培训进度安排　　　J. 组织实施

10. 您与辅导教师或专家的互动情况：（　　）

A. 经常互动　　　　　B. 偶尔　　　　　C. 没有互动过

11. 您与辅导教师或学伴之间的沟通经常是通过：（　　）

A. 面对面　　　　　　　　B. 培训平台中的讨论区

C. 电子邮件　　　　　　　D. QQ（群）或 MSN

E. 电话、短信息　　　　　F. 其他_____

12. 对于讨论区内的主题帖，您的回复方式是：（　　）

A. 每个帖子都回复　　　　B. 只回复感兴趣的帖子

C. 只回复人气旺的帖子　　D. 随机选择帖子回复

E. 只回复指导教师指定必回的帖子

F. 基本只看帖，不回帖　　　G. 其他_____

13. 如果您在讨论区中的一个主题下回了帖子，之后您将对此主题：（　　）

A. 持续关注　　　　　B. 偶尔关注

C. 不再关注　　　　　D. 随着时间推移关注度下降

14. 影响您登录学习平台的因素有（可多选）：（　　）

A. 学习任务要求　　　B. 参与学习同伴的数量

C. 学习氛围　　　　　D. 辅导老师的及时反馈

E. 其他_____

15. 您在网络学习中的困难是（请选择五项并排序）：

_____

A. 没有足够的学习时间

B. 我的计算机操作不熟练，影响讨论和作业的完成

C. 有困难时不知找谁帮忙解决

D. 我在网络上向老师求教问题，常常没有反馈

E. 上网不够方便

F. 网速慢，视频播放不流畅

G. 学校领导不支持我的网络学习

H. 学校学习环境和氛围不佳

I. 我觉得网上学习没有氛围，有孤独感

J. 其他_____

16. 在您学习的社会环境方面，请选择最符合的三项并排序：

_____

A. 学校领导不支持　　　　　B. 学校学习环境和氛围不佳

C. 课程任务重走不开　　　　D. 家庭事务多无法走开

E. 其他_____

17. 在远程培训期间，您觉得是什么导致了网上学习时间难以保证？
（　　）

A. 工作　　　　　　　B. 家庭

C. 网络学习平台不方便

D. 网络速度或网络故障

E. 自己的计算机网络学习能力

F. 不喜欢在网络上学习　　　　G. 其他_____

18. 阻碍您在课程论坛中参与和讨论的因素是（可多选）：（　　）

A. 没有人指导我如何使用课程论坛

B. 需要花比面对面交流更多的时间和精力

C. 论坛中没有设计我感兴趣的话题

D. 在参与和讨论中我得不到满意的回复

E. 没有专家的引导和参与

F. 辅导教师没有关注和引导

G. 不习惯在网上交流

H. 论坛设置得有些烦琐，不便于查找

I. 缺乏明确的发帖规则和成员任务

19. 在网络学习中遇到问题之后，您主要向谁咨询或求助：（　　）

A. 辅导教师　　　B. 学伴　　　　　C. 周围同事

D. 班主任　　　　E. 本地区负责人　　F. 网站上的咨询服务部

G. 不知道问谁　　H. 没有咨询或求助过

20. 在学习中遇到问题时，您解决的方式通常是：（　　　）

A. 上网搜索　　　B. 查看论坛　　　C. 发帖子求助

D. 咨询相关人士　E. 搁置不管　　　F. 找辅导老师求助

21. 总体看来，您觉得自己适应网络学习吗？（　　）

A. 完全适应　　　　B. 正在适应中　　　C. 不太好适应

D. 谈不上适应，只是完成了任务

22. 您觉得还没有完全适应网络学习，主要原因是：

A. 学习环境变了　　　　　B. 学习方式变了

C. 学习观念变了　　　　　D. 自己网络学习能力不强

E. 学习时间太短　　　　　F. 组织管理不当

G. 社会、经济、文化原因

H. 身体不适　　　　　　　I. 其他＿＿＿＿＿＿＿＿

三、请根据以下每句话与您符合程度在右边的选项相应位置打"√"，每题只选择一个答案

1. 对于学习网站功能的熟悉我花了好长时间	A. 完全符合　　B. 较符合　　C. 不确定 D. 较不符合　　E. 完全不符合
2. 我对整个培训要求、流程和考核很清楚	A. 完全符合　　B. 较符合　　C. 不确定 D. 较不符合　　E. 完全不符合
3. 我能熟练使用平台中所提供的各功能模块	A. 完全符合　　B. 较符合　　C. 不确定 D. 较不符合　　E. 完全不符合
4. 我常常找不到我需要的学习资源或学习路径	A. 完全符合　　B. 较符合　　C. 不确定 D. 较不符合　　E. 完全不符合
5. 面对大量的网络信息我感到无所适从	A. 完全符合　　B. 较符合　　C. 不确定 D. 较不符合　　E. 完全不符合
6. 网络学习一段时间后，我的眼睛和身体不适	A. 完全符合　　B. 较符合　　C. 不确定 D. 较不符合　　E. 完全不符合
7. 我感到时间、精力不足，为学习而学习	A. 完全符合　　B. 较符合　　C. 不确定 D. 较不符合　　E. 完全不符合
8. 我的帖子总能引起别人的参与和回复	A. 完全符合　　B. 较符合　　C. 不确定 D. 较不符合　　E. 完全不符合
9. 我主动建立新的话题	A. 完全符合　　B. 较符合　　C. 不确定 D. 较不符合　　E. 完全不符合

续表

10. 我探索网络平台的额外的功能和应用	A. 完全符合　　B. 较符合　　C. 不确定 D. 较不符合　　E. 完全不符合
11. 我总能积极探索适合自己的网络学习方法	A. 完全符合　　B. 较符合　　C. 不确定 D. 较不符合　　E. 完全不符合
12. 我对专家或学员的某些观点表示质疑	A. 完全符合　　B. 较符合　　C. 不确定 D. 较不符合　　E. 完全不符合
13. 我与其他网络学习成员分享自己的资源和成果	A. 完全符合　　B. 较符合　　C. 不确定 D. 较不符合　　E. 完全不符合
14. 我有自己的网络学习计划，并能坚持付诸实践	A. 完全符合　　B. 较符合　　C. 不确定 D. 较不符合　　E. 完全不符合
15. 我能合理安排时间，监督和监控自己的学习	A. 完全符合　　B. 较符合　　C. 不确定 D. 较不符合　　E. 完全不符合
16. 我经常对学习到的内容进行总结提炼、内化	A. 完全符合　　B. 较符合　　C. 不确定 D. 较不符合　　E. 完全不符合
17. 我总是对学习过的内容进行反思评价	A. 完全符合　　B. 较符合　　C. 不确定 D. 较不符合　　E. 完全不符合
18. 我总是激励自己，克服困难，完成学习任务	A. 完全符合　　B. 较符合　　C. 不确定 D. 较不符合　　E. 完全不符合
19. 我经常关注同学科学员的各项作业，从中学习	A. 完全符合　　B. 较符合　　C. 不确定 D. 较不符合　　E. 完全不符合
20. 我通过网络与同伴或辅导教师建立合作关系，解决问题	A. 完全符合　　B. 较符合　　C. 不确定 D. 较不符合　　E. 完全不符合
21. 学习时，我经常被学习内容无关的网站所吸引	A. 完全符合　　B. 较符合　　C. 不确定 D. 较不符合　　E. 完全不符合
22. 学习课程贴近课改和我的教学生活，对我帮助很大	A. 完全符合　　B. 较符合　　C. 不确定 D. 较不符合　　E. 完全不符合
23. 花同样时间，我更愿听视频讲座而非参与论坛讨论	A. 完全符合　　B. 较符合　　C. 不确定 D. 较不符合　　E. 完全不符合

24. 我觉得视频形式太单一，内容不够丰富	A. 完全符合　　B. 较符合　　C. 不确定 D. 较不符合　　E. 完全不符合
25. 课程提供的学习方法和策略很单调、麻烦	A. 完全符合　　B. 较符合　　C. 不确定 D. 较不符合　　E. 完全不符合
26. 我觉得学习任务的设置很合理	A. 完全符合　　B. 较符合　　C. 不确定 D. 较不符合　　E. 完全不符合
27. 作业完成后，我通常是认真检查修改后再提交	A. 完全符合　　B. 较符合　　C. 不确定 D. 较不符合　　E. 完全不符合
28. 为了更好地完成作业，我会多方面查阅资料	A. 完全符合　　B. 较符合　　C. 不确定 D. 较不符合　　E. 完全不符合
29. 坐在电脑前，我能马上进入学习状态	A. 完全符合　　B. 较符合　　C. 不确定 D. 较不符合　　E. 完全不符合
30. 辅导教师的评价和关注对我的学习影响很大	A. 完全符合　　B. 较符合　　C. 不确定 D. 较不符合　　E. 完全不符合
31. 辅导教师对我作业的评价，我感到满意	A. 完全符合　　B. 较符合　　C. 不确定 D. 较不符合　　E. 完全不符合
32. 我希望和辅导教师或者专家一起在讨论的状态下学习	A. 完全符合　　B. 较符合　　C. 不确定 D. 较不符合　　E. 完全不符合
33. 我觉得通过网上搜索、论坛讨论就是学习	A. 完全符合　　B. 较符合　　C. 不确定 D. 较不符合　　E. 完全不符合
34. 我愿意尝试将网络学习经验迁移到日常教学之中	A. 完全符合　　B. 较符合　　C. 不确定 D. 较不符合　　E. 完全不符合
35. 这是新的学习方式，愿意再次选用网络学习	A. 完全符合　　B. 较符合　　C. 不确定 D. 较不符合　　E. 完全不符合
36. 我觉得网络培训蕴含了一种新的文化	A. 完全符合　　B. 较符合　　C. 不确定 D. 较不符合　　E. 完全不符合

四、根据您参与的情况，在您认为合适的选项上打"√"

班级论坛（　）	A. 经常参与	B. 偶尔参与	C. 没有参与
基础教育百科（　）	A. 经常参与	B. 偶尔参与	C. 没有参与
学科论坛（　）	A. 经常参与	B. 偶尔参与	C. 没有参与
个人博客（　）	A. 经常参与	B. 偶尔参与	C. 没有参与
互动对话（　）	A. 经常浏览	B. 偶尔浏览	C. 没有浏览过
视频讲座（　）	A. 经常浏览	B. 偶尔浏览	C. 没有浏览过
案例评析（　）	A. 经常浏览	B. 偶尔浏览	C. 没有浏览过
参考资料（　）	A. 经常浏览	B. 偶尔浏览	C. 没有浏览过
思考与活动（　）	A. 经常浏览	B. 偶尔浏览	C. 没有浏览过

五、谈谈您对网络学习的感受和建议（不够可写背面）

1. 感受体验：

2. 不足或困难：

3. 建议：

附录 2:教师网络学习情况访谈提纲

1. 请您描述一下在整个网络学习的过程中,您有什么样的体验、变化?（可以从您的认识、心理、行为等方面进行描述）

2. 在网络学习中,您曾感觉到迷茫吗？您有过无所适从的感觉吗？培训后是否有所改变？

3. 您在网络学习过程中遇到的比较大的困难是什么？解决了吗？是怎样解决的？

4. 网络培训中哪些活动、任务或者事件让您记忆深刻,并对您产生了影响?（正面和负面）

5. 与传统的教师培训模式相比,您觉得网络学习这种模式怎么样？

6. 您认为哪些原因阻碍了网络学习质量的提高？如何改进？

附录3:宁夏中小学教师培训需求访谈提纲

1. 您认为现有培训课程目标合适吗？确定培训课程目标应该考虑哪些因素？

2. 在当前的学校教育教学活动中，您遇到的主要困难是什么？

3. 当前的培训内容是否能够满足您的教育教学需求？您迫切需要什么样的培训内容、什么样的培训形式？

4. 您认为当前的培训时间安排、管理工作合理吗？应如何改进？

5. 对置换脱产研修、短期集中、远程培训工作的开展，您有什么看法和需求？

6. 您认为合理的教师培训评价考核是什么？

7. 您认为培训工作的授课老师应该由哪些人来担任？

8. 培训后，您还需要培训管理部门或培训院校提供哪些跟进服务？

9. 自治区启动小学、幼儿园全科骨干教师培养培训项目，您有什么想法或建议？

附录4:"互动生成式网络学习创新实验项目"实施效果调查问卷

老师您好!

　　为了提高教师网络学习效果,我们开展了"互动生成式网络学习创新实验"项目,为了了解本项目一年来实施效果情况,特设计如下调查问卷,请您拨冗填写,为我们下一步的努力提供参考依据。

　　本问卷采用不记名方式,对您的回答我们将严格保密,请将您的答案填写在相应的地方,衷心感谢您的参与!

一、您的基本信息

性 别 （　）	A. 男　　B. 女
教 龄 （　）	A. 3 年以下　　B. 3—5 年　　C. 6—10 年　　D. 11—15 年　E. 16—20 年　　F. 20 年以上
网 龄 （　）	A. 1 年以下　　B. 1—3 年　　C. 4—6 年　　D. 6 年以上
您所教的学科 （　）	A. 语文　B. 数学　C. 英语　D. 物理　E. 化学　F. 历史　G. 地理　H. 生物　I. 信息技术　J. 美术　K. 音乐　L. 体育　M. 科学　N. 其他
您所教的学段 （　）	A. 小学　　B. 初中　　C. 高中　　D. 完全中学　　E. 幼儿园
学校所在地 （　）	A. 农村　　B. 乡镇　　C. 县城　　D. 城乡结合　　E. 城市
您学习的网站是 （　）	A. 华东师大开放教育学院　　B. 继续教育网C. 中国教师研修网　　D. 中国教育电视台

二、请根据您在网络学习中的真实感受，在对应的位置处打"√"

1. 通过本次互动生成式的网络学习，给您带来的收获情况

项目＼符合程度	非常符合	符合	一般	不符合	非常不符合
本次网络学习对我来说是一次愉快的学习经历					
通过本次学习，我的网络学习意识进一步增强					
通过本次学习，我的网络学习技能有所提高					
通过本次学习，我对教师职业有了更深的理解					
通过本次学习，丰富了我的专业知识					
通过本次学习，我的专业技能有所提高					
我愿意再次参加网络学习					

2. 您对本次网络学习动力激发策略的满意度

项目＼符合程度	非常满意	满意	一般	不满意	非常不满意
网络自我展示的学习激励措施很有效					
本次网络学习解决了我很多问题					
本次网络学习设计是切合我的需求的					

3. 您对本次网络课程资源的满意度

项目＼满意度	非常满意	满意	一般	不满意	非常不满意
新颖					
针对性强					
适用性强					

4. 您对本次课程呈现方式与进度安排的满意度

项目＼满意度	非常满意	满意	一般	不满意	非常不满意
课程介绍明晰					

满意度 项目	非常满意	满意	一般	不满意	非常不满意
文本搭配合理					
研讨主题合理					
作业设计合理					
形式灵活					
进度安排					

5. 您对网络平台中的互动工具的满意度

满意度 项目	非常满意	满意	一般	不满意	非常不满意
个人工作室					
微访谈平台					

6. 您对资源生成的支持工具的满意度

满意度 项目	非常 满意	满意	一般	不满意	非常 不满意
支持教师资源生成的学习工具					
支持辅导人员的资源生成工具					

7. 您对技术支持与学习管理的满意度

满意度 项目	非常满意	满意	一般	不满意	非常不满意
全程的技术服务					
学习过程有序导引					
学习过程监控					

8. 您对"互动生成式学习模型"的具体实施之满意度

满意度 项目	非常 满意	满意	一般	不满意	非常不 满意
区域协作组					
学用转化的学习任务设计与实施					
真实问题解决的任务设计与实施					

9. 您对整个学习活动组织的满意度

满意度 项目	非常 满意	满意	一般	不满意	非常 不满意
区域协作组					
学用转化的学习任务设计与实施					
真实问题解决的任务设计与实施					

三、请谈谈您的感受和建议

1. 本次网络学习，给您印象最深的是什么？

2. 您对互动生成式网络学习的实施还有什么需求或建议？

附录5:"互动生成式网络学习创新实验项目"实施效果访谈提纲

1. 谈谈您对本次互动生成式网络学习模式的总体感受和看法。

2. 您对本次学习中的"自我展示、互动交流"的设计是否满意?谈谈您的看法。

3. 您对本次网络学习课程的内容设置、表现形式有什么看法。

4. 您对本次网络学习平台互动工具的使用是否满意?您有什么看法。

5. 您对本次网络学习中的过程性资源的分类与推送服务是否满意?您有什么看法。

6. 您对本次网络学习中和学习后的技术支持服务、跟进指导服务是否满意?您有什么看法。

7. 您对本次网络学习中的"学用转化"、"课题研究"的学习方式是否满意?您有什么看法。

8. 您对互动生成网络学习模式是否满意?您对此学习模式有什么看法。

9. 您对本次互动生成网络学习项目的实施和组织是否满意?您有什么看法。

后　记

在告别博士研究生生活之际，我感慨万千。再回首，三年来，可谓艰辛、可谓充实、可谓收获，有很多很多值得回味的点点滴滴，在即将踏上新的征程之时，心中更多的是太多太多的感恩。

感谢我的导师杨晓宏教授。这三年中，我参与了杨老师的很多项目，老师给予了我信任，给予了我很多锻炼的机会，给予了我一次次悉心的指导。因为有老师的指引，我没有迷失方向；因为有老师的严格要求，我没有偷懒而虚度光阴。三年是充实的三年，是收获的三年，更是成长的三年，但也是短暂的三年：因为我还没有真正领悟老师的循循教诲；然而也是永久的三年：因为带着老师对我的谆谆历练，带着老师严谨求实的治学精神，相信我将会走得更远。

感谢教育技术学院的老师们，特别是南国农先生、郭绍青教授、杨改学教授等所有为我传道授业的恩师，三年来为我们的精心授课和指导学业，使我们获益匪浅，特别是他们扎实的理论素养、丰富的实践经验，平易近人、脚踏实地的师者风范和忘我的工作精神为我今后的学习和工作树立了榜样。

感谢王卫军副院长、梁丽老师、王学翠老师、张尧老师、赵文铭等多位老师的关心和帮助，感谢他们为我的博士学习提供的各种方便和帮助！

感谢在我做论文期间为我提供支持和帮助的领导和老师们！感谢宁夏教育厅师资处的吴红军处长、华俊昌老师等领导和老师们对我的研究给予的大力支持！感谢宁夏大学教育学院王安全副院长、高师培训中心的周福盛书记、宁夏大学教育学院的陈玉华老师、闫悦老师、周晓慧老师等对我的支持和帮助！感谢宁夏吴忠市师资培训中心的马凌涛老师、宁夏同心县师资培训中心的周燕老师、宁夏彭阳县师资培训中心的杨秉义老师和刘克君主任、宁夏泾源县高级中学的于智军老师……，感谢他们对我论文调研的大力支持和帮助！

感谢我的单位——宁夏大学、宁夏大学教育学院的领导和同事们对我攻读博士学位的大力支持、关心和帮助！感谢他们对我的工作的支持。

感谢我的同窗好友——张炳林、孟汇海、崔向平、蒋银键、王永军、陈富、刘鹏、郭俊奇、刘海龙等曾给予我的帮助。感谢古丽娜老师曾给予我的帮助！感谢党建宁等师弟师妹们的热情关心、真心鼓励、倾力帮助，让我感觉到了博士研究生生活的温馨和难忘。

感谢这些年来一直默默支持和帮助我的亲人和朋友！特别是我的妻子黄兰芳和我的儿子，他们给了我无尽的动力和生活的热情！我能够走到今天，离不开他们的理解、鼓励、支持和帮助！

在此，衷心地感谢你们！师恩难忘，友谊长存，情义无价，愿好人一生平安！